Alexius Meinong, Ritter von Handschuchsheim
17.7.1853, Lemberg – 27.11.1920, Graz

MEINONG STUDIES / MEINONG STUDIEN
Volume 1

Meinong Studien / Meinong Studies

Edited by ALEXIUS MEINONG-INSTITUT.
Forschungsstelle und Dokumentationszentrum für österreichische Philosophie
unter der Leitung von Alfred Schramm

Vol. 1

Editorial Board

Editorial office
Dr. Jutta Valent
Alexius Meinong Institut der Karl-Franzens-Universität Graz

Alexius Meinong Institute
Alfred Schramm (Ed.)

Meinong Studies
Meinong Studien

Volume 1

ontos
verlag

Frankfurt I Paris I Ebikon I Lancaster I New Brunswick

Bibliographic information published by Die Deutsche Bibliothek
Die Deutsche Bibliothek lists this publication in the Deutsche Nationalbibliographie;
detailed bibliographic data is available in the Internet at http://dnb.ddb.de

North and South America by
Transaction Books
Rutgers University
Piscataway, NJ 08854-8042
trans@transactionpub.com

United Kingdom, Ire, Iceland, Turkey, Malta, Portugal by
Gazelle Books Services Limited
White Cross Mills
Hightown
LANCASTER, LA1 4XS
sales@gazellebooks.co.uk

©2005 ontos verlag
P.O. Box 15 41, D-63133 Heusenstamm nr Frankfurt
www.ontosverlag.com

ISBN 3-937202-77-3

2005

Printed on acid-free paper
ISO-Norm 970-6
FSC-certified (Forest Stewardship Council)
This hardcover binding meets the International Library standard

Printed in Germany
by buch bücher dd ag

Inhalt / Contents

ABSTRAKTION UND RELATIONEN
BEIM JUNGEN MEINONG

Arkadiusz Chrudzimski

Zusammenfassung

Wir besprechen Meinongs Theorien der Abstraktion und der Relationen aus seiner vor-gegenstandstheoretischen Periode. In seinen *Hume Studien I* vertritt er die sogenannte Aufmerksamkeitstheorie der Abstraktion, die die Bildung von allgemeinen Begriffen als eine Art Isolierung der „Teile" von immanenten Objekten interpretiert. Später geht er aber zur Theorie über, die als einen unreduzierbaren Bestandteil eines allgemeinen Begriffes eine Ähnlichkeitsrelation (der entsprechenden Stärke) annimmt. In seinen *Hume Studien II* unterscheidet Meinong verschieden Gruppen von Relationen. Wir argumentieren, daß die grundlegendste Unterscheidung zwischen den idealen und realen Relationen im Grunde der Unterscheidung zwischen den internen und externen Relationen im Sinne Russells entspricht.

In diesem Aufsatz möchten wir einigen Ideen analysieren, die aus der vorgegenstandstheoretischen Periode Meinongs stammen. Zu dieser Zeit beschäftigten Meinong vor allem zwei Probleme: der Mechanismus der Abstraktion und die Ontologie der Relationen. Beide Punkte haben für die spätere Entwicklung seiner Gegenstandstheorie absolut zentrale Bedeutung.

1. Abstraktion (*Hume-Studien I*)

In seinem ersten philosophischen Werk, den *Hume-Studien I* (1877), beschäftigt sich Meinong mit den Problemen des *Nominalismus*. Gibt es allgemeine Begriffe, lautet seine Frage, und wenn ja, welches ist ihre Natur?
Wir werden hier nicht auf alle Einzelheiten dieser interessanten Abhandlung eingehen, sondern nur diejenigen Aspekte berücksichtigen, die in
direktem Zusammenhang mit der späteren Entwicklung seiner Intentionalitätstheorie und Gegenstandstheorie stehen. Dazu gehört der allgemeine
Abriss seiner damaligen Ontologie.

Die für das Problem des Nominalismus wichtigste Einteilung, sagt
Meinong, resultiert aus zwei sich überkreuzenden Unterscheidungen. Es
handelt sich um die Gegenüberstellung von *allgemein* und *partikulär* einerseits und von *abstrakt* und *konkret* andererseits. Diese Unterscheidungen werden häufig durcheinandergebracht. Wenn man sie aber präzise
faßt, erhält man eine ontologische Klassifikation, die schon im Vorfeld
vielen Mißverständnissen vorbeugen kann. Meinong schreibt:

> „Jedermann erkennt [...], daß die Worte *allgemein* und *partikulär* auf
> den Umfang, die Worte *abstrakt* und *konkret* auf den Inhalt der Vor-
> stellung gehen. Allgemein ist ein Begriff, dem mehrere Gegenstände
> entsprechen oder doch entsprechen können, partikulär oder individu-
> ell hingegen der, welcher ohne Widerspruch oder wenigstens ohne
> unendlich große Unwahrscheinlichkeit eine Beziehung auf mehr als
> *ein* Objekt nicht zuläßt. Auf der anderen Seite liegt es am nächsten,
> jeden Begriff abstrakt zu nennen, der als das Resultat einer Abstrakti-
> on erscheint, während jeder, an dem noch nichts derartiges vorgegan-
> gen ist, als konkret zu bezeichnen sein wird." (Meinong 1877,
> S. 16 f.)

Allgemein ist also ein Begriff, der auf viele Gegenstände anwendbar ist.
Ein abstrakter Begriff hat hingegen etwas mit der Tätigkeit des Abstrahie-
rens zu tun.[1] Was bedeutet aber in diesem Zusammenhang „Abstraktion"?
Bis 1899 akzeptierte Meinong noch die Brentanosche Intentionalitäts-

---

[1] Diese Einteilung der Begriffe hat Meinong von John Stuart Mill übernommen.
Vgl. Mill 1843, Ch. II, § 3 und § 4 (S. 27–30).

theorie mit ihrer zentralen Kategorie des immanenten Objekts. In den *Hume-Studien I* finden wir deutliche Belege dafür, daß Meinong die Brentanosche Kategorie des immanenten Objekts akzeptiert. „Auf der anderen Seite", lesen wir, „wird auch dagegen nichts eingewendet werden können, daß es einerlei bedeute, eine Idee von etwas zu bilden, oder einfach eine Idee zu bilden, – mit anderen Worten, daß jede Idee ein immanentes Objekt habe [...]." (Meinong 1877, S. 48)

Diese Stelle zeigt klar, daß sich Meinong der Zweideutigkeit des Wortes „Idee" bewußt war, das bei den Britischen Empiristen zugleich für einen psychischen Akt als auch für dessen Objekt verwendet wird.[2] Bereits Thomas Reid hat diese Zweideutigkeiten des Begriffs der Idee scharf kritisiert.[3] Die Selbstverständlichkeit, mit der Meinong die Unterscheidung zwischen dem psychischen Akt und dessen Objekt macht, ist aber natürlich auf den Einfluß Brentanos zurückzuführen.

Die Brentanosche Hauptthese, die jedem psychischen Akt sein Objekt zuordnet und die dieses Objekt als eine immanente Entität interpretiert

---

[2]   Diese Zweideutigkeit tritt sehr klar bei dem Vater des neuzeitlichen Begriffs der Idee – bei Descartes – hervor. An einigen Stellen schreibt Descartes, daß die Ideen „gleichsam Bilder des Seienden" sind (Descartes 1641, S. 36), was suggeriert, daß sie entweder als Objekte fungieren oder die Objekte durch eine Art Ähnlichkeit repräsentieren. Er schreibt, daß wir (normalerweise) meinen, daß „gewisse Sachen außer mir existieren, von denen her jene Ideen hervorgingen und denen sie ganz ähnlich sind." (ibid., S. 34) Manchmal betrachtet er jedoch Ideen „nur als gewisse Weisen meines Denkens" (ibid., S. 37, 42) und betont, daß jede so verstandene Idee „eine andere vorgestellte Realität enthält" (ibid., S. 42), was deutlich in die Richtung der Unterscheidung Akt-Objekt geht.

[3]   Vgl. „In perception, in remembrance, and in conception, or imagination, I distinguish three things – the mind that operates, the operation of the mind, and the object of that operation. [...] [T]he act of the mind about its object is one thing, the object is another thing. There must be an object, real or imaginary, distinct from the operation of the mind about it. Now, if in these operations the idea be a fourth thing different from the three I have mentioned, I know not what it is, nor have been able to learn from all that has been written about ideas. And if the doctrine of philosophers about ideas confounds any of these things which I have mentioned as distinct; if, for example, it confounds the object perceived with the perception of that object, and represents them as one and the same thing, such doctrine is altogether repugnant to all that I am able to discover of the operations of my mind; and it is repugnant to the common sense of mankind, expressed in the structure of all languages.", Reid 1785, S. 197.

(Brentano 1874/1924, S. 124 f.), wurde also von Meinong übernommen. Ein solch immanentes Objekt ist aber nicht die einzige Zielentität, die in eine intentionale Beziehung involviert sein kann. Meinong nimmt an, daß es in der transzendenten Welt Entitäten gibt, die einem immanenten Objekt „adäquat" sein können. (Meinong 1882, S. 132) Im Besonderen nimmt er an, daß ein Existenzurteil, das sich auf einer Vorstellung aufbaut, und das nach der Theorie Brentanos in jeder äußeren Wahrnehmung involviert ist, nicht das immanente, sondern das transzendente Objekt betrifft. (Meinong 1888/89, S. 120) Die Version der Intentionalitätstheorie Brentanos, die in der frühen Philosophie Meinongs vorherrscht, ist also zweifelsohne die Theorie, die neben dem immanenten Objekt noch einen eventuellen transzendenten Gegenstand einführt, der durch das immanente Objekt gewissermaßen repräsentiert wird.[4] Das war übrigens die Version der Brentanoschen Lehre, die in den achtziger und neunziger Jahren des neunzehnten Jahrhunderts bei seinen Schüler gewissermaßen den Status der Standardtheorie genossen hat.[5]

---

[4]   Diese Theorie hat Brentano in seinen *Logik-Vorlesungen* aus den späten achtziger Jahren formuliert (Manuskript EL 80). Zur Entwicklung der Intentionalitätstheorie Brentanos vgl. Chrudzimski 2001.

[5]   Vgl. dazu die folgenden Stellen aus den Schriften Anton Martys. „Der *immanente* Gegenstand existiert, so oft der betreffende Bewußtseinsakt wirklich ist. Denn es gibt kein Bewußtsein ohne ein ihm immanentes Objekt; das eine ist ein Korrelat des andern. Der Gegenstand schlechtweg dagegen, z.B. das Vorgestellte schlechtweg kann existieren oder auch nicht existieren. Ist meine Vorstellung z.B. der Begriff Pferd, so existiert der Gegenstand. Ist es die Vorstellung eines Zentaurs, so existiert das Vorgestellte nicht; obwohl es als Vorgestelltes natürlich auch in diesem Falle anzuerkennen ist – hätten wir ja sonst eben *nicht* 'die Vorstellung des Zentaurs', womit doch nichts anders gemeint ist, als daß der Zentaur als Vorgestelltes in uns sei.", Marty 1894, S. 443 f. „Der Gegenstand der Blauvorstellung ist: Blau, nicht: das vorgestellte Blau. Allein dies verträgt sich sehr wohl mit meiner These, daß jeder Vorstellung ein Korrelat entspricht, welches notwendig existiert, wenn die Vorstellung existiert. Denn damit ist ja nicht behauptet, daß dieses Korrelat *als solches* (also das vorgestellte Blau) Gegenstand meiner Vorstellung sei. Wenigstens gilt dies nicht, wenn es sich um den *primären Bewußtseinsakt* handelt. Das Vorgestellte als solches ist in Wahrheit Gegenstand *des sekundären Bewußtseins*.", Marty 1901, S. 233. Auch die Theorie, die in Höflers *Logik* (Höfler 1890, S. 6–7) dargestellt wurde, bewegt sich in diesem Rahmen.

Das ist also das Instrumentarium, das Meinong in seiner Abstraktionstheorie verwenden kann. Die zentrale Entität, die die intentionale Beziehung konstituiert, ist natürlich das immanente Objekt und auch die Frage, ob (und, falls ja, wie) man allgemein Vorstellen kann, wird sich dementsprechend hauptsächlich auf die immanenten Objekte beziehen müssen.

Die Frage, ob wir nur individuelle Dinge vorstellen können, beantwortet Meinong in den *Hume-Studien I* negativ. Wir haben auch allgemeine Begriffe. Die Weise, in der wir solche Begriffe bilden, habe John Stuart Mill richtig beschrieben. Wir bilden sie nicht etwa durch eine effektive Abtrennung von Attributen, wie sich wahrscheinlich John Locke diesen Prozess vorgestellt hat, sondern durch eine *Konzentration der Aufmerksamkeit* auf die für uns aus irgendwelchen Gründen wichtigen Attribute, so daß die irrelevanten Attribute gewissermaßen außer Acht bleiben.[6]

Eine solche *Aufmerksamkeitstheorie der Abstraktion* hat übrigens auch Brentano in seinen *Logik-Vorlesungen* aus der Mitte der achtziger Jahre unter dem Namen *Ennoetismus* vertreten. Brentano schreibt:

„Hier zunächst nur ganz kurz, daß die Ennoetisten mit den Nominalisten darin einig sind, daß es nur *eine* Weise der [v]orstellenden Tätigkeit gebe, dagegen dadurch sich von ihnen unterscheiden, daß sie glauben, durch die lösende und einigende Kraft besonders (ausschließlich) auf einen oder mehrere Teile der Gesamtvorstellung gerichteten Interesse, könnten diese Teile für sich allein die Vermittler

---

6   Vgl. „The formation [...] of a Concept, does not consist in separating the attributes which are said to compose it, from all other attributes of the same object, and enabling us to conceive those attributes, disjoined from any others. We neither conceive them, nor think them, nor cognise them in any way, as a thing apart, but solely as forming, in combination with numerous other attributes, the idea of an individual object. But, though thinking them only as part of a larger agglomeration, we have the power of fixing our attention on them, to the neglect of the other attributes with which we think them combined. [...] General concepts, therefore, we have, properly speaking, none; we have only complex ideas of objects in the concrete: but we are able to attend exclusively to certain parts of the concrete idea: and by that exclusive attention, we enable those parts to determine exclusively the course of our thoughts [...] exactly as if we were able to conceive them separately from the rest.", Mill 1865, S. 309 f.

der Benennung und die Vorstellungsgrundlage von besonderen Urteilen und Gemütsbeziehungen werden." (Brentano EL 72, S. 281)

Die Grundannahme der Intentionalitätstheorie Brentanos ist, daß in jede intentionale Beziehung ein immanentes Objekt involviert ist, das in der Zielposition des Aktes steht. Wenn man nun diese zitierte Stelle im Licht dieser Annahme betrachtet, muß man sagen, daß eine allgemeine Vorstellung nicht etwa darin besteht, daß man ein unvollständiges immanentes Objekt vor dem geistigen Auge hat – ein Objekt, das etwa aus einer unvollständigen Kollektion der identifizierenden Merkmale besteht. Alle immanenten Objekte sind vollständig, es ist aber „durch die lösende und einigende Kraft" des Geistes möglich, in einem solchen Objekt nur einige Teile hervorzuheben, so daß nur sie als „die Vermittler der Benennung und die Vorstellungsgrundlage" dienen.[7] Das ist der einzige Sinn, in dem wir „Universalien haben".

„[E]s zeigt sich in Bezug auf die Universalienfrage, daß, wenn ich auch und eigentlich keine anderen als individuelle Vorstellungen habe, ich in gewisser Weise [–] nämlich als durch ein besonderes Interesse abgegrenzte Teilvorstellungen [–] sie [d.h. Universalien] doch habe, und diese Weise genügt, um den allgemeinen Namen nicht bloß, wie die Nominalisten wollten, eine Vielheit äquivoker individueller Bedeutungen zu geben, sondern ihnen einen einheitlichen, wahrhaft allgemeinen Sinn zu geben." (Brentano EL 72, S. 290)

Nach dieser Theorie, die Brentano auch wohl unter dem Einfluß von John Stuart Mill formuliert hat, besteht also eine *abstrakte* Vorstellung darin, daß man in einem Objekt sozusagen nur einige Aspekte berücksichtigt, und die sonstigen Aspekte außer Acht läßt. Wenn eine Vorstellung nicht abstrakt ist, dann heißt sie *konkret*. Eine konkrete Vorstellung muß also alle Eigenschaften des vorgestellten Gegenstandes berücksichtigen.[8]

---

[7] Auch Carl Stumpf hat diese Lehre Brentanos übernommen. Vgl. „[W]e have exclusively concrete singular presentations in consciousness. But we are able especially to notice inseparable parts and also to grasp their equality in different singular presentations. Such parts of a presentational content, which can be noticed apart, but not presented apart, we call *abstracta*.", Stumpf 1886/87, S. 300.

[8] Brentano hat übrigens seine Abstraktionstheorie im Laufe der Zeit modifiziert. (Vgl. dazu Chrudzimski 2004, Kap. 4.) Um 1890 scheint er die unvollständigen

Eine solche konkrete Vorstellung wäre nach Meinong *a fortiori* individuell. (Meinong 1877, S. 18) Sie kann – behauptet er – nur ein einziges Objekt betreffen. Die Umkehrung davon gilt aber nicht. Nicht alle *abstrakten* Vorstellungen sind *ipso facto allgemein*.

Mit einer abstrakten und trotzdem individuellen Vorstellung haben wir z.B. dann zu tun, wenn wir uns auf den individuellen Röte-Aspekt einer bestimmten Rose konzentrieren. Infolge des Abstraktionsprozesses bleiben zwar die anderen Aspekte der Rose außer Acht, der Inhalt der Vorstellung beinhaltet also in diesem Sinne nur die rote Farbe. Diese rote Farbe bleibt aber dennoch individuell. Sie gehört zu dieser individuellen Rose und kann deshalb einem anderen Gegenstand nicht zukommen. In diesem Sinne ist die Vorstellung *individuell*. Sie kann nicht auf mehrere Gegenstände angewendet werden.

Nach Meinong gibt es also *abstrakte Individuen* – Eigenschaften, die nicht als Universalien sondern als individuelle Aspekte interpretiert werden sollen.[9] Solche Eigenschaften, auf die man sich heutzutage meistens

---

immanenten Objekte doch zu akzeptieren. Es gibt darüber einen interessanten Briefwechsel mit Marty, der in seiner frühen Periode im Gegensatz zu Carl Stumpf zur Auffassung neigte, daß es nicht nur individuell bestimmte, sondern auch genuin allgemeine (was wahrscheinlich heißt: unvollständige) immanente Gegenstände gibt. Vgl. die Stelle, wo Marty hauptsächlich für die Eindeutigkeit des Seienden (im Kontext der Diskussion der Seinsweise der immanenten Gegenstände) argumentiert, wo wir aber am Ende eine knappe Bemerkung finden, die nahe legt, daß man anstatt von einer „allgemeinen Bejahung" eher von der „Bejahung eines allgemeinen Inhalts" reden sollte. Marty schreibt: „Die Scholastiker unterschieden eine mentale und reale Existenz. *Mental* oder, wie man sich auch ausdrückte, 'objektiv' (d.h. als Objekt einer psychischen Tätigkeit) existiert ein Vorgestelltes, Geliebtes als solches. *Real* existiert der Vorstellungsakt, eine Ausdehnung u. dgl. Damit können aber offenbar nicht zwei verschiedene Bedeutungen der Existenz gemeint sein. Der Begriff, 'die Anerkennung zu verdienen', ist stets derselbe, mag er wem immer, einem Realen oder Nichtrealen (z.B. speziell einem 'Objektiven' als solchen) zukommen. Nur das soll eben gesagt sein, daß, wer das eine anerkennt, damit ein Reales anerkannt habe, wer das andere, ein Objektives als solches. Reale Existenz heißt also Existenz eines Realen. Das Adjektiv ist ähnlich verwendet, wie wenn man anstatt von der Bejahung eines allgemeinen Inhalts, von 'einer allgemeinen Bejahung' spricht.", Marty 1884, S. 173 f.

[9]   An diesem Punkt weicht Meinong von der Klassifikation Mills ab. Nach Mill gibt es auch individuell-abstrakte Namen, die Attribute bezeichnen. Ihre Indivi-

mit dem von D. C. Williams geprägten, zunächst eher irreführenden Namen „*Tropen*" bezieht (Williams 1953), sind keine Universalien. Im Gegensatz zu den platonischen Eigenschaften können sie *ex definitione* nicht als numerisch identisch in mehreren konkreten Individuen vorkommen. Wenn man Eigenschaften als Tropen interpretiert, dann heißt das, daß zwei verschiedene rote Rosen zwei individuell verschiedene rote Farben haben müssen.

Daß Meinong in den *Hume-Studien I* solche individuellen Eigenschaften tatsächlich akzeptiert, läßt sich leicht belegen. Er schreibt z.B.:

„Bezüglich der Identität bei *Gegenständen* scheint indessen kaum eine Unklarheit möglich, – wie steht es aber mit den *Attributen*? Gesetzt, wir hätten zwei kongruente Dreiecke, *A* und *B*; ist nun die Dreieckigkeit von *A* identisch mit der Dreieckigkeit von *B*? Niemand wird bestreiten, daß *A* fortbestehen kann, auch wenn *B* vernichtet ist, – ebensowenig wird angefochten werden, daß das Attribut an seinem Gegenstande haftet, mit ihm besteht, aber auch mit ihm vergeht. Gibt es nun *B* nicht mehr, so existiert auch nicht die Dreieckigkeit von *B*, dagegen existiert *A* und die Dreieckigkeit von *A* ungestört fort. [...] Was diese dem Anschein nach ziemlich müßigen Erörterungen dartun sollen, ist nur, daß, wenn man bei gleichen Attributen verschiedener Dinge von Identität spricht, damit unmöglich Identität im strengen Sinne gemeint sein kann [...]. Will man einmal ein Attribut als Individuum betrachten, so muß man dann auch so viele *attributive* Individuen anerkennen, als es reale gibt [...]." (Meinong 1877, S. 22 f.)

Eine solche individuelle Eigenschaft war übrigens die einzige Art von Eigenschaft, die von Brentano zwischen 1874 und 1900 akzeptiert wurde. Selbst in der ontologisch am permissivsten Periode um 1890 waren für ihn die allgemeinen Entitäten ein Tabu. Die Überzeugung, daß man indi-

---

dualität (d.h. die Tatsache, daß sie sich nicht auf viele, sondern auf eine einzige Entität beziehen) besteht jedoch darin, daß das bezeichnete Attribut als ein Universale interpretiert wird. Vgl. „But when only one attribute, neither variable in degree nor in kind, is designated by the name; as visibleness; tangibleness; equality; squareness; milkwhiteness; then the name can hardly be considered general; for though it denotes an attribute of many different objects, the attribute itself is always conceived as one, not many.", Mill 1843, Ch. II, § 4 (S. 30).

viduelle Eigenschaften in der Ontologie unbedingt braucht, war für die ganze Brentano-Schule charakteristisch. Auch Meinong teilt diese Überzeugung. Solche attributiven Individuen oder individuellen Attribute lassen sich, so argumentiert Meinong, nicht durch die Relation der Ähnlichkeit zwischen konkreten Individuen wegerklären. Erstens scheinen *jede* zwei individuell-konkreten Gegenstände in irgendeiner Hinsicht einander ähnlich. (Meinong 1877, S. 22 f.) Um also Attribute durch die Ähnlichkeitsklassen von konkreten Individuen zu ersetzen, müßten wir zuerst präzisieren, in welcher Hinsicht sie ähnlich sein sollen. Die angesprochenen Hinsichten sind aber ihrerseits nichts anderes als (die Klassen der) Attribute und so bewegen wir uns in einem (ziemlich engen) Kreis.

Zweitens ist auch die Ähnlichkeit selbst vom ontologischen Standpunkt her betrachtet nicht weniger problematisch, als es Attribute sind. Insbesondere ist die Annahme, daß die Vorstellung der Ähnlichkeit zwischen Attributen irgendwie primitiver sei, als die Vorstellung eines Attributs, nach Meinong schlechtweg absurd. (Meinong 1877, S. 60)

Was nun die allgemeinen Attribute betrifft, die, wie gesagt, in der Brentano-Schule eher verpönt waren, so gibt es in den *Hume-Studien I* ein paar Stellen, die suggerieren, daß Meinong sie zu dieser Zeit doch akzeptiert haben könnte. Wir lesen z.B.:

„Denn nennt man individuell das, was entweder selbst Individuum ist, oder sich nur auf ein Individuum beziehen kann, so fallen unter diesen Begriff zwar alle Einzeldinge; dagegen gibt es aber kein einziges Attribut, das, für sich allein betrachtet, nur von einem Individuum ausgesagt werden könnte. Trotzdem sind Attribute nicht minder wirklich als Dinge, an denen sie haften; es kann somit durchaus nicht alles in der Natur individuell genannt werden." (Meinong 1877, S. 49)

Wir haben gesehen, daß ein Attribut wohl als ein individuelles Abstraktum interpretiert werden kann. Hier lesen wir zwar, daß „kein einziges Attribut [...] für sich allein betrachtet, nur von einem Individuum ausgesagt werden könnte", was aber unter einem Attribut „für sich allein betrachtet" gemeint ist, bleibt unklar. Handelt es sich dabei um ein genuines Universale, d.h. um eine Entität, die als numerisch identisch in mehreren Individuen vorkommen kann, oder geht es vielmehr um ein individuelles Abstraktum, dem in einer Abstraktion höherer Stufe noch die Zugehörigkeit zu einem bestimmten konkreten Individuum abgesprochen wird? Eine solche Entität wäre kein echtes Universale. Sie wäre insbesondere in mehreren Individuen nicht wiederholbar. Sie hätte allerdings keine ontologisch eingebaute Zugehörigkeit zu einem bestimmten individuell-konkreten Träger und so träfe auf sie nicht zu, daß sie „nur von einem Individuum ausgesagt werden könnte".[10]

Diese exegetischen Fragen können wir nicht beantworten. Die lakonischen Bemerkungen, die Meinong dem Begriff des Attributs „für sich allein betrachtet" in seinen *Hume-Studien I* widmet, sind dazu zu knapp. Diese Fragen sind aber wahrscheinlich auch nicht besonders wichtig, denn in der späten Philosophie Meinongs spielen die so verstandenen Universalien keine Rolle.[11]

Die Theorie, die Meinong in seinen *Hume-Studien I* entwickelt, gibt uns also die folgende Klassifikation der Begriffe:

		Inhalt	
		konkret	abstrakt
Umfang	partikulär individuell (beziehen sich auf ein Objekt)	(i) Begriff eines konkreten Individuums	(ii) Begriff eines Attributs von einem konkreten Individuum
	allgemein (beziehen sich auf mehrere Objekte)		(iii) Begriff eines Attributs "für sich betrachtet"

---

[10] Zu diesem Begriff der individuellen Eigenschaft vgl. Chrudzimski 2002.

[11] Die Rolle der Universalien wird ab etwa 1907 durch die *unvollständigen* Gegenstände übernommen.

Die Begriffe zerfallen erstens in die konkreten und abstrakten, je nachdem, ob sie ihre Gegenstände vollständig erfassen oder Produkte der Abstraktion sind. Zweitens zerfallen sie in partikuläre (bzw. individuelle) und allgemeine, je nachdem, ob ihr Umfang nur einen einzigen oder mehrere Gegenstände zuläßt. Aus der Überschneidung dieser zwei Unterscheidungen ergeben sich aber nur drei Möglichkeiten, denn eine konkrete Vorstellung ist nach Meinong, wie bereits gesagt, *a fortiori* individuell.

Diese Klassifikation der Begriffe kann man mit folgender Klassifikation von Entitäten korrelieren:

		Selbständigkeit - Abhängigkeit	
		konkret	abstrakt
Distri-bution	partikulär individuell (sind "in" einem Objekt)	(i) konkrete Individuen	(ii) individuelle Attribute ("Tropen")
	allgemein (sind "in" mehreren Objekten)		(iii) allgemeine Attribute (?)

In der frühen Ontologie Meinongs finden wir auf jeden Fall konkrete Individuen und individuelle Attribute (Tropen). Ob die ontologische Rubrik (iii) letztlich leer ist, können wir, wie gesagt, nicht entscheiden. Sowohl die allgemeine Tendenz der Brentano-Schule als auch die Abstraktionstheorie Meinongs suggerieren aber stark, daß die allgemeinen Attribute (im Gegensatz zu den individuellen Attributen) höchstens als eine Art „Fiktionen *cum fundamento in re*" betrachtet werden dürfen.

2. Die frühe Relationslehre (*Hume-Studien II*)

Eines der großen Verdienste Meinongs liegt darin, daß er die Kategorie der *Relation* ins Zentrum der philosophischen Analyse gestellt hat und nach langem Ringen letztlich für die nachfolgenden Generationen salonfähig gemacht hat. Die ersten Schritte auf diesem Weg macht er bereits in seinem nächsten größeren Werk – in den *Hume-Studien II* (1882) – und die Entwicklung der Relationslehre wird bis zu seinen späten Schriften fortgeführt.

Mit der Kategorie der Relation haben sich freilich auch andere Philosophen, darunter auch Brentano, beschäftigt. Was jedoch für diese Untersuchungen charakteristisch war, war die Tendenz, die Kategorie der Relation möglichst wegzuerklären. So schreibt Aristoteles, daß „das Relative am wenigsten ein Wesen und etwas Seiendes ist". (*Metaphysik*, 1088a 30–31) Als Argument dafür dient ihm die Feststellung, daß bei den Relativen kein selbständiges Entstehen und Vergehen stattfindet in dem Sinne, in dem dies bei den monadischen Eigenschaften der Fall ist. Ein Relatives entsteht und vergeht abhängig davon, wie sich die monadischen Eigenschaften der Fundamente der Relation verändern. „[O]hne verändert zu werden, wird dasselbe bald größer, bald kleiner oder gleich sein, wenn das andere der Quantität nach verändert ist." (*Metaphysik*, 1088a 34–1088b 1)

Die nachfolgenden Generationen von Forschern haben in diesem Punkt auf die Autorität des Meisters von Stagira vertraut. Die Relationen wurden im Mittelalter häufig als relative Attribute uminterpretiert, die außer ihrem eigentlichen Substrat noch eine rätselhafte Beziehung auf ein zweites Relatum involvieren.[12] Diese Beziehung wurde typischerweise ontologisch abgewertet. Sie wurde als etwas im Grunde subjektives, als ein konzeptuelles Produkt der Operation des Vergleichens bzw. Beziehens interpretiert.[13] Für „ein Akzidens, das zugleich in zwei Substanzen wäre" hatte auch Leibniz keinen Platz.

---

[12]   Über die mittelalterlichen Relationstheorien vgl. Henninger 1989.

[13]   Das hing auch damit zusammen, daß man andernfalls in der relativen Bestimmung des Gottes als Schöpfer eine Gefahr seiner ontologischen Abhängigkeit Gottes von seinen Geschöpfen gesehen hat.

Erst gegen Ende des 19. Jahrhunderts hat sich die Kategorie der Relation zu einer gleichberechtigten ontologischen Kategorie gemausert und ein Philosoph, der dazu nicht gering beigetragen hat, war Alexius Meinong.

Die Relationstheorie, die Meinong in den *Hume-Studien II* entwickelt, hat noch viele subjektivistische Aspekte. Vor allem wird die ganze Analyse aus einer vorwiegend psychologischen Perspektive durchgeführt. Meinong betont gleich am Anfang, daß er nur die Relationen zwischen den Vorstellungsobjekten, d.h. zwischen den Inhalten der psychischen Phänomene untersucht, wobei hier der Inhalt soviel wie das immanente Objekt bedeutet. Die Relationen sollen also nur insofern untersucht werden, als sie vorgestellt werden. Die Relationen zwischen den (äußeren) Dingen sollen hingegen außer Acht bleiben. (Meinong 1882, S. 38) Dieses Versprechen wird Meinong allerdings, wie wir bald sehen werden, nicht ganz halten können.

Außer dieser methodologischen Einschränkung (die als solche über die Natur der Relationen noch nichts entscheiden muß) finden wir aber auch eine deutliche Tendenz zur Psychologisierung der ontologischen Kategorie der Relation selbst. Meinong behauptet zunächst, daß für das Bestehen einer so verstandenen Relation das bloße Zusammenbestehen von zwei Vorstellungsinhalten in einem Bewußtsein keineswegs ausreicht. Man braucht dazu noch eine psychische Aktivität, die die beiden Inhalte erst *in Beziehung setzt*. (Meinong 1882, S. 38) Eine Relation zwischen den Inhalten wird also erst durch eine *mentale Aktivität* ins Leben gerufen, und zwar im Gegensatz zu den Inhalten, die durch diese Aktivität in Beziehung gesetzt werden. Diese Inhalte brauchen zu ihrer Präsentation keine derartige Aktivität.

Meinong schließt daraus, daß auch für einen Realisten, der an der Existenz der außer-mentalen Realität nicht zweifelt, Relationen eine besonders *subjektive* Kategorie darstellen müssen – eine Kategorie, die im Gegensatz zu den monadischen („absoluten") Inhalten auf eine besondere psychische Aktivität angewiesen ist. (Meinong 1882, S. 43)

Eine wichtige These Meinongs lautet, daß jede Relation *Fundamente* braucht. Fundamentlose Relationen gibt es nicht. (Meinong 1882, S. 44) Wir dürfen allerdings nicht vergessen, daß im Rahmen dieser Theorie als

Fundamente nicht etwa außermentale Dinge, sondern immanente Inhalte (die Meinong auch „Vorstellungsobjekte" nennt) fungieren. Die Notwendigkeit der Existenz der Fundamente besagt also keineswegs, daß man in der außer-mentalen Welt Dinge finden muß, die den gegebenen Inhalten entsprechen. Was existieren muß, sind nur die genannten Inhalte, und diese gibt es genau dann, wenn es entsprechende Vorstellungsakte gibt. (Vgl. Meinong 1882, S. 89)

Als Fundamente einer Relation R können zwar, sagt Meinong, wieder Relationen R' und R'' auftreten. Und wenn wir zu den Fundamenten von R' und R'' übergehen, können wir ebenfalls auf neue Relationen stoßen. Ein solcher Regreß darf allerdings nicht ins Unendliche gehen. Auf einer bestimmten Stufe müssen wir zu den Fundamenten gelangen, die nicht mehr Relationen, sondern *absolute* (d.h. nicht-relative) Inhalte sind. (Meinong 1882, S. 44) Jede Relation muß sich in diesem Sinne auf gewisse absolute Inhalte aufbauen. Eine reine Relativität gibt es nicht. Und weil wir berechtigterweise von den räumlichen und zeitlichen Relationen sprechen, schreibt Meinong, muß es zwangsläufig auch absolute Raum- und Zeitbestimmungen geben, die als Fundamente dieser Relationen fungieren. (Meinong 1882, S. 47, 50) Die Theorie, die Raum und Zeit als bloße Systeme von Relationen faßt, muß also falsch sein.

Die These, daß es keine reine Relativität gibt, war übrigens für die ganze Brentano-Schule charakteristisch. Brentano verteidigte sie vehement und auch bei seinen Schülern wie Stumpf oder Marty kann man unmißverständliche Bekenntnisse zu dieser ontologischen Position finden.[14]

Meinong versucht in seiner zweiten Hume-Abhandlung eine Klassifikation der Relationen zu geben. An erster Stelle kommt dabei die Klasse der *Vergleichungsrelationen*. Die psychische Aktivität, durch die eine Vergleichungsrelation zustande kommt, ist – wie auch zu erwarten wäre –

---

[14]   Vgl. dazu Stumpf 1873, S. 124: „Entweder versteht man hier unter Lage [...] was wir Ort nennen, und dann ist sie keine Relation [...]; oder man versteht darunter die Beziehung der Punkte zu einander (oder zu einem dritten), und dann liegt dieser Relation, wie jeder, ein absoluter Inhalt zu Grunde, das sind eben hier die beiden Orte; denn man meint eine *örtliche* Beziehung." Vgl. auch Stumpf 1883, S. 13: „So kann es Beziehungen zwischen Empfindungen geben, aber schließlich müssen doch irgend welche absoluten Inhalte vorhanden sein, welche wir auf einander beziehen."

diejenige des Vergleichens, wobei es nach Meinong in erster Linie nicht um ein Vergleichen von zwei individuell-konkreten Gegenständen, sondern um ein Vergleichen von *zwei Attributen* geht. Als Ergebnis eines solchen Vergleichens können wir, schreibt Meinong, nur zwei Werte bekommen. Die Attribute sind entweder gleich oder ungleich.

„Vergleichung zweier Attribute kann, wie immer diese beschaffen sein mögen, nur auf zwei Ergebnisse führen: Gleichheit einerseits, Ungleichheit oder Verschiedenheit andererseits." (Meinong 1882, S. 73)

Wir haben gesehen, daß der junge Meinong unmißverständlich zu einer Auffassung neigt, die nur individuelle Eigenschaften (Tropen) akzeptiert. Die Gleichheit der Attribute, von der er hier spricht, kann also nicht als *numerische Identität* (einer allgemeinen Eigenschaft) sondern muß vielmehr als *strenge Ähnlichkeit* von Tropen interpretiert werden.[15] Eine solche strenge Ähnlichkeit besteht zwischen zwei Tropen erst dann, wenn sie „in allen Einzelheiten" einander ähnlich sind. Sie besteht also zwischen zwei roten Farben derselben Abschattung, aber nicht zwischen zwei roten Farben von zwei verschiedenen Abschattungen. Nur für eine solche „nicht-strenge Ähnlichkeit" benutzt Meinong das Wort „Ähnlichkeit". Für das, was wir die strenge Ähnlichkeit nennen, bleibt bei ihm das Wort „Gleichheit" reserviert.

Was eine solche nicht-strenge Ähnlichkeit betrifft, die sich, wie es scheint, auf ein einfaches gleich/ungleich-Urteil nicht reduzieren läßt, schreibt Meinong, daß sie sich doch

„als partielle Übereinstimmung, d.h. als Gleichheit eines Teils der Elemente herausstellt. Hellrot und Dunkelrot sind einander ähnlich, denn sie stimmen darin überein, Rot zu sein; aber auch Rot und Grün

---

[15] Diese Ähnlichkeit kann entweder als primitiv (Williams 1953) oder als etwas, das auf den „absoluten Naturen" der betreffenden Tropen superveniert, (Campbell 1990, S. 59 f.) interpretiert werden. Eine noch andere Möglichkeit ist, anstatt die Mengen von Tropen durch die Relation der Ähnlichkeit zu konstituieren, diese Mengen selbst als primitiv zu betrachten. Diesen Weg ging Stout (1921/22, S. 155 f.).

können für ähnlich gelten, denn beide sind Farben usw. [...]." (Meinong 1882, S. 75)

Meinong unterscheidet also in jedem Inhalt *Attribute*, die als Fundamente einer Vergleichungsrelation fungieren können. Wie wir sehen, unterscheidet er Attribute von verschiedener Allgemeinheit. Das Attribut *Rot* bildet einen gemeinsamen Teil der Attribute *Hellrot* und *Dunkelrot*, das Attribut *Farbe* ist ein gemeinsamer Teil der Attribute *Rot* und *Grün*. Die primären Fundamente einer Vergleichungsrelation sind also nach Meinong Attribute. Wenn wir von einem Vergleichen von zwei Substanzen sprechen, so sprechen wir im Grunde vom Vergleichen ihrer Attribute. Das Wort „Substanz" wird hier übrigens, wie Meinong betont, „ohne jede metaphysische Präsumption" verwendet, „um das zu bezeichnen, was man auch das Ding im Gegensatz zu seinen Eigenschaften nennt." (Meinong 1882, S. 81)

Meinong läßt hier also offen, wie die ontologische Struktur eines Dings letztlich aussieht und er hat dieses Problem in seinen frühen Werken in der Tat nie ernsthaft thematisiert. Dazu standen damals für ihn die psychologisch-deskriptiven Fragen zu sehr im Vordergrund. Es ist aber nicht zu übersehen, daß er (zumindest in Bezug auf die Dinge, die uns in der äußeren Wahrnehmung erscheinen) zu einer Bündel-Theorie neigt, nach der ein individuell-konkreter Gegenstand gewissermaßen aus seinen (individuellen) Eigenschaften ohne einen zusätzlichen Träger (sei es einer Substanz, sei es einem „baren Substrat") besteht. Das war übrigens auch die Ontologie der physischen Gegenstände, die Brentano zu dieser Zeit bevorzugte. (Vgl. Chrudzimski 2004, S. 145.)

Die zweite Gruppe der Relationen, die Meinong erörtert, sind *Verträglichkeitsrelationen*. Die psychische Aktivität, die für diese Relationsgruppe verantwortlich ist, besteht darin, daß man sich die Frage stellt, ob zwei bestimmte Attribute „an derselben Substanz zu derselben Zeit" bestehen können, wobei das Wort Substanz wieder im lockeren Sinne genommen wird. „[D]er schwerfällige Ausdruck 'Identität der Substanz' hat hier gar keine andere Funktion, als die Gleichheit des Ortsdatums für beide Attribute zu sichern; wir können daher ebensogut sagen: die Verträglichkeitsfrage läßt sich nur bei Attributen mit *gleicher Zeit- und Ortsbestimmung* aufwerten." (Meinong 1882, S. 87)

Die Antwort auf eine solche Verträglichkeitsfrage kann unter günstigen Umständen ein evidentes apodiktisches Urteil sein, das besagt, daß die zwei in Frage kommende Attribute *unmöglich* zusammen bestehen können. Ein solches Urteil ist nach der Brentanoschen Lehre, die hier von Meinong ebenfalls übernommen wird, ein negatives Existenz-Urteil, wie z.b. „Ein Rotes Blaues gibt es nicht", das zusätzlich im *apodiktischen Modus* und mit *Evidenz* gefällt wird. (Meinong 1882, S. 88)

Das, was man in einem solchen Urteil feststellen kann, ist also eigentlich eine *Un*verträglichkeitsrelation. Ein positives apodiktisches Wissen gibt es nach der von Meinong akzeptierten Auffassung Brentanos nicht.[16] Und da die Feststellung der entsprechenden Relation in diesem Fall von Meinong als ein *Produktionsakt* für diese Relation betrachtet wird, *gibt es auch nur Unverträglichkeits- und keine Verträglichkeitsrelationen.* (Vgl. Meinong 1882, S. 89)

Auch jeder *logische Schluß*, sagt uns Meinong (wobei er sich wieder der Lehre Brentanos anschließt), ist auf solche Unverträglichkeitsrelationen zurückzuführen. Behaupten wir etwa, daß *q* aus *p* logisch folgt, so heißt das, daß „die Wahrheit der Prämissen mit der Falschheit der conclusio unvereinbar sei." (Meinong 1882, S. 102) Das evidente negative Existenz-Urteil, das für die gewünschte Unverträglichkeitsrelation verantwortlich ist, wäre also „Es gibt nicht, daß *p*, ohne daß *q*", wobei die nominalisierten propositionalen Inhalte (daß *p* und daß *q*), mit denen wir hier operieren, aus den Vorstellungen der entsprechenden Urteile entnommen werden müssen. (Meinong 1882, S. 100)

Daß sich Meinong hier offensichtlich auf die Unverträglichkeit der *propositionalen Inhalte* bezieht, hat ihn 1882 (wie übrigens auch Brentano in seiner *Psychologie*) noch gar nicht beunruhigt. Höchstwahrscheinlich waren ihm die ontologischen Konsequenzen dieses Schrittes damals noch überhaupt nicht bewußt, und auf jeden Fall widmet er der Kategorie der propositionalen Entitäten in den *Hume-Studien II* keine Aufmerksam-

---

[16] Genauer gesagt, behauptet Brentano nur, daß es *für uns* kein positives apodiktisches Wissen gibt. In der Tat glaubte er, daß für jedes Wesen, das imstande wäre, den vollständigen Begriff Gottes zu begreifen, eine Version des ontologischen Beweises Anselms ein solches positives apodiktisches Wissen liefern würde.

keit. Eine detaillierte und einflußreiche Lehre von den propositionalen Entitäten (*Objektiven*) wird er erst zwanzig Jahre später entwickeln. Die dritte Klasse der Relationen, die Meinong bespricht, sind *Kausalrelationen*. Meinong referiert zunächst die Position von Beneke, der behauptet, daß uns einige Kausalverhältnisse in der inneren Wahrnehmung gegeben sind. (Meinong 1882, S. 111) Das war auch die Position, die Brentano Zeit seines Lebens vertreten hat. (Vgl. z.B. Brentano EL72, S. 467) Meinong verwirft jedoch diese Theorie. (Meinong 1882, S. 116) Die Kausalverhältnisse sind uns weder in der inneren noch in der äußeren Erfahrung direkt gegeben. Sie werden stattdessen aus den Relationen zusammengesetzt, die wir bereits kennengelernt haben. Der Weg zur Perzeption einer kausalen Beziehung muß also nach Meinong eine nicht ganz unaufwendige intellektuelle Konstruktion involvieren.

Die erste wichtige Beobachtung, die Meinong hier macht, ist, daß zu einer Kausalrelation die Notwendigkeit und Allgemeinheit des entsprechenden Kausalgesetzes gehört. Im Gegensatz zu Hume behauptet er, daß eine bloße Allgemeinheit der Aufeinanderfolge noch nicht ausreicht, um einen Kausalzusammenhang zu sichern. Eine solche allgemeine Aufeinanderfolge könnte ja auch ganz zufällig, ohne irgendwelchen kausalen Einfluß auftreten.[17]

Die in die Kausalrelation involvierte Notwendigkeit läßt uns an die Relation der Unverträglichkeit denken. Und in der Tat, die Kausalrelation erweist sich nach Meinong als ein Spezialfall der Unverträglichkeitsrelation. Wenn man sagt, daß *B* aus *A* als kausale Folge resultiert, dann will man dadurch sagen, daß das Bestehen von *A* mit dem Nicht-Bestehen von *B* in einem nachfolgendem Zeit-Moment unverträglich wäre. Wir haben hier übrigens den nächsten wichtigen Aspekt der Kausalrelation: *die zeitliche Aufeinanderfolge*, die Meinong als einen Spezialfall der Relation der Verschiedenheit betrachtet. (Meinong 1882, S. 118)

---

[17]   In der heutzutage modischen Terminologie der möglichen Welten kann man sagen, daß es nomologisch verschiedene Welten gibt, die deskriptiv ununterscheidbar sind. Auf der anderen Seite schließt Meinongs Auffassung auch die heutzutage von manchen angenommene *singular causation* aus, bei der zwar ein kausaler Nexus, aber keine allgemeine Gesetzmäßigkeit im Spiel sein sollte.

Die Definition, die Meinong schließlich annimmt, lautet somit folgendermaßen:

„Ursache ist ein mehr oder weniger großer Komplex von Tatsachen, welche auch nicht den kleinsten Teil einer Zeit zusammen bestehen können, ohne daß die Wirkung zu existieren anfängt. Kausalität ist demnach eine Vereinigung bestimmter Vergleichungs- und Verträglichkeitsfälle." (Meinong 1882, S. 121)

Was jedoch die in der Kausalität involvierte Notwendigkeit von den bereits besprochenen Fällen der Unverträglichkeit unterscheidet, ist ein offensichtlicher *Mangel an Evidenz* des Urteils, in dem sie erfaßt wird. Die Unverträglichkeit von zwei Inhalten können wir feststellen, ohne unseren Schreibtisch verlassen zu müssen, und zwar indem wir die entsprechenden Inhalte einfach in Gedanken vergleichen. So können wir a priori wissen, daß es kein rundes Dreieck geben kann und daß es nicht etwas Farbiges geben kann, das zugleich nicht ausgedehnt wäre. Ein solches Wissen ist aber in Bezug auf Kausalrelationen prinzipiell unerreichbar. Um festzustellen, welche Kausalgesetze es in der Welt gibt, müssen wir *empirische* Untersuchungen durchführen; und das Ergebnis solcher Untersuchungen wird nie von der *Evidenz* begleitet, die für ein apodiktisches Urteil über die Unverträglichkeitsverhältnisse charakteristisch ist.

Die Lösung dieser Schwierigkeit wird in den letzten Sätzen des vorigen Paragraphs bereits angedeutet. Wir haben gesagt, daß wir feststellen wollen, welche Kausalgesetze es *in der Welt* gibt, und das ist in der Tat der springende Punkt. Wenn wir über Kausalverhältnisse sprechen, handelt es sich nämlich *nie* um die bloßen Relationen zwischen den Vorstellungsobjekten. Wir sprechen immer von Relationen zwischen den Dingen (Meinong 1882, S. 122) und solche Dinge – so die These Meinongs, die er ebenfalls von Brentano übernommen hat – sind uns nie vollständig gegeben. Was uns in einer intentionalen Beziehung „vor Augen" steht, sind ausschließlich *Inhalte* (d.h. *immanente Objekte*) – untrennbare Korrelate der psychischen Akte.

Wenn wir also behaupten, daß zwischen *A* und *B* eine Kausalrelation besteht, sagen wir nach Meinong etwas ganz Kompliziertes. Wir behaupten (i) daß es in der außermentalen Realität Dinge gibt, die den Vorstellungen von *A* und *B* entsprechen; und (ii) daß zwischen der Existenz von *A* und der Nichtexistenz von *B* (im nachfolgenden Zeitmoment) die Relation der Unverträglichkeit besteht. (iii) Diese Relation der Unverträglichkeit könnten wir in einem evidenten apodiktischen Urteil feststellen, wenn wir die wahren Naturen beider Dinge kennten. (iv) Wir kennen sie aber nicht und deswegen ist die Behauptung eines kausalen Zusammenhangs immer eine empirische Hypothese, die sich auf die Beobachtung einer regelmäßigen Aufeinanderfolge der Inhalte *A* und *B* stützen muß, die die in einem kausalen Zusammenhang stehenden Dinge repräsentieren.

Außer den Vergleichungs- und Verträglichkeitsrelationen ist also in jeder Behauptung einer Kausalrelation auch eine wichtige *Existenzannahme* in Bezug auf die außer-mentalen Entsprechungen der Vorstellungsinhalte involviert, die wir oben unter (i) angeführt haben.

Wie wir sehen, war hier Meinong gezwungen, über den Bereich der Vorstellungsinhalte hinauszugehen und einige Relationen doch in der realen Welt zu stipulieren, was mit der These ihrer besonderen Subjektivität nicht unbedingt im Einklang zu stehen scheint. Und in der Tat, Meinong besteht nicht besonders hartnäckig auf diese These. Er schreibt mit aller Deutlichkeit, daß man auch von Relationen zwischen Dingen sprechen kann, deren Bestehen von keiner psychischen Aktivität abhängig wäre:

> „Ausgeschlossen wäre durch die obige Theorie indessen nicht, daß zwischen Dingen, die sich im Kausalnexus befinden, unabhängig von ihrem Vorgestelltwerden, etwas bestünde, was in einem noch zu bestimmenden Sinne ebenfalls Relation genannt werden könnte [...]." (Meinong 1882, S. 129)

Solche, von jeder psychischen Aktivität unabhängige Relationen zwischen den Dingen interpretiert Meinong zunächst als eine Fähigkeit der Dinge, durch entsprechende psychische Aktivität in Bezug gesetzt zu werden. (Meinong 1882, S. 143 f.) Man kann also vermuten, daß es sich um *monadische* Eigenschaften der Dinge handelt, die es uns erlauben, eine entsprechende in-eine-Relation-setzende psychische Aktivität in Bezug auf sie zu vollziehen. Dieser Punkt wird sich noch später als äußerst wichtig erweisen.

Die nächste Kategorie der Relationen, die von Meinong behandelt wird, bilden die *Identitätsrelationen*. Dieser Fall, sagt Meinong, ist besonders schwierig. Auf den ersten Blick scheint es, daß man nur von der Identität eines Gegenstandes mit sich selbst sprechen kann, was aber zum einen völlig uninteressant erscheint, und zum anderen wahrscheinlich als gar keine Relation einzustufen wäre, „denn ich wüßte nicht," so sagt er, „was den Relationen noch wesentlich bliebe, wenn von der Zweiheit der Fundamente abgesehen werden dürfte." (Meinong 1882, S. 130)

Es läßt sich aber, fährt Meinong fort, dennoch in einer philosophisch interessanten Weise von der Identität sprechen. Wir sagen „von zwei Häusern, sie hätten denselben Eigentümer, – von zwei Ringen, sie gehören zu derselben Kette, – von zwei Eigenschaften, sie seien Qualitäten derselben Sache, – auch von meinen Gedenken kann ich sagen, sie beschäftigen sich jetzt mit derselben Angelegenheit, demselben Ereignisse wie vor einer halben Stunde. Ich kann in diesen mannigfachen Anwendungsweisen nur *ein* Gemeinsames finden: Identität wird von etwas ausgesagt, sofern es zugleich zu verschiedenen anderen Dingen in Relation steht." (Meinong 1882, S. 130)

Ein für die Theorie Meinongs besonders interessanter Fall liegt vor, wenn man von zwei Vorstellungen sagt, sie stellen dasselbe vor. Die in einer solchen Behauptung prädizierte Identität kann die psychischen Akte der Vorstellung natürlich nicht betreffen. Es soll ja *ex hypothesi* zwei Vorstellungen geben. Es kann aber auch nicht darum gehen, daß diese zwei Vorstellungen *denselben* Inhalt haben. Inhalte (Vorstellungsgegenstände, immanente Objekte) sind Entitäten, die von den entsprechenden psychischen Akten ontologisch abhängig sind. Meinong schreibt, daß „es ja selbstverständlich ist, daß zwei verschiedene Vorstellungen streng genommen auch zwei verschiedene Inhalte haben müssen, die völlig gleich, aber niemals *ein* Inhalt sein können." (Meinong 1882, S. 132)

Wir sehen hier noch einmal klar, daß, wenn Meinong von Gleichheit spricht, er damit tatsächlich nicht die numerische Identität sondern vielmehr das Verhältnis meint, das die Tropentheoretiker strenge Ähnlichkeit nennen.

Zwei verschiedene Vorstellungen können also auf keinen Fall numerisch denselben Inhalt haben. Wenn man also sagt, daß zwei Menschen dasselbe vorstellen, meint man nicht den Inhalt ihrer Vorstellungen, sondern eher das, was einem solchen Inhalt *entsprechen könnte.*

„Wenn man daher sagt, daß zwei Menschen dasselbe vorstellen, oder auch ein Mensch zu verschiedener Zeit dasselbe vorstellt, so kann damit nur das Vorstellen von Inhalten gemeint sein, welche nur *einem* Dinge, gleichviel übrigens, ob ein solches wirklich existiert oder nicht, adäquat sein können." (Meinong 1882, S. 132)

Wir sehen hier deutlich, daß die Intentionalitätstheorie, die der junge Meinong akzeptiert, sich tatsächlich im Brentanoschen Modell der Objekt-Theorie mit zwei Objekten bewegt. Jede Vorstellung hat ein immanentes Objekt, das dem jeweiligen Subjekt selbst dann „vor Augen steht", wenn es in der außermentalen Realität keine Entsprechung davon gibt. Diese Struktur schöpft aber die Intentionalität eines psychischen Aktes nicht aus. Auch das Außending, das dem intentionalen Objekt, wie es Meinong sagt, *adäquat* sein kann, kommt in Betracht. Die Intentionalität wird also gewissermaßen „verlängert", so daß z.B. ein Existenzurteil, das in einer äußeren Wahrnehmung involviert ist, nicht das immanente, sondern das transzendente Objekt der zugrunde liegenden Vorstellung betrifft. Insbesondere bezieht man sich auf ein solches Außending (und nicht etwa auf die entsprechenden immanenten Objekte), wenn man von der *Identität* des vorgestellten Objekts spricht.

Die angesprochene Relation der Adäquatheit zwischen einem immanenten Objekt und einem Ding muß, so können wir vermuten, darin bestehen, daß das Ding alle Attribute hat, die in dem immanenten Objekt spezifiziert sind. Nach der Theorie Brentanos besteht dieses Spezifizieren darin, daß das immanente Objekt die betreffenden Attribute in einem *uneigentlichen, modifizierten* Sinne hat. (Vgl. Brentano 1982, S. 26 f.; Chrudzimski 2001, S. 195) Die Adäquatheitsrelation würde also genau dann bestehen, wenn das transzendente Ding alle Attribute hat, die von dem immanenten Objekt in einem modifizierten Sinne gehabt werden.

Die Attribute, die einerseits von dem Außending und andererseits von dem immanenten Objekt gehabt werden, können aber wiederum nicht im buchstäblichen Sinne identisch sein. Da Brentano keine Universalien sondern nur individuelle Eigenschaften akzeptierte, muß man sich auch diese

Attribute als Tropen vorstellen. Die Standardauffassung der zeitgenössischen Tropenontologie spricht hier von der (strengen) Ähnlichkeit zwischen den Tropen. Die Adäquatheitsrelation zwischen einem transzendenten Ding D und einem immanenten Objekt O würde also genau dann bestehen, wenn man für jedes Attribut, das von O in einem uneigentlichen Sinne gehabt wird, ein entsprechendes (streng ähnliches) Attribut finden kann, das von D in einem normalen Sinne gehabt wird.

Daß Meinong selbst nichts näheres über diese wichtige Adäquatheitsrelation sagt, deutet darauf hin, daß er hier die Auffassung Brentanos vorbehaltlos voraussetzt.

Ein weiteres Problem resultiert daraus, daß Meinong ungezwungen von einem Ding spricht „gleichviel übrigens, ob ein solches wirklich existiert oder nicht". Wenn man diesen Punkt weiter entwickeln würde, hätte man natürlich mit dem ganzen Arsenal der ontologischen Probleme zu tun, das mit den irrealen Konditionalen bzw. mit den nicht-existierenden Gegenständen zusammenhängt. Meinong entwickelt aber diese Problematik nicht. Seine *Hume Studien II* sind keine Abhandlung zur Intentionalitätstheorie. Er setzt vielmehr eine Version der Brentanoschen Intentionalitätstheorie voraus im guten Glauben, daß sie von ihrem Erfinder kohärent formuliert wurde. Diesen Glauben wird Meinong erst um 1899 verlieren und kurz danach werden für ihn auch die nicht-existierenden Gegenstände zu einem wichtigen Thema.[18]

Kehren wir aber zu Meinongs Analyse der Identitätsrelation zurück. Wenn man von der Identität in einem nicht-tautologischen Sinne spricht, bezieht man sich Meinong zufolge immer auf gewisse Relationen, in denen der Gegenstand, von dem man die Identität prädiziert, zu anderen Gegenständen steht. Dennoch betrifft die Identität gewissermaßen nur ihren einzigen Träger, so daß sie fast als eine monadische Eigenschaft erscheint. Wenn man alle diese Aspekte berücksichtigt, kann man die ganze Idee folgendermaßen zusammenfassen:

---

[18] Sowohl Brentano als auch die meisten seiner Schüler (insbesondere Marty) haben übrigens den modalen (bzw. kontrafaktischen) Diskurs generell als ontologisch harmlos angesehen.

„Identität ist die Eigenschaft eines Dinges, Fundament für mehrere Relationen zu sein; Behauptungen über Identität sind in Relationsbehauptungen ganz oder teilweise auflösbar." (Meinong 1882, S. 135)

Da man sich durch eine Identitätsbehauptung in den Bereich der Außendinge begibt, muß man sich bei der epistemischen Begründung einer solcher Behauptung typischerweise auch auf die empirische Beobachtung stützen. Es gibt nur einen einzigen Fall, in dem man eine solche Identität ohne Rücksicht auf die empirische Erfahrung feststellen kann, nämlich den, „wo die Adäquatheit mehrerer Vorstellungsinhalte mit einem möglicherweise existierenden Dinge zur Sprache kommt [...]." (Meinong 1882, S. 132 f.) Und das ist natürlich dann der Fall, wenn jemand in verschiedenen Vorstellungen „dasselbe meint". Anderenfalls sind in die Identitätsbehauptung wie im Fall der Kausalbeziehungen auch entsprechende Existenzannahmen involviert, so daß die relevanten Relationen nicht zwischen Vorstellungsinhalten, sondern zwischen den Außendingen bestehen.

Die Erklärung, die uns Meinong gibt, wie eine informative Identitätsaussage möglich ist, kann man mit der berühmten Erklärung Freges vergleichen (Frege 1892). Nach Frege unterscheidet sich eine informative Identitätsaussage „$a = b$" von einer tautologischen Identitätsaussage „$a = a$" dadurch, daß in einer wahren Aussage der Form „$a = b$" derselbe Gegenstand durch verschiedene Beschreibungen identifiziert wird. Die Namen „a" und „b" sind nämlich nach Frege nicht bloße Etiketten, so daß man gezwungen wäre, die Wahrheit einer Identität der Form „$a = b$" einfach als eine Wahrheit kraft der sprachlichen Konvention (daß den Namen „a" und „b" derselbe Gegenstand zugeordnet wird) zu betrachten. Die Namen haben ihre Sinne, „durch die" sie sich auf ihre Gegenstände beziehen, wobei im Sinn – wie Frege sagt –, „die Art des Gegebenseins" des Referenzobjekts enthalten ist (Frege 1892, S. 26).

Wenn man diese Erklärung mit der Brentanoschen Theorie des immanenten Objekts, die Meinong zur Zeit seiner *Hume Studien II* akzeptiert, vergleicht, sieht man, daß die Rolle der Fregeschen Sinne bei Brentano klarerweise von den immanenten Objekten übernommen wird. Es ist das immanente Objekt, das bei Brentano „die Art des Gegebenseins" bestimmt, wobei es, wie wir gesehen haben, unklar bleibt, was eigentlich in der Zielposition des entsprechenden psychischen Aktes steht. Wenn wir aber, wie Brentano in seiner *Logik-Vorlesung* und wie Meinong in seiner frühen Periode, zwischen dem immanenten und dem transzendenten Objekt des Aktes unterscheiden, dann können wir uns wohl eine Situation vorstellen, in der zwei „inhaltlich" verschiedenen immanenten Objekten (O_1 und O_2) dasselbe transzendente Ding D entspricht. Man muß nur annehmen, daß sowohl O_1 als auch O_2 nur diejenigen individuellen Eigenschaften im uneigentlichen Sinne haben, die ihre streng ähnlichen Entsprechungen in den individuellen Eigenschaften von D finden, daß aber nicht jede uneigentlich instantiierte individuelle Eigenschaft von O_1 ihre streng ähnliche Entsprechung in einer uneigentlich instantiierten individuellen Eigenschaft von O_2 findet. Auch dieser Fall einer wahren Identität ist also im Rahmen des Brentanoschen Instrumentariums, das dem frühen Meinong zur Verfügung stand, zu meistern.

Die besprochenen vier Klassen von Relationen: (i) Vergleichungsrelationen, (ii) Verträglichkeitsrelationen, (iii) Kausalrelationen und (iv) Identitätsrelationen (wobei die Klassen (iii) und (iv) nach Meinong aus einer Zusammensetzung von Relationen der Art (i) und (ii) zusammen mit den entsprechenden Existenzannahmen resultieren) werden von Meinong *ideale* oder *Vorstellungsrelationen* genannt. Neben solchen Relationen führt er aber auch *reale* Relationen ein, und diese Unterscheidung ist vom ontologischen Standpunkt her betrachtet besonders interessant.

Als erste Gruppe der realen Relationen nennt Meinong die *intentionalen Relationen*. Eine intentionale Relation wird in Anknüpfung an Brentano als eine Relation zwischen einem psychischen Akt und dem ihm zugehörigen Inhalt (d.h. dem immanenten Objekt) verstanden. Nach Meinong ist sie eine Kategorie *sui generis*, die sich auf andere Relationen nicht reduzieren läßt.

Das ist der bisher einzige Fall, in dem die Relation nicht zwischen Vorstellungsinhalten, sondern, wie es Meinong sagt, zwischen *wirklichen Dingen* besteht. (Meinong 1882, S. 138) Bei den Kausal- und Identitätsrelationen hatten wir zwar entsprechende Existenzannahmen gemacht, die Beziehung auf die reale Welt stand also auch dort sozusagen im Hintergrund. Die Beziehung auf die transzendenten Gegenstände war aber in diesem Fall sozusagen nur eine zusätzliche Hypothese. Die Gegenstände, von denen man die entsprechende Relation prädizierte, wurden in jedem

Fall so verstanden, wie sie durch die jeweiligen *Vorstellungsinhalte* bestimmt waren. Im Fall der intentionalen Relation ist es aber anders. Wir haben den entsprechenden Akt und seinen Vorstellungsinhalt „in eigener Person" direkt gegeben. Keine weiteren vermittelnden Vorstellungsinhalte sind in die Prädikation der intentionalen Relation involviert.

Die Bezeichnung „wirkliche Dinge" in Bezug auf den psychischen Akt und das immanente Objekt wurde von Meinong sicherlich nicht allzu glücklich gewählt. Der psychische Akt ist nach der Brentanoschen Lehre ein Akzidens der psychischen Substanz und ein immanentes Objekt ist eine spezielle, von dem betreffenden Akt seinsabhängige und insgesamt ontologisch sehr geheimnisvolle Entität. Keine dieser Entitäten würden wir normalerweise als ein wirkliches Ding bezeichnen.

Aus dieser unglücklichen Ausdrucksweise sollte man allerdings keine voreiligen Schlüsse ziehen, die durch den Kontext, in dem Meinong seine Behauptung macht, nicht gerechtfertigt wären. Und der Kontext ist hier ganz klar. Der psychische Akt und das immanente Objekt werden deswegen „wirkliche Dinge" genannt, um den Gegensatz zu den (bloßen) Vorstellungsobjekten deutlich zu machen, auf die sich in den anderen von Meinong besprochenen Fällen die relationserzeugende Aktivität des Subjektes richtet. Die Bezeichnung „wirkliche Dinge" signalisiert also lediglich den Umstand, daß es die betreffenden Entitäten *wirklich gibt,* und nicht etwa, daß sie, zusammen mit Steinen, Katzen und Schreibmaschinen, zu der *ontologischen Kategorie der Dinge* gehören.

Meinong nennt auch zwei weitere Gruppen von Relationen, die er als *real* betrachten will. Es sind einerseits die Relationen zwischen mehreren Vorstellungsinhalten, die einen Vorstellungskomplex ausmachen, andererseits die eigenartigen Beziehungen zwischen den oben analysierten idealen Relationen und ihren Fundamenten. (Meinong 1882, S. 138 f.)

Meinong erwägt noch, ob man die mentale Motivation, die z.B. zwischen der Vorstellung eines Zweckes und dem entsprechenden Willensakt stattfindet, nicht als eine solche *reale* Relation auffassen sollte, kommt aber zu keinem endgültigen Schluß und läßt das als eine offene Möglichkeit unentschieden. (Meinong 1882, S. 148)

Das Merkmal einer realen Relation, das sie gegenüber einer idealen Relation auszeichnet, ist nach Meinong, wie gesagt, die Tatsache, daß sie nicht zwischen Vorstellungsinhalten, sondern zwischen realen Dingen besteht. Diese Behauptung kann verwirrend sein, denn die Entitäten, die sowohl im Fall der Relation Akt-Inhalt als auch im Fall einer Relation zwischen mehreren „Teilen" eines Vorstellungskomplexes wie auch bei der Beziehung zwischen einer idealen Relation und ihren Fundamenten involviert sind, sind ja zweifellos die *Vorstellungsinhalte.* Was die intentionale Relation betrifft, so besteht sie ja zwischen einem psychischen Akt und seinem Inhalt (d.h. dem immanenten Objekt). Die Tatsache, daß die Relation zwischen den Vorstellungsinhalten, die einen Vorstellungskomplex ausmachen, die Relation zwischen den Vorstellungsinhalten ist, versteht sich von selbst. Und schließlich sollen auch alle idealen Relationen nach Meinong irgendwie eher zwischen den entsprechenden Vorstellungsinhalten als zwischen den durch sie repräsentierten Dingen bestehen. Auch die Beziehung, die zwischen diesen Relationen und ihren Fundamenten besteht, muß also (da die Fundamente Vorstellungsinhalte sind) Vorstellungsinhalte involvieren.

Das alles ist völlig richtig, die Behauptung Meinongs behält aber dennoch ihren guten Sinn. In allen idealen Relationen werden nämlich die entsprechenden Inhalte in ihrer Repräsentationsfunktion begriffen. Bei allen vier Gruppen der idealen Relationen *denkt man* ja an die Beziehung zwischen den repräsentierten Dingen. Diese Dinge können nur durch Inhalte repräsentiert werden, und das ist nach Meinongs Auffassung eine für die Relationslehre relevante Tatsache. Denn die mentale Aktivität, die die idealen Relationen „erzeugt", operiert eben auf diesen Inhalten. In diesem Sinne kann man sagen, daß die Fundamente der Relationen eben Inhalte sind. Sie fungieren aber als diese Fundamente nur *als Inhalte,* d.h. in ihrer repräsentierenden Funktion.

Bei den realen Relationen ist dem aber ganz anders. Die Inhalte, die hier als Fundamente fungieren, werden nicht als Repräsentanten, sondern sozusagen als „Dinge an sich" betrachtet. Wenn man an die entsprechende Relation denkt, denkt man an die Inhalte „direkt", ohne daß man sie dabei unbedingt in ihrer repräsentierenden Funktion betrachten muß. In diesem Sinne werden sie hier als „reale Dinge" betrachtet und das ist auch der Sinn, in dem die idealen Relationen zwischen den Vorstellungsinhalten, während die realen zwischen den realen Dingen bestehen.

Ein zweites Kriterium, das den Unterschied zwischen den idealen und
realen Relationen erklärt, ist, daß die idealen Relationen durch eine besondere psychische Aktivität ins Leben gerufen werden, während die realen passiv perzipiert werden. (Meinong 1882, S. 142)
    Das Kriterium, das für unsere weiteren Untersuchungen am wichtig-
sten sein wird, bezieht sich aber auf die Art des Wissens, das wir von den
Relationen beider Gruppen haben (bzw. haben können). Meinong faßt es
folgendermaßen zusammen:

„Relationen der erst betrachteten Gruppe [d.h. die *idealen* Relationen]
erkennt man, unabhängig von der Erfahrung, aus bloßen Vorstellungen, – *a priori*; Relationen der zweiten Gruppe [d.h. die *realen* Rela-
tionen] dagegen nur auf Grund empirischer Daten, *a posteriori*." (Meinong 1882, S. 154)

3.   Interne und externe Relationen

Wenn man dieses letztgenannte Kriterium sowie die Argumente, die Meinong zur Unterscheidung der realen und idealen Relationen geführt haben, näher betrachtet, scheint es, daß im Hintergrund dieser Aufteilung
der Unterschied steht, den man heute den Unterschied zwischen *internen*
und *externen* Relationen nennt.
    Unter den Relationen können wir nämlich zwei große Gruppen unter-
scheiden. Für die Relationen der ersten Gruppe gilt das Prinzip, daß sie
genau dann bestehen, wenn ihre Argumente mit bestimmten monadischen
Eigenschaften existieren. Das Bestehen von Argumenten, die bestimmte
monadische Eigenschaften haben, ist eine *notwendige* und *hinreichende*
Bedingung des Bestehens der Relation. Solche Relationen sind in diesem
Sinne durch die Existenz ihrer Argumente mit den entsprechenden monadischen Eigenschaften mit Notwendigkeit impliziert. Man kann sagen,
daß sie auf ihren Argumenten *supervenieren*. So muß z.B., wenn Hans 40
Jahre alt ist und Peter 30 Jahre alt ist, die Relation *ist älter als* zwischen
Hans und Peter zwangsläufig bestehen. Sie ist in diesem Sinne auf die

Existenz und die monadischen Eigenschaften von Hans und Peter ontologisch reduzierbar.[19]

Es gab und gibt viele Philosophen, die zur Auffassung neigen, daß *alle* Relationen in diesem Sinne auf den monadischen Eigenschaften ihrer Glieder *supervenieren*, gemäß dem Prinzip:

(Sup.):

$$\forall x \forall y \forall R \{xRy \equiv \exists F \exists G[Fx \wedge Gy \wedge \Box \forall z \forall w(Fz \wedge Gw \supset zRw)]\}$$

Das Prinzip (Sup.) besagt, daß alle Relationen, die aktuell vorkommen, auf den monadischen Eigenschaften ihrer Glieder supervenieren. Für einen Philosophen, der kein Platoniker ist, muß das allerdings nicht bedeuten, daß die Relationen, die mit dem Prinzip (Sup.) in Widerspruch stehen, unmöglich sind. Das wird erst durch eine modalisierte Version des Prinzips gewährleistet:

(Sup.$\Box$):

$$\Box \forall x \forall y \forall R \{xRy \equiv \exists F \exists G[Fx \wedge Gy \wedge \Box \forall z \forall w(Fz \wedge Gw \supset zRw)]\}$$

Das Prinzip (Sup.$\Box$) besagt, daß die Supervenienz von Relationen nicht bloß kontingent für alle *aktuellen* Relationen gilt, sondern sozusagen aus dem Wesen der ontologischen Kategorie *Relation* folgt.

Wir können uns aber auch andere Relationen denken, die auf die Existenz ihrer Argumente und auf die Eigenschaften dieser Argumente nicht reduzierbar wären. Wenn wir eine Relation dieser Art als *R* bezeichnen, dann ist die Tatsache, daß *R* zwischen *a* und *b* besteht, in keiner Weise durch die „absolute Natur" von *a* und *b* (d.h. durch die Gesamtheit der nicht-relationalen Eigenschaften von *a* und *b*) impliziert. Die Gegenstände *a* und *b* können alle ihre monadischen Eigenschaften behalten, und das Bestehen der Relation *R* zwischen ihnen kann trotzdem entfallen.

Bekanntlich hat Russell derartige Relationen „extern" genannt.[20] Russell behauptet also die Negation von (Sup.):

---

[19]   Dieser und die folgenden Paragraphen, in denen der Begriff der internen und externen Relation besprochen wird, wurden aus Chrudzimski 2001 und Chrudzimski 2004 übernommen.

[20]   Vgl. „I maintain that there are such facts as that *x* has the relation *R* to *y*, and that such facts are not in general reducible to, or inferable from, a fact about *x*

(¬Sup.):

$\exists x \exists y \exists R \{xRy \land \neg[\exists F \exists G[Fx \land Gy \land \Box \forall z \forall w(Fz \land Gw \supset zRw)]]\}$,

oder mindestens die Negation von (Sup.$\Box$):

(¬Sup.$\Box$):

$\Diamond \exists x \exists y \exists R \{xRy \land \neg[\exists F \exists G[Fx \land Gy \land \Box \forall z \forall w(Fz \land Gw \supset zRw)]]\}$

Die typischen Kandidaten für solch unreduzierbare Relationen sind die räumlichen und zeitlichen Beziehungen. Philosophen, die einerseits räumliche und zeitliche Stellen nicht als Objekte einführen wollen, andererseits den Gegenständen aber auch keine absoluten räumlichen und zeitlichen Bestimmungen zuschreiben, betrachten diese Bestimmungen oft als *rein relational*. Die Tatsache, daß ein Gegenstand von einem anderen so und so weit entfernt ist, reduziert sich dementsprechend auf keine absoluten räumlichen Lokalisierungen, die diesen Gegenständen zukommen würden. Denn es gibt, so wird behauptet, keine solchen Lokalisierungen. Die räumliche Relation, in der sich zwei Gegenstände befinden, ist auf keine Eigenschaften dieser Gegenstände reduzierbar.

Die Relationen der ersten Gruppe werden gewöhnlich als *intern* bezeichnet.[21] Ob solche supervenierenden Relationen deswegen als auf mo-

---

21 only and a fact about *y* only: they do not imply that *x* and *y* have any complexity, or any intrinsic property distinguishing them from a *z* and a *w* which do not have the relation *R*. This is what I mean when I say that relations are external", Russell 1910, S. 374.

Heutzutage werden oft *alle* Relationen, die nicht extern im Sinne Russells sind, als „intern" bezeichnet. Vgl. „Two or more particulars are *internally* related if and only if there exist properties of the particulars which logically necessitate that the relation holds.", Armstrong 1978, vol. 2, S. 85. Johansson betont jedoch, daß dieser Sprachgebrauch irreführend sein kann. Russell hat nämlich den Begriff der externen Relation in seiner Polemik gegen die holistische Position Bradleys eingeführt. Bradley behauptete, daß es nur interne Relationen gibt, in Wirklichkeit verstand er jedoch unter der Bezeichnung „intern" viel mehr als nur eine Negation der Russellschen Externalität. Intern im Sinne Bradleys ist nämlich eine Relation, die bereits im Begriff *eines* ihrer Glieder enthalten ist. Eine solche Situation haben wir z.B. im Fall des Begriffs *Schüler*. Aufgrund des Begriffs können wir wissen, daß jeder Schüler eine Relation zum Lehrer involviert. Denn Schüler zu sein heißt ja, (von jemandem) gelehrt zu werden. Im Zusammenhang damit unterscheidet Johansson drei Arten von Relationen, die er „internal", „external" und „grounded" nennt. Er definiert:

nadische Eigenschaften ihrer Glieder ontologisch *reduzierbar* zu interpretieren sind, ist eine kontroverse Frage. Armstrong betrachtet Relationen, die auf den monadischen Eigenschaften ihrer Glieder supervenieren, als keine ontologische Bereicherung im Vergleich zu diesen monadischen Eigenschaften (vgl. Armstrong 1997, S. 12) und wir finden diese Ansicht plausibel. Eines steht allerdings fest: Die Relationen, die in unserem Sinne auf den monadischen Eigenschaften ihrer Glieder supervenieren, sind durch die Existenz ihrer Glieder mit den entsprechenden Eigenschaften mit Notwendigkeit impliziert. In diesem Sinne brauchen sie in einer vollständigen Beschreibung der Welt neben den monadischen Eigenschaften nicht einmal erwähnt zu werden.

Die charakteristische Eigenschaft der Relationen, die Meinong als *ideal* bezeichnet, besteht eben darin, daß man das Bestehen bzw. Nicht-Bestehen einer solchen Relation aus den monadischen Eigenschaften der (potentiellen) Glieder mit Notwendigkeit folgern kann. Sie sind deshalb „unabhängig von der Erfahrung, aus bloßen Vorstellungen" der Glieder *a priori* zu erschließen.

Am deutlichsten sieht man dies bei den zwei ersten Gruppen: bei den *Vergleichungsrelationen* und den *Verträglichkeitsrelationen*. Freilich muß man zu diesem Zwecke als Glieder (Fundamente) der Relation nicht die Attribute (wie es Meinong will) sondern die Gegenstände, die diese Attribute tragen, betrachten.[22] Wenn man das aber tut, wird sofort klar, daß das

---

„D 8.1: *x* and *y* are *internally related* if and only if it is logically impossible for *x* and *y* to exist independently of each other.", Johansson 1989, S. 120.

„D 8.2: *Rxy* is an *external relation* if and only if it is logically possible that there exist a *z* and a *w* with exactly the same qualities (quality = substance or property) as *x* and *y*, respectively, but between which the relation *R* does not hold.", Johansson 1989, S. 119.

„D 8.3: *Rxy* is a *grounded relation* if and only if it is logically impossible for there to exist a *z* and a *w* with exactly the same qualities as *x* and *y*, respectively, but between which the relation *R* does not hold.", Johansson 1989, S. 120.

[22] Es ist nicht klar, ob der Unterschied intern-extern bei den Eigenschaften noch einen Sinn macht. Einerseits kann man die Beziehungen zwischen Eigenschaften „als solchen" (d.h. unabhängig von ihren Instantiierungen) natürlich nicht als kontingent bezeichnen. Das bedeutet aber zunächst nur, daß sie nicht zufällig sin. Wenn zwischen Eigenschaften *F* und *G* die Relation *R* besteht, dann ist es natürlich nicht möglich, daß $\neg R(F,G)$. Ob man aber die Tatsache, daß $R(F,G)$ auch *notwendig* nennen darf, hängt davon ab, ob man in Bezug auf „reine" Ei-

Bestehen bzw. Nicht-Bestehen der Relation einzig und allein von den Attributen der jeweiligen Gegenstände abhängt.[23]

Man sieht auch, daß die Schwierigkeit, die es Meinong bereitete, die Gesetzmäßigkeit, die in der Kausalrelation involviert ist, auf eine Unverträglichkeitsrelation zu reduzieren, in erster Linie damit zu tun hat, daß uns die Kausalrelation eben als eine *externe* Relation erscheint. Daß zwischen A und B eine Kausalrelation besteht, sieht man nicht aufgrund der Betrachtung von A und B allein. Man muß empirisch das regelmäßige Zusammentreffen von A und B feststellen, um danach die Hypothese formulieren zu können, daß es zwischen A und B eine entsprechende Kausalbeziehung gibt, die dieses regelmäßige Zusammentreffen erklärt. Das heißt aber, daß die Kausalrelation aus den monadischen Eigenschaften von A und B nicht deduzierbar ist. Sie ist, mit anderen Worten, keine interne Relation.

Noch lehrreicher ist jedoch der Ausweg aus dieser Schwierigkeit, den uns Meinong vorschlägt. Meinong behauptet nämlich nichts weniger, als daß die Kausalrelation letzten Endes doch eine interne Relation ist, und

genschaften überhaupt sinnvoll von Notwendigkeit sprechen kann. Wir sind der Auffassung, daß man es nicht kann, denn die Beziehungen zwischen den Eigenschaften sind ja als eine *Erklärung* der Modalitäten konzipiert. Man sagt beispielsweise, daß es notwendig ist, daß (1) alles, was rot ist, auch farbig ist, *weil* (2) die Eigenschaft *Röte* die Eigenschaft *Farbe* enthält. Zu fragen, ob das Verhältnis des Enthaltenseins zwischen *Röte* und *Farbe* notwendig oder kontingent ist, wäre fehl am Platze. Denn ist es kontingent, dann fehlt uns die Erklärung der Notwendigkeit von (1). Ist es hingegen notwendig, dann stellt sich von neuem die Frage, wie die Notwendigkeit von (2) zu erklären ist. Mit anderen Worten läßt sich dasselbe folgendermaßen sagen: Die Einführung von Eigenschaften und Beziehungen zwischen ihnen hat den Zweck, den modalen Diskurs über die Individuen zu *extensionalisieren*. Wenn nun diese Extensionalisierung lediglich dazu führen sollte, daß man die modalen Operatoren auf der Ebene der Eigenschaften wieder einführt, hätten wir es bloß mit einer Verschiebung des Problems zu tun. Es scheint also, daß die Rede von notwendigen und kontingenten Relationen zwischen Eigenschaften „als solchen" doch keinen ontologischen Sinn macht.

[23]   Und wenn man darauf besteht, daß die Fundamente der Relation doch die entsprechenden Attribute sind, dann folgt auf jeden Fall das Bestehen (bzw. Nicht-Bestehen) einer idealen Relation aus dem, was man den „ontologischen Gehalt" oder die „absolute Natur" des entsprechenden Attributs nennen kann (d.h. davon, was z.B. die rote Farbe eben zur roten Farbe macht).

daß wir dies lediglich deswegen nicht sehen, weil wir die wahren Fundamente der Relation nicht kennen. Die Kausalrelation besteht nämlich nicht zwischen den Vorstellungsinhalten, die wir gegeben haben, sondern zwischen den Dingen, auf die wir uns „durch" diese Inhalte beziehen. Die eigentlichen Fundamente der Kausalrelation sind uns also nicht gegeben (Meinong 1882, S. 152); und hätten wir sie wirklich vor Augen, würden wir auch die entsprechende Unverträglichkeitsrelation mit Evidenz sehen.

Daß die Eigenschaft, die die von Meinong als *real* bezeichneten Relationen auszeichnet, eben darin besteht, daß sie *externe* Relationen sind, ist ebenfalls einfach zu sehen. Betrachten wir zunächst die intentionale Relation zwischen dem psychischen Akt und seinem Objekt. Ein Objekt zu haben, ist zwar ein Definitionsmerkmal des Psychischen, die Zuordnung eines bestimmten Objekts zu einem bestimmten Akt ist aber dadurch noch nicht gewährleistet. In einem psychischen Akt gibt es, wenn wir ihn „als solchen" (d.h. in Abstraktion von seinem Objekt) betrachten, nichts, was implizieren würde, daß er sich gerade auf dieses und nicht auf ein anders Objekt bezieht. Denn nach der Theorie Brentanos, der Meinong hier folgt, gibt es im Akt keinen zusätzlichen, von dem immanenten Objekt verschiedenen Inhalt, der die intentionale Beziehung bestimmen würde. Inhalt ist dasselbe wie immanentes Objekt bzw. Vorstellungsobjekt. Es gibt keine zusätzliche Struktur, die die Relation zwischen dem Akt und seinem Objekt fixieren würde. Das heißt aber, daß die Relation Akt-Objekt als eine *externe* Relation zu betrachten ist.

Auch im Fall der Relation der mentalen Motivation, die Meinong versuchsweise als einen weiteren Fall einer realen Kausalrelation erwägt, besteht der Unterschied zu den idealen Relationen genau darin, daß man hier offensichtlich keine interne Beziehung stipulieren kann. Der Hauptunterschied zur Kausalität, die zwischen den Außendingen besteht, liegt nämlich darin, daß wir bei einer mentalen Motivation beide Glieder der Kausalbeziehung in einer (unfehlbaren) inneren Wahrnehmung gegeben haben. Der alte Ausweg, daß uns die wahre Natur der Fundamente verborgen bleibt, kommt hier also nicht in Frage. Trotzdem sehen wir aufgrund der bloßen Fundamente keine Unverträglichkeitsrelation; und das heißt, daß es keine solche Unverträglichkeitsrelation gibt. Wenn es also zwischen den psychischen Phänomenen wirklich eine derartige mentale Motivation gibt, dann muß sie eine *externe* Relation sein.

Die Interpretation der Unterscheidung real-ideal, die wir hier vornehmen, wird auch dadurch gestützt, daß die Relationslehre, die Franz Brentano in seinen *Logikvorlesungen* aus der Zeit 1884/85 vertritt, mit einem Unterschied operiert, der sich ähnlich interpretieren läßt. Brentano spricht dort von den *realen* und *nicht-realen* Relationen und wir haben an einem anderen Ort (Chrudzimski 2004, Kap. 4.3) gezeigt, daß dieser Unterschied ebenfalls dem Unterschied *extern-intern* entspricht.

Zu den realen Relationen rechnet Brentano die von Meinong vernachlässigte Beziehungen, die zwischen den abstrakten Teilen eines individuellen Gegenstandes bestehen, und so seine innere Struktur konstituieren. Es handelt sich um die Relationen zwischen den – wie sie Brentano nennt – *metaphysischen* und *logischen* Teilen eines Gegenstandes. (Brentano EL 72, S. 218–220)

Ein metaphysischer Teil eines Gegenstandes ist jede seiner Eigenschaften, die Brentano als einen individuellen abstrakten Aspekt betrachtet. Es handelt sich also um so etwas wie eine bestimmte Abschattung von Grün oder eine absolut bestimmte räumliche Position. Ob solche Aspekte in einem individuellen Konkretum vereinigt sind, läßt sich, argumentiert Brentano, aus der „Natur" dieser Aspekte nicht deduzieren. Im ontologischen Aufbau jedes individuell-konkreten Gegenstandes findet sich also eine externe, diesen Gegenstand vereinigende Relation.

Die logischen Teile eines Gegenstandes sind Begriffe, unter welche der Gegenstand fällt. Solche Begriffe bilden eine Hierarchie von aufsteigender Allgemeinheit. Ein roter Apfel ist z.B. etwas, was diese-und-diese Abschattung der roten Farbe hat, aber er ist auch etwas Rotes und etwas Farbiges. Daß in diesem Gegenstand der logische Teil *Farbe* mit dem logischen Teil *Röte*, und dieser wieder mit dem logischen Teil *Röte von dieser-und-dieser Abschattung* vereinigt wird, läßt sich ebenfalls aus der Natur dieser logischen Teile nicht deduzieren. Die vereinigende Relation, die von der Allgemeinheit zur Spezifizierung führt, ist hier also wieder *extern*. Die Umgekehrte Relation, nämlich die von den weniger allgemeinen zu den allgemeineren Teilen, ist allerdings wohl *intern*: eine *Röte von dieser-und-dieser Abschattung* muß ja sicherlich sowohl eine *Röte*, als auch eine *Farbe* sein. In seinen Vorlesungen zur *Deskriptiven Psychologie* (1890/91) sagt Brentano deswegen, daß die allgemeineren logischen Teile von den weniger allgemeinen „einseitig ablösbar" sind. (Brentano 1982, 12–27)

Eine ungefähre Entsprechung dieser Relationen kann man vielleicht in den Relationen zwischen den Teilinhalten eines Inhaltskomplexes suchen, die Meinong ebenfalls als eine reale Relation betrachtet. Meinong sagt dazu aber zu wenig, als daß man diese Analogie weiter entwickeln könnte.

Wie viel hier der junge Meinong von seinem Meister übernommen hat, ohne die Quelle anzugeben, läßt sich nicht sagen. Er war gewiß durch die Lehre Brentanos tief beeinflußt und der alte Brentano klagt oft in seinen Briefen, daß der junge Meinong in seiner frühen Relationslehre manche Ideen aus seinen Logik-Vorlesungen „geklaut" habe. Es ist aber durchaus nicht ausgeschlossen, daß auch ein Teil seiner Ergebnisse aus den Jahren 1877–1882 in die Vorlesungen Brentanos hineingefloßen ist, was der alte Meister sicherlich nie zugegeben hätte.

Die Idee der realen Beziehungen, die zwischen den Fundamenten einer idealen Relation und der Relation selbst bestehen müssen, wenn die Relation einmal ins Leben gerufen wird, die Meinong in seinen *Hume-Studien II* präsentiert, ist ein sehr wichtiger Punkt, der die weitere Entwicklung seiner Relationslehre tief geprägt hat. Ein kurzes Nachdenken zeigt nämlich, daß eine konsequente Entwicklung dieser Idee zu einem Bradleyschen Regreß von immer neuen Relationen führen muß. Im Jahre 1899 nimmt Meinong tatsächlich einen solchen Regreß in Kauf und 1902 glaubt er, ihm durch seine Lehre von den propositionalen Entitäten entweichen zu können.

Die Klassifikation der Relationen, die sich aus Meinongs *Hume-Studien II* ergibt, sieht damit folgendermaßen aus:

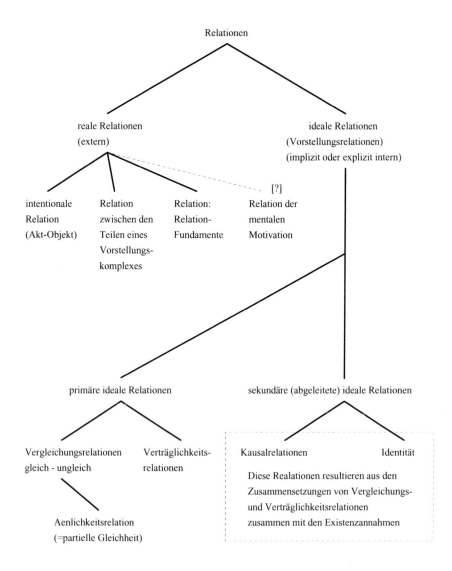

4. Die unreduzierbare Ähnlichkeitsrelation

Wie wir gesehen haben, reduziert Meinong in seinen *Hume-Studien II* die Relation der Ähnlichkeit auf die Relation der partiellen Gleichheit, wobei wir nicht vergessen dürfen, daß Meinongs Ähnlichkeit immer der *nichtstrengen* Ähnlichkeit der zeitgenössischen Tropenontologie entspricht, während seine Gleichheit als *strenge* Ähnlichkeit zu verstehen ist. *Hellrot* und *Dunkelrot* sind einander ähnlich, weil sie in ihrem Teil *Rot* gleich sind, *Rot* und *Grün* sind einander ähnlich, weil sie in ihrem Teil *Farbe* gleich sind usw. Franz Brentano behandelte solche Strukturen unter dem Namen *logische Teile*.

Diese Erklärung zwingt uns zwar nicht automatisch dazu, die Teile der Inhalte, in denen die entsprechenden Attribute gleich sein sollen, als genuine Universalien zu betrachten. Wir können annehmen, daß jede individuelle Eigenschaft eine verschachtelte Struktur der logischen Teile enthält, die zu den logischen Teilen der anderen individuellen Eigenschaften gegebenenfalls wieder in der Relation der strengen Ähnlichkeit stehen, was durch das folgende Bild illustriert werden kann:

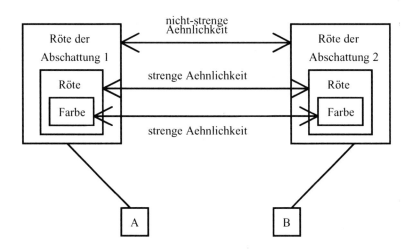

Zwei konkrete Individuen, *A* und *B*, sind ähnlich. Sie sind beide rot. Die ontologische Erklärung dieser Tatsache liegt darin, daß *A* und *B* individuelle Eigenschaften haben, die einander ähnlich sind. Die Ähnlichkeit der Eigenschaften, mit der wir es hier zu tun haben, ist aber keine strenge Ähnlichkeit (in Meinongs Wortgebrauch: keine Gleichheit). *A* und *B* sind beide rot, ihre Farben haben allerdings verschiedene Abschattungen.

Das bedeutet, daß die individuellen Eigenschaften *Röte der Abschattung 1* und *Röte der Abschattung 2* verschieden sind. Daß sie trotzdem zu einem gewissen Grad ähnlich sind, folgt daraus, daß zwischen ihren logischen Teilen (*Röte* und *Farbe*) das Verhältnis der strengen Ähnlichkeit (Meinongs Gleichheit) besteht.

Auch die logischen Teile können also in dieser Weise als individuelle Entitäten betrachtet werden. Es ist aber unübersehbar, daß die in dieser Weise modifizierte Ontologie der individuellen Eigenschaften zunehmend an Plausibilität verliert.[24] Die Attraktivität der Tropenontologie liegt nämlich größtenteils daran, daß die individuellen Eigenschaften, von denen sie spricht, sehr „handgreiflich" zu sein scheinen. Die Tropen erscheinen uns fast wie konkrete Dinge. Der einzige Unterschied besteht darin, daß ein Tropus sozusagen nur „eine Seite" eines Konkretums bildet (und somit eben abstrakt ist). Das hängt jedoch damit zusammen, daß wir uns die individuellen Eigenschaften eben als bis zur letzten Kleinigkeit bestimmte Aspekte der individuellen Dinge vorstellen.

Wenn wir jetzt aber „innerhalb" der Tropen auch *unvollständig* bestimmte abstrakte Individuen wie *Röte* oder *Farbe* unterscheiden müssen, verlieren wir dieses intuitive Bild. Es fragt sich, inwiefern solche logischen Teile noch als Individuen zu bezeichnen wären und ob es nicht besser wäre, gleich genuine Universalien einzuführen. Denn die verschachtelte Struktur, die man hier postuliert, bildet natürlich das genaue Spiegelbild der Hierarchie der Allgemeinheiten immer höherer Stufe, die wir in fast allen realistischen Ontologien finden.

Die logischen Teile sind also für einen Philosophen, der gegenüber Universalien eher skeptisch ist, schon aus diesem Grund höchst fragwür-

---

[24] Wir finden solche Teile auch in keiner der zeitgenössischen Versionen der Tropentheorie.

dig. Meinong zeigt aber, daß sie auch aus einem anderen Grund problematisch sind.

Schon in den *Hume-Studien II* bemerkt er, daß man im Fall der Qualitäten, die ein Kontinuum bilden, wie z.b. Farben oder Töne, bei einem
solchen Erklärungsmodell mit einer unendlichen Komplizierung rechnen
muß:

> „Nehmen wir bei Blau und Rot ein gemeinsames Element (oder meh-
> rere) an, das dem Worte Farbe entspricht, so wird man dasselbe be-
> züglich der verschiedenen Schattierungen von Blau tun können, die ja
> alle das gemeinsame haben, Blau zu sein. In gleicher Weise lassen
> sich innerhalb der verschiedenen Schattierungen allgemeine Abstu-
> fungen statuieren, ebenso innerhalb dieser Abstufungen selbst usf. in
> infinitum [...].“ (Meinong 1882, S. 76)

Es scheint also, daß jeder Tropus in Wirklichkeit eine kontinuierliche
Hierarchie von logischen Teilen enthalten müßte. Wenn man das vermei-
den will, muß man eine Relation der Ähnlichkeit einführen, die sich nicht
auf die partielle Gleichheit der logischen Teile reduzieren läßt. In den
Hume-Studien II läßt Meinong dieses Problem beiseite (Vgl. Meinong
1882, S. 76–78), aber in der Abhandlung *Über Begriff und Eigenschaften
der Empfindung* (1888/89) plädiert er ausdrücklich für eine solch unreduzierbare Ähnlichkeitsrelation.

Die allgemeinen Begriffe erhalten wir, so behauptet er jetzt, nicht nur
durch eine Abstraktion, die als eine Konzentration der Aufmerksamkeit
verstanden werden kann. In dieser Weise können wir wohl eine bestimmte
Gestalt von einer bestimmten Farbe in Gedanken abtrennen, wodurch wir
ein abstraktes Individuum (einen Tropus) erhalten, wenn wir aber in einer
roten Farbe einer bestimmten Abschattung nichts weiter als *eine Farbe*
sehen wollen, können wir das nicht durch ein solches Hervorheben eines
Teils dieser Farbe tun, und zwar deswegen nicht, weil eine bestimmte
Farbe *keine derartigen Teile enthält*. (Meinong 1888/89, S. 116)

Die Bildung eines allgemeinen Begriffs wie *Röte* oder *Farbe* erfolgt
also nach einem anderen Prinzip als das einfache Außer-Acht-Lassen von
irrelevanten Teilen. In jedem solchen Begriff ist eine Bezugnahme auf einen paradigmatischen Fall und eine Ähnlichkeitsrelation von entspre-

chender Strenge involviert. Solche allgemeinen Begriffe lassen sich also, wie Meinong sagt, nicht direkt durch ihren *Inhalt*, sondern erst auf einem Umweg durch ihren *Umfang* bestimmen.

„Rot läßt sich nicht definieren, wenigstens nicht im gewöhnlichen Sinne. Nur ein Umweg über den Umfang führt hier zum Ziele: Abgrenzung des letzteren ist das einzige, aber ausreichende Fixierungsmittel, indem diese Begrenzung nun selbst in den Begriffsinhalt angenommen wird: rot ist eben dasjenige, was zwischen diesen und diesen Grenzen liegt, wohl auch, was einem gewissen mittleren Rot innerhalb der bestimmten Grenzen ähnlich ist." (Meinong 1888/89, S. 126)

Dieser Theorie liegt ein bestimmter Begriff eines ein-dimensionalen *Kontinuums* zugrunde. Elemente, wie Farben, Töne oder räumliche Positionen, bilden ein solches Kontinuum, wenn sie alle durch eine graduell abstufbare Ähnlichkeitsrelation geordnet sind. Was für diese Ähnlichkeitsrelation charakteristisch ist, ist die Tatsache, daß man für je zwei Elemente eines Kontinuums a und b ($a \neq b$) immer ein drittes Element c finden kann, so daß die relevante Ähnlichkeit zwischen a und c und zwischen c und b größer ist als die Ähnlichkeit zwischen a und b. Diesen Kontinuumsbegriff vorausgesetzt kann Meinong behaupten:

„[W]er an Farbe denkt, legt diesem Gedanken möglicherweise ganz denselben Inhalt zugrunde als der, welcher an Rot denkt; was aber entfällt, sind die Ähnlichkeitsgrenzen, wenigstens innerhalb des Kontinuums, dem die Vorstellung angehört." (Meinong 1888/89, S. 126)

Die Theorie der Begriffsbildung, die uns Meinong hier präsentiert, zielt offenbar darauf ab, die Brentanoschen *logischen Teile* als entbehrlich wegzuerklären. Solange wir als semantischen Inhalt jedes Begriffs einen bestimmten Teil des entsprechenden Vorstellungsinhalts brauchen, müssen wir im Fall von Begriffen wie *Rot* oder *Farbe*, wie es scheint, Gegenstände ernst nehmen, die sehr an Universalien erinnern. Wenn wir uns aber erlauben, mit der abstufbaren, primitiven Ähnlichkeitsrelation in einem entsprechenden Kontinuum zu operieren, können wir unsere sonstige Ontologie auf die völlig bestimmten individuellen Attribute (die Brentano *metaphysische Teile* nennt) beschränken. Und in der Tat, in der Abhandlung *Phantasie-Vorstellung und Phantasie* (1889) lesen wir, daß man zwei verschiedenen Gegenständen dieselbe Farbe nur in jenem „laxen Sinne" zuschreiben kann, in dem man manchmal in Bezug auf zwei verschiedene Subjekte von derselben Vorstellung spricht. (Meinong 1889, S. 211)

Wie bei vielen Aspekten der frühen Lehre Meinongs wird auch hier der Einfluß Humes sehr deutlich. Der Übergang von den logischen Teilen zur primitiven Ähnlichkeitsrelation entspricht im Grunde der Kontroverse zwischen Locke und Hume über allgemeine Begriffe. Locke hat bekanntlich von abstrakten Ideen gesprochen, die durch das Abstraktionsvermögen aus individuellen Ideen gewonnen werden können. Die Lehre war weder ganz klar noch von Locke eindeutig formuliert und Hume hat sie überhaupt nicht gefallen. Hume, der sich in seiner Theorie der allgemeinen Begriffe auf die Ideen Berkeleys stützt (vgl. Berkeley 1710, S. 224 f.), versucht zu zeigen, wie man die Allgemeinheit unserer Gedanken ohne Rekurs auf solche dubiosen abstrakten Ideen erklären kann.

Die Auffassung Humes gehört zu den Cartesianischen Theorien, in denen die Brentanosche Unterscheidung Akt-Objekt noch nicht systematisch durchgeführt ist. Deshalb wird oft, wenn Hume von „*impressions*" oder „*ideas*" spricht, gewissermaßen zugleich der psychische Akt und sein Objekt gemeint. Wenn man jedoch die Theorie Humes in einem Brentanoschen Rahmen interpretieren will, dann scheinen die Humeschen *impressions* und *ideas* in erster Linie als *Objekte* zu fungieren, die vor unserem geistigen Auge stehen.

Auf jeden Fall teilt er die psychischen Phänomene in *impressions* und *ideas* auf, und seine berühmte These lautet, daß (i) alle *impressions* absolut *individuell* (d.h. absolut bestimmt) sind und daß (ii) alle *ideas* entweder direkte Kopien dieser *impressions* darstellen oder aus solchen Kopien zusammengesetzt werden. (Vgl. Hume 1739/40, Vol. I, S. 314) Die Konsequenz dieser Lehre ist, daß alles, was wir vor dem geistigen Auge haben können, individuell bestimmt sein muß.

Wie sind aber in diesem Fall allgemeine Begriffe möglich? Sollen wir sie als eine merkwürdige Täuschung interpretieren? Gewissermaßen ist dem so. Alle begrifflichen Elemente sind bis zur letzten Differenz bestimmt. (Vgl. Hume 1739/40, Vol. I, S. 326) Allgemein sind in Wahrheit nicht unsere *Begriffe*, sondern vielmehr unsere *Worte*, und zwar in dem

Sinn, daß mit einem Wort eine Tendenz assoziiert ist, verschiedene *ideas*, die in relevanter Hinsicht *ähnlich* sind, vor unserem geistigen Auge erscheinen zu lassen. (Vgl. Hume 1739/40, Vol. I, S. 328)[25]

Die Theorie Meinongs, die die Möglichkeit allgemeiner Begriffe nicht durch das Postulat der logischen Teile, sondern durch Einbeziehen der Ähnlichkeitsrelation zwischen individuellen Tropen erklärt, gehört klarerweise zur Humeschen Familie.

Die Ontologie der Eigenschaften, die man auf diese Weise schließlich bekommt, sieht also folgendermaßen aus: In der Welt gibt es keine unvollständig bestimmten Eigenschaften (keine logischen Teile), gleich ob sie als Universalien oder als unvollständige individuelle Eigenschaften zu interpretieren wären. Es gibt nur Tropen, die *ex definitione* vollständig bestimmt sind. Strenggenommen gibt es also keinen Röte-Tropus. Es gibt nur Tropen der absolut bestimmten Abschattungen der roten Farbe. Solche Tropen können durch die Relation der strengen Ähnlichkeit in Eigenschaftsmengen geteilt werden, so daß man die Identität der Eigenschaften zunächst als strenge Ähnlichkeit von Tropen definieren kann. Zwei mereologisch disjunkte Dinge haben eine gemeinsame Eigenschaft genau dann, wenn zwischen zwei Tropen, die zu diesen zwei Dingen gehören (und die deshalb numerisch verschieden sein müssen) die Relation der strengen Ähnlichkeit besteht.

Es gibt damit nur die absolut bestimmten Eigenschaften. Der Behauptung, daß zwei Tomaten rot sind, können wir bisher noch keinen klaren Sinn geben. Das können wir erst dann machen, wenn wir neben der Relation der „strengen" Ähnlichkeit Relationen der „lockeren" Ähnlichkeit (der Ähnlichkeit zu einem bestimmten Grad) als ontologisch primitive Elemente akzeptieren. Die allgemeineren Eigenschaften können in diesem Fall als Klassen von Tropen, die einem paradigmatischen Fall zumindest im Grad *G* ähnlich sind, definiert werden.[26]

---

[25] Die letzten drei Paragraphen wurden aus Chrudzimski 2001a, S. 198 f. übernommen

[26] Das ist auch der Weg, der in den zeitgenössischen Versionen der Tropentheorie üblicherweise vorgeschlagen wird.

5. Vorstellungsproduktion, Komplexionen und Relationen

Weitere Schritte in seiner Relationslehre macht Meinong in den Abhandlungen *Phantasie-Vorstellung und Phantasie* (1889) und in der Rezension des berühmten Aufsatzes von Christian von Ehrenfels *Über Gestaltqualitäten* (Ehrenfels 1890), die Meinong 1891 unter dem Titel *Zur Psychologie der Komplexionen und Relationen* publizierte.

Im erstgenannten Aufsatz versucht Meinong, den Begriff der *Phantasie* so zu definieren, daß die Verbindung mit der freien konstruktiven Aktivität, die die Umgangssprache mit diesem Wort assoziiert, erhalten bleibt. Das führt ihn zur Untersuchung von komplexen psychischen Akten und ihren Inhalten.

Die erste wichtige Gegenüberstellung besteht zwischen den passiv gegebenen Inhalten und den Produkten einer Aktivität des Subjekts. Auf der Seite der passiven Gegebenheiten haben wir vor allem *äußere Wahrnehmungen*. Eine solche Wahrnehmung – Meinong wiederholt hier die Lehre Brentanos – besteht aus einer Vorstellung, auf die sich ein positives Existenzurteil aufbaut. Der Inhalt (das Vorstellungsobjekt) einer solchen Vorstellung ist ein Konkretum, das zumindest aus einem Qualitäts-Aspekt, einem Raum-Aspekt und einem Zeit-Aspekt besteht. Die Inhalte der äußeren Wahrnehmung sind raum-zeitlich lokalisierte Qualitäten.

Bei Brentano hießen solche äußeren Wahrnehmungen *Empfindungen* (Brentano 1982, S. 83–85), Meinong will aber dieses Wort für einfache Phänomene reservieren. Nur ein Teil einer Wahrnehmungsvorstellung, der einen einzigen Aspekt des Inhalts (d.h. z.B. nur den Farbe-Aspekt) präsentiert, darf nach Meinong „Empfindung" genannt werden. Solche Empfindungen involvieren immer noch die grundlegende Gegenüberstellung Akt-Inhalt, sie sind jedoch insofern einfach, als ihre Inhalte (Objekte) nicht weiter zerlegbar sind. (Meinong 1888/89, S. 113) Daß die Empfindungsinhalte tatsächlich einfach sind, kann Meinong behaupten, seit er, wie wir oben gesehen haben, auf die logischen Teile solcher Inhalte um den Preis einer unreduzierbaren Ähnlichkeitsrelation verzichtet hat.

Solche Empfindungen treten allerdings nie isoliert auf. Was wir in einer Wahrnehmungsvorstellung gegeben haben, ist ein zusammengesetztes

Konkretum, in dem die durch Empfindungen präsentierten einfachen Inhalte als Aspekte eines Gegenstandes verbunden sind. Durch eine Abstraktion können wir zwar solche Aspekte aus dem Ganzen des Gegenstandes isolieren, so isoliert fungieren sie aber nicht mehr als Empfindungsinhalte (sondern eben als Abstrakta). Man darf also, konstatiert Meinong, einen Empfindungsinhalt als solchen strenggenommen *weder als konkret noch als abstrakt* bezeichnen. Diese Unterscheidung hat in diesem Fall einfach keine Anwendung. (Meinong 1888/89, S. 184; Meinong 1889, S. 234)

Unter den passiv gegebenen Inhalten haben wir also einerseits die einfachen Empfindungsinhalte, andererseits die aus ihnen zusammengesetzten Konkreta. Ein solches Konkretum reduziert sich aber nicht auf ein Zusammentreffen von dafür erforderlichen Empfindungsinhalten. Man braucht auch eine besondere *Relation*, die diese Inhalte verbindet. Die Notwendigkeit einer solchen Relation wird klar, sobald wir bemerken, daß wir solche Aspekte nicht nur als in einem Gegenstand vereinigte, sondern auch als zu verschiedenen Gegenständen gehörige vorstellen können. Wir können die schwarze Farbe *S* zusammen mit einer bestimmten Gestalt *G* vorstellen, so daß wir eine schwarze Vase vor Augen haben, wir können aber auch die schwarze Farbe *S* (einer Katze) neben der Gestalt *G* (einer weißen Vase) vorstellen. Was diese zwei Situationen voneinander unterscheidet, ist eben die Anwesenheit oder das Fehlen einer besonderen Relation, die die Aspekte *S* und *G* verbindet. (Meinong 1889, S. 207)

Wie wir sehen, begegnen wir hier wieder jener wichtigen Relation zwischen den „Teilinhalten", auf die wir schon in den *Hume-Studien II* und in Brentanos *Logik-Vorlesungen* [EL 72] aufmerksam gemacht wurden.

Neben solchen komplexen Gegenständen, auf die wir uns in der äußeren Wahrnehmung beziehen, gibt es aber auch andere zusammengesetzte Inhalte (Komplexionen), die in einer solchen passiven Weise nicht gegeben sein können. Es handelt sich dabei um Inhalte, die vom Subjekt aktiv erzeugt (produziert) werden müssen. Meinong schreibt:

„Stelle ich ein rotes Viereck vor, so befinden sich Bestandstücke [...] in der Komplexion ganz eigener Art, die nicht etwa einfach dadurch gegeben ist, daß ich zugleich Rot und Viereckig denke. Auch wenn ich einige Objekte in der Vorstellung zu einem Paare, einer Gruppe, oder auch schon, wenn ich mehrere Eigenschaften eines Dinges zusammenfasse, liegen Komplexionen von charakteristischer Form vor, die von dem einfachen Nebeneinanderbestehen von Inhalten im Bewußtsein leicht genug unterschieden sind. Ein Vergleich der zwei hier nebeneinander gestellten Komplexionfälle aber zeigt deutlich, daß der Vorstellende im zweiten Falle etwas selbst dazutun muß, was im ersten Falle kein Gegenstück findet. Es ist an mir, die betreffenden Bestandstücke zusammenzufassen, und erst diese Tätigkeit, für welche übrigens natürlich in der Sachlage Motive erforderlich sein werden, läßt aus dem einzelnen die Gruppe oder wie das betreffende Ganze sonst heißen mag, entstehen. Zu jener so außerordentlich innigen Verbindung dagegen, die zwischen Farbe und Gestalt stattfindet, kann ich von Hause aus nichts beitragen, ich finde sie vor und nehme sie wahr wie etwa den Inhalt Rot selbst. Diese Verschiedenheit rechtfertigt eine Einteilung der Vorstellungskomplexionen in erzeugbare und vorfindliche: erstere dürfen in erster Linie sämtlich sich als Fälle von Zusammenfassung und Vergleichung erweisen lassen, indes innerhalb der vorfindlichen Komplexionen sich größere Mannigfaltigkeit zeigt, indem z.B. auch die zeitliche Bestimmtheit aller, die örtliche Bestimmtheit der physischen Inhalte, die Verbindung der verschiedenen Stellen im subjektiven Zeit- wie im subjektiven Ortskontinuum u.a. Fälle dieser Gruppe repräsentieren." (Meinong 1889, S. 207)

Die Unterscheidung von zwei Arten zusammengesetzter Inhalte, die Meinong hier macht, hat für die weitere Entwicklung seiner Philosophie sehr große Bedeutung. Zum einen fokusiert Meinong sein Interesse explizit auf die „Produktion" der komplexen Gegenstände, die später unter dem Namen der „Gegenstände höherer Ordnung" intensiv untersucht werden. Es sind eben diese Gegenstände, die die ganze ontologische Komplexität von Entitäten, auf die sich unsere intentionalen Beziehungen richten, wie auch ihre verhältnismäßig große Unabhängigkeit von derjenigen Schicht der Welt, die man üblicherweise mit der Realität gleichsetzt, deutlich machen; und es sind eben diese Themen, die für die spätere Entwicklung der Gegenstandstheorie Meinongs entscheidend werden.

Zum anderen wird hier auch deutlich, daß selbst in den passiv gegebenen Gegenständen der äußeren Wahrnehmung die unreduzierbaren Re-

lationen stecken, die erst die Integrität des Wahrgenommenen gewährlei-
sten. Die ontologische Kategorie der Relationen erweist sich also in jedem Fall nicht so sehr auf die Aktivität des Subjekts angewiesen wie es
Meinong noch zur Zeit der *Hume-Studien* geglaubt hat. Das legt es nahe,
die These der besonderen Unselbständigkeit der Relationen neu zu bedenken, was Meinong in seiner gegenstandstheoretischen Periode tatsächlich tun wird.

Die subjektivistische Auffassung von Relationen wird übrigens umso
verdächtiger, als Meinong eine wichtige These der *Korrelativität zwischen den Komplexionen und Relationen* aufstellt. Dies geschieht in seiner Rezension des berühmten Aufsatzes *Über Gestaltqualitäten* von Christian von Ehrenfels. Jede Komplexion, sagt dort Meinong, involviert eine
Relation, die ihre Bestandstücke verbindet, und jede Relation erzeugt eine
Komplexion, für die die Fundamente der Relation die Bestandstücke bilden.

„Relation kann nicht bestehen, wo nur ein Einfaches vorliegt: also
keine Relation ohne Komplexion. Aber auch keine Komplexion, deren Bestandstücke nicht mindestens insofern zueinander und zur
Komplexion als Ganzem in Relation stünden, daß sie eben Teile dieses Ganzen ausmachen. Es ist eben strenggenommen der nämliche
Tatbestand, der sich als Komplexion und als Relation präsentiert, je
nach dem Standpunkte gleichsam, von dem aus derselbe betrachtet
wird [...].“ (Meinong 1891, S. 289 f.)

Wenn man den Begriff der Relation so weit faßt, daß eine Relation in jeder Komplexion involviert ist, sieht die Subjektivisierung dieser Kategorie besonders unplausibel aus. Die Behauptung, daß Relationen eine Kategorie bilden, die im besonderen Maße auf die kognitive Aktivität eines
Subjektes angewiesen ist, würde ja jetzt bedeuten, daß auch alle Komplexionen eine solche besonders subjektive Kategorie bilden. Sollen wir also
behaupten, daß das, was es wirklich gibt, nur *einfache Elemente* sind, und
die ganze Komplexität der Welt (und zwar auch diejenige der wahrnehmbaren Dinge) durch eine unterschwellige Aktivität des Subjektes hineinin-
terpretiert wird? Es ist sicherlich eine denkbare Position, allerdings nicht
jene, die der späte Meinong vertreten wird.

6. Gestaltqualitäten

In dem von Meinong rezensierten Aufsatz versucht Ehrenfels, eine besondere Klasse von Gegebenheiten der Erfahrung in den Griff zu bekommen. Es handelt sich um solche Gegenstände wie *Melodie, Akkord* oder *räumliche Figur*. Einerseits involvieren sie, schreibt Ehrenfels, mehrere Vorstellungsobjekte. Eine Melodie oder ein Akkord bestehen aus mehreren Tönen, eine räumliche Figur aus mehreren räumlichen Punkten. Andererseits bilden sie merkwürdige Einheiten, die sich von der bloßen Summe ihrer Teile deutlich zu unterscheiden scheinen.

Ehrenfels bezieht sich auf Mach, der in seinen *Beiträgen zur Analyse der Empfindungen* (Mach 1886) auf solche Gebilde aufmerksam gemacht hat. Für die Existenz solch „zusätzlicher Qualitäten" spricht nach Mach die Tatsache, daß wir, wie es scheint, dieselbe Melodie in verschiedenen Tonlagen spielen können und dieselbe Figur in verschiedenen Teilen des Sehfeldes sehen können. Auch ist es für musikalisch Ungeübte viel leichter, bestimmte Intervalle zu reproduzieren, wenn sie sich diese innerhalb einer bekannten Melodie denken. Mach betont ferner, daß wir eine Melodie oder eine räumliche Figur scheinbar direkt „empfinden", was soviel heißen soll, daß wir zu diesem Zwecke keine konstruktive psychische Aktivität brauchen.

Ehrenfels behauptet, daß es tatsächlich solche besonderen Qualitäten gibt, die als ihre Grundlage einen Komplex von Vorstellungsobjekten voraussetzen, die aber eindeutig etwas mehr sind als die bloße Summe dieser Objekte. Er nennt sie *Gestaltqualitäten* und definiert sie zunächst folgendermaßen:

„Unter *Gestaltqualitäten* verstehen wir solche positiven Vorstellungsinhalte, welche an das Vorhandensein von Vorstellungskomplexen im Bewußtsein gebunden sind, die ihrerseits aus voneinander trennbaren (d.h. ohne einander vorstellbaren) Elementen bestehen. – Jene für das Vorhandensein der Gestaltqualitäten notwendigen Vorstellungskomplexe wollen wir die *Grundlage* der Gestaltqualitäten nennen." (Ehrenfels 1890, S. 136)

Von derartigen Charakteristika haben zur gleichen Zeit auch Carl Stumpf und Edmund Husserl gesprochen. Stumpf behandelt sie in seiner *Tonpsychologie* unter dem Titel des „Verschmelzungsphänomens", wobei es z.B. um die Verschmelzung von mehreren Tönen in einem Akkord geht, was zur Entstehung einer einheitlichen Qualität führt, die auf die Summe der Töne nicht reduzierbar ist (vgl. Stumpf 1890, S. 126, 128 ff.). Husserl nennt solche „Qualitäten zweiter Ordnung" (Husserl 1891, S. 201) in seiner *Philosophie der Arithmetik* „figurale Momente". (Vgl. Husserl 1891, S. 203.) Es war aber die Bezeichnung Ehrenfels', die sich durchgesetzt hat.

Nach dieser Definition wäre aber, so fährt Ehrenfels fort, jede Relation eine Gestaltqualität, und so könnte man vielleicht sagen, daß eine Melodie einfach in der Relation von einzelnen Tönen zueinander besteht, was natürlich eine in ihrer Einfachheit sehr schöne Lösung wäre. Diese Lösung ist aber nach Ehrenfels schon deswegen unannehmbar, weil sie implizieren würde, daß man eine Melodie (die jetzt eine Relation sein sollte) eigentlich nicht hören könnte. Außerdem würde man in diesem Fall auch die These der passiven Gegebenheit aufgeben müssen, denn – so die Überzeugung Ehrenfels' – jede Relation bedarf für ihre Präsentation einer besonderen psychischen Aktivität. (Ehrenfels 1890, S. 143)

Die Gestaltqualitäten lassen sich also nicht mit der Relation gleichsetzen, die zwischen den Bestandteilen der Grundlage besteht. Ehrenfels nimmt daher an, daß sich jede Gestaltqualität zwar auf einer bestimmten Relation zwischen den Einzelelementen ihrer Grundlage aufbaut – wir können sagen, daß sie auf dieser Relation *superveniert* –, daß sie aber trotzdem nicht diese Relation ist, sondern eben eine besondere Qualität, die unter Umständen gesehen oder gehört werden kann.

Er übernimmt auch die These Machs, daß solche Qualitäten völlig passiv, ohne irgendeine Aktivität des Subjekts entstehen. Wenn es manchmal scheint, daß wir uns „anstrengen" müssen, um z.B. eine Melodie aus einem Komplizierten musikalischen Werk zu destillieren, dann geht es nicht um die eigentliche Produktion der entsprechenden Gestaltqualität, sondern vielmehr um die Vervollständigung der Grundlage. (Vgl. Ehrenfels 1890, S. 151) In diesem konkreten Fall müssen wir unsere

Aufmerksamkeit auf diejenigen Töne richten, die die gesuchte Melodie bilden. Sobald wir dies erreichen, entsteht die Melodie „von selbst". Meinong kritisiert in seiner Rezension einige Punkte dieser Lehre. Er ist schon mit der Bezeichnung „Gestaltqualitäten" nicht zufrieden. Sie sei irreführend, indem sie nicht deutlich betont, daß die Gestaltqualitäten ihre ganze Existenz ihrer Grundlage verdanken. Besser wäre deshalb, sie einfach *fundierte Inhalte* zu nennen, deren Vorstellungen *fundierte Vorstellungen* heißen sollen, da sie sich auf nicht-fundierten Vorstellungen aufbauen und somit in Bezug auf sie unselbständig sind. (Meinong 1891, S. 288)

Er kritisiert auch die These Ehrenfels', „es müsse sich mit den fundierenden Inhalten stets auch der fundierte einstellen" (Meinong 1891, S. 296). Nicht nur beim Vergleichen, sondern auch beim Hören einer Melodie müssen wir nach Meinong doch eine beträchtliche psychische Aktivität investieren. (Meinong 1891, S. 296 f.)

In den drei Jahre später verfaßten *Beiträgen zur Theorie der psychischen Analyse* (1894) schreibt Meinong, daß das Einzige, was uns zur Verfügung steht, um eine Melodie von der Summe ihrer Tönen zu unterscheiden, entweder die involvierte Relation zwischen den Tönen ist, oder ihre Komplexion (die diese Relation beinhaltet). Da aber, wie schon mehrmals betont, dieselbe Melodie in verschiedenen Tonlagen gespielt werden kann, bleibt nur die Relation, die die gewünschte Rolle spielen kann. (Vgl. Meinong 1894, S. 323 f.) Ehrenfels' Gestaltqualitäten werden also letztlich mit Relationen zwischen den fundierenden Inhalten identifiziert.

In seiner Ehrenfels-Rezension wollte Meinong eine solche Auffassung noch nicht annehmen. Er nimmt Bemerkung von Ehrenfels ernst, daß man eine Relation (im Gegensatz zu einer Melodie oder Figur) weder hören noch sehen kann (Meinong 1891, S. 294), und schreibt:

„Wirklich sind 'Melodie' wie 'Gestalt' Namen für die Gesamtheit der betreffenden Fundamente *nebst* dem durch sie fundierten Inhalte; [...]." (Meinong 1891, S. 295)

Der Unterschied zwischen der Auffassung der *Beiträge zur Theorie der psychischen Analyse* und derjenigen der *Ehrenfels-Rezension* scheint nun darin zu bestehen, daß in seiner Rezension Meinong noch bemüht ist, dem Begriff der Gestaltqualität, so wie er von Ehrenfels bestimmt wurde, Rechnung zu tragen. In seinem Aufsatz betrachtete Ehrenfels Bezeichnungen wie „Melodie" oder „Figur" als philosophisch ernst zu nehmende referierende Terme. Eine Melodie ist dementsprechend das, was wir auf der Grundlage von mehreren Tönen hören, sie ist etwas, das sich uns in verschiedenen Tonlagen als identisch (bzw. gleich) präsentiert, und die Frage, ob es sich dabei um ein besonderes Vorstellungsobjekt handelt, macht auf jeden Fall einen guten Sinn.

Diese Annahmen müssen aber nicht unbedingt richtig sein. Man kann die Problemsituation auch so beschreiben, daß wir in verschiedenen Tonkomplexen zunächst einen besonderen Aspekt bemerken, auf den wir uns beziehen, indem wir von derselben Melodie sprechen. Was wir zu erklären haben, ist also nicht die Natur eines besonderen Gegenstandes, den man hören kann (die Frage lautete dann: was ist eine Melodie?), sondern vielmehr, wie es dazu kommt, daß zwei Tonkomplexe, die aus verschiedenen Tönen bestehen, in dieser besonderen Weise „gleich" sind (die Frage lautet diesmal: was ist die Gleichheit der Melodie).

Auf die letztgenannte Frage kann man antworten, indem man die Gleichheit der Melodie als die Gleichheit der Relation, in der die Töne zueinander stehen, definiert, und es scheint, daß Meinong 1894 eben diese Fragestellung angenommen hat. Um den Einwand, daß man eine Relation doch nicht hören kann, muß man sich in jedem Fall nicht kümmern, denn es ist ja ohnehin klar, daß wir den Aspekt der Melodie nur auf der Grundlage der gehörten Töne bemerken können.

7. Der Objektivismus des jungen Meinong

Wie wir gesehen haben, trägt die frühe Lehre Meinongs unverkennbar *subjektivistische* Züge. In seinen ontologischen Analysen glaubt er auch dort, von immanenten Inhalten sprechen zu müssen, wo man eigentlich Behauptungen über ontologisch unabhängige Gegenstände erwartet, und in seiner Relationslehre behauptet er wiederholt, daß die Relationen in ihrem Bestand auf eine besondere psychische Aktivität des Subjekts angewiesen sind. Um als besondere Inhalte auftreten zu können, müssen sie erst in einem zusätzlichen psychischen Akt *quasi* ezeugt werden. Ähnlich ist es mit den mit Relationen korrelierten Komplexionen und Gestaltqualitäten, die letztlich mit Relationen zwischen den fundierenden Inhalten gleichgesetzt werden.

Wir haben allerdings gesehen, daß dieser Subjektivismus nicht ganz konsequent ist. Meinong spricht auch von realen Relationen, die z.B. zwischen den psychischen Akten und ihren immanenten Objekten (Inhalten) selbst dann bestehen, wenn diese Akte und ihre Inhalte von niemandem explizit in Relation gesetzt werden.[27] Er sagt auch gelegentlich, daß es Relationen zwischen realen Dingen selbst dann geben kann, wenn niemand diese Dinge vorstellt. Man muß freilich dazu sagen, daß die Rede von unabhängig von einer kognitiven Tätigkeit bestehenden Relationen beim jungen Meinong nicht ganz klar ist. Manchmal sagt er, daß es sich dabei eigentlich nicht um eine Relation, sondern lediglich um monadische Eigenschaften der entsprechenden Gegenstände handelt, die es ermöglichen, daß diese Gegenstände von einem Subjekt in die geeignete Relation gesetzt werden. Die Relationslehre des jungen Meinong ist also in dieser Hinsicht nicht ganz eindeutig.

Es gibt aber einen wichtigen Sinn des Wortes „Objektivismus", in dem der junge Meinong zweifelsohne ein Objektivist ist. Wenn er von Relationen, Komplexionen oder Gestaltqualitäten spricht, dann handelt es sich zwar um Inhalte, die im Allgemeinen in den speziellen psychischen Akten erzeugt werden müssen, diese erzeugten Inhalte befinden sich allerdings auf *derselben gegenständlichen Ebene*, auf der sich auch die fundierenden Inhalte befinden. Die Relation zwischen *a* und *b*, ist etwas, was sich sozusagen zwischen *a* und *b* „vor den Augen" des Subjekts befindet; und der Akt, der diese Relation erzeugt, operiert auf den Inhalten *a* und *b*. Im Besonderen protestiert Meinong vehement gegen Versuche, die Relationsinhalte als Produkte einer *Reflexion auf die psychischen Akte*, in de-

---

[27]   Man muß aber hinzufügen, daß nach Brentanos Lehre der psychische Akt in der Korrelation mit seinem immanenten Objekt immer sein eigenes sekundäres Objekt bildet.

nen die fundierenden Inhalte präsentiert werden, aufzufassen.[28] (Vgl.
Meinong 1891, S. 293, 296 f.; Meinong 1894, S. 331 f.)

Dieser Objektivismus war für die weitere Entwicklung der Philosophie Meinongs von großer Bedeutung. Er machte es möglich, daß nach
der „gegenstandstheoretischen Wende", die um 1899 stattfand, beinahe
alle Ergebnisse, die Meinong in seinen frühen psychologischen Untersuchungen erreicht hatte, in die Gegenstandstheorie direkt überführt werden
konnten.

Arkadiusz Chrudzimski
Universitäten Stettin und Salzburg
arkadiusz.chrudzimski@sbg.ac.at

---

[28] Solche Theorien haben Stumpf und Husserl für einige „formale" Komplexionen,
wie z.B. „Vielheit", formuliert. Vgl. Stumpf 1890, S. 5, Husserl 1891, S. 69.

Literatur

Aristoteles (1980), *Metaphysik*, Griechisch-Deutsch, Bd. I/II, Hamburg: Meiner.

Armstrong, David Malet (1978), *Universals and scientific realism*, Vol. 1/2, Cambridge: Cambridge University Press.

Armstrong, David Malet (1997), *A World of States of Affairs*, Cambridge: Cambridge University Press.

Berkeley, George (1710), *A Treatise Concerning the Principles of Human Knowledge*, in: Alexander Campbell Fraser (ed.), *The Works of George Berkeley*, Vol. I: *Philosophical Works (1705–21)*, Oxford: Clarendon Press 1901 [Nachdruck: Bristol: Thoemmes Press 1994].

Brentano, Franz (1874/1924), *Psychologie vom empirischen Standpunkt*, Bd. I, hrsg. von O. Kraus, Leipzig: Meiner [erste Aufl. 1874].

Brentano, Franz (1982), *Deskriptive Psychologie*, hrsg. von Roderick M. Chisholm und Wilhelm Baumgartner, Hamburg: Meiner.

Brentano, Franz [EL 72], *Die elementare Logik und die in ihr nötigen Reformen* [*Logikkolleg* 1884/85].

Brentano, Franz [EL 80], *Logik*. Das Manuskript der Logik-Vorlesung aus der zweiten Hälfte der achtziger Jahre.

Campbell, Keith (1990), *Abstract Particulars*, Oxford: Blackwell.

Chrudzimski, Arkadiusz (2001), *Intentionalitätstheorie beim frühen Brentano*, Dordrecht / Boston / London: Kluwer Academic Publishers.

Chrudzimski, Arkadiusz (2002), "Two Concepts of Trope", *Grazer Philosophische Studien*, 64 (2002), 137–155.

Chrudzimski, Arkadiusz (2004), *Die Ontologie Franz Brentanos*, Dordrecht / Boston / London: Kluwer Academic Publishers.

Descartes, René (1641), *Meditationes de prima philosophia / Meditationen über die erste Philosophie*, Lateinisch-Deutsch, Hamburg: Meiner 1956; zitiert nach der Paginierung der 1. Aufl.

Ehrenfels, Christian von (1890), „Über Gestaltqualitäten", in: *Viertel-jahrsschrift für wissenschaftliche PhilosophieI*, 14 (1890), 249–292; Nachdruck in: Ehrenfels 1988, 128–155.

Ehrenfels, Christian von (1988), *Philosophische Schriften*, Bd. II: *Psychologie, Ethik, Erkenntnistheorie*, hrsg. von Reinhard Fabian, München/Wien: Philosophia Verlag.

Frege, Gottlob (1892), „Über Sinn und Bedeutung", *Zeitschrift für Philosophie und philosophische Kritik*, 100 (1892), 25–50; auch in: Frege 1967, 146–162; zitiert nach der Paginierung der 1. Aufl.

Frege, Gottlob (1967), *Kleine Schriften*, hrsg. von J. Angelelli, Darmstadt: Wissenschaftliche Buchgesellschaft.

Henninger, Mark G. (1989), *Relations. Medieval Theories 1250–1325*, Oxford: Clarendon Press.

Höfler, Alois (1890), *Logik*, Wien: Tempsky Verlag.

Hume, David (1739/40) *A Treatise of Human Nature*, in: Hume 1886, Vol. I (Book I/II), Vol. II (Book III).

Hume, David (1886), *The Philosophical Works*, Thomas Hill Green and Thomas Hodge Grose (eds.), London; Nachdruck: Aalen: Scientia Verlag 1964.

Husserl, Edmund (1891), *Philosophie der Arithmetik*, Halle 1891 (Husserliana XII, hrsg. von L. Eley, Den Haag 1970); zitiert nach der Aufl. Husserliana.

Johansson, Ingvar (1989), *Ontological Investigations*, London: Routledge.

Landesman, Charles (ed.) (1971), *The Problem of Universals*, New York, London: Basic Books, Inc., Publishers.

Marty, Anton (1894), „Über subjectlose Sätze und das Verhältnis der Grammatik zu Logik und Psychologie" IV–V, *Vierteljahresschrift für wissenschaftliche Philosophie*, 18 (1894), 320–356, 421–471; auch in Marty 1916–1920, Bd. II/1, 116–145, 146–189.

Marty, Anton (1901), "Two letters from Marty to Husserl", K. Mulligan, K. Schuhmann (eds.), in: Mulligan 1990, 225–236.

Marty, Anton (1916–1920), *Gesammelte Schriften*, hrsg. von J. Eisenmeier, A. Kastil und O. Kraus, Bd. I/II, Halle: Niemeyer.

Mill, John Stuart (1843), *A System of Logic*, in: *Collected Works of John Stuart Mill*, vols VII/VIII, London: Routledge and Kegan Paul; Toronto, Buffalo: University of Toronto Press 1974.

Mill, John Stuart (1865), *An Examination of Sir William Hamilton's Philosophy*, in: *Collected Works of John Stuart Mill*, vol. IX, London: Routledge and Kegan Paul; Toronto, Buffalo: University of Toronto Press 1979.

Meinong, Alexius (1877), „Hume Studien I: Zur Geschichte und Kritik des modernen Nominalismus", in: *Gesamtausgabe*, Bd. I, 1–76.

Meinong, Alexius (1882), „Hume Studien II: Zur Relationstheorie", in: *Gesamtausgabe*, Bd. II, 1–183.

Meinong, Alexius (1886), „Zur erkenntnistheoretischen Würdigung des Gedächtnisses", in: *Gesamtausgabe*, Bd. II, 185–213.

Meinong, Alexius (1888/89), „Über Begriff und Eigenschaften der Empfindung", in: *Gesamtausgabe*, Bd. I, 109–192.

Meinong, Alexius (1889), „Phantasie-Vorstellung und Phantasie", in: *Gesamtausgabe*, Bd. I, 193–277.

Meinong, Alexius (1891), „Zur Psychologie der Komplexionen und Relationen" [Rezension von: Ehrenfels 1890], in: *Gesamtausgabe*, Bd. I, 279–303.

Meinong, Alexius (1892), „Rezension von: Franz Hillebrandt, *Die neuen Theorien der kategorischen Schlüsse*", in: *Gesamtausgabe*, Bd. VII, 197–222.

Meinong, Alexius (1894), „Beiträge zur Theorie der psychischen Analyse", in: *Gesamtausgabe*, Bd. I, 305–395.

Meinong, Alexius (1969–78), *Gesamtausgabe*, hrsg. von R. Haller et al., Graz: Akademische Druck- und Verlagsanstalt.

Reid, Thomas (1785), *Essay on the Intellectual Powers of Man*, Cambridge, Mass.: The MIT Press 1969.

Rollinger, Robin D. (1993), *Meinong and Husserl on Abstraction and Universals*, Amsterdam – Atlanta: Rodopi.

Rollinger, Robin D. (1999), *Husserl's Position in the School of Brentano*, Dordrecht/Boston/London: Kluwer Academic Publishers.

Russell, Bertrand (1910), "Some Explanations in Reply to Mr Bradley", *Mind N.S.*, 19 (1910), 373–378.

Stumpf, Carl (1873), *Über den psychologischen Ursprung der Raumvorstellung*, Leipzig: Hirzel.

Stumpf, Carl (1883), *Tonpsychologie*, Bd. I, Leipzig: Hirzel.

Stumpf, Carl (1886/87), "Syllabus for Psychology", ed. and translated by Robin D. Rollinger, in: Rollinger 1999, 285–309.

Stumpf, Carl (1890), *Tonpsychologie*, Bd. II, Leipzig: Hirzel.

Stout, George Frederick (1921/22), "The Nature of Universals and Propositions", *Proceedings of the British Academy*, 10 (1921/22), 157–72; auch in: Landesman 1971, 153–166; zitiert nach Landesman 1971.

Williams, Donald Cary (1953), "The Elements of Being I", *Review of Metaphysics*, 7 (1953), 3–18; auch in: Mellor/Oliver 1997, 112–124; zitiert nach Mellor/Oliver 1997.

SPRACHE, WAHRHEIT UND RECHTFERTIGUNG
ALEXIUS MEINONGS FRÜHE SCHAFFENSPERIODEN ZUR ERKENNTNISLEHRE

Marina Manotta

Zusammenfassung

Meinong hat bekanntlich kein Buch über allgemeine Erkenntnistheorie geschrieben, allerdings widmete er sich seit Beginn seiner akademischen Tätigkeit beständig dem klassischen Themenbereich der Erkenntnistheorie. Man
kann berechtigterweise sagen, dass er eine einheitliche, zusammenhängende
Erkenntnislehre entwickelt hat; diese lässt sich aber deutlicher in den Schriften
aus dem Nachlass als in den publizierten Werken erkennen. In den Schriften
aus seinen frühen Schaffensperioden betrachtet Meinong die Erkenntnistheorie
als eine spezifisch philosophische Disziplin, deren Methode, Aufgabe, Gegenstand sowie Verhältnis zur Psychologie erforscht werden. Aus solchen Schriften, die einen Zeitraum etwa von 1886 bis 1904 umfassen, ergibt sich Meinongs Erkenntnislehre als die Analyse der Rechfertigung des menschlichen
Wissens, deren Ausgangspunkt die gewöhnlichen Überzeugungen des täglichen Lebens sind. Unter dieser Voraussetzung kann Meinong den philosophischen Skeptizismus widerlegen und einen neuen Evidenzbegriff bearbeiten, der
mit dem klassischen Erkenntnisideal der absoluten, unbezweifelbaren Gewissheit zum Bruch kommt.

Es ist bekannt, dass Meinong sich in seiner philosophischen Tätigkeit
immer wieder mit erkenntnistheoretischen Problemen beschäftigt, trotzdem aber kein Buch über Erkenntnistheorie geschrieben hat. Unter dessen
Publikationen sind nur die Abhandlung *Über die Erfahrungsgrundlagen
unseres Wissens* (1906) und der zweite Teil von *Über Möglichkeit und
Wahrscheinlichkeit* (1915) dem Themenbereich der Erkenntnistheorie

ausdrücklich gewidmet. In der Meinong-Forschung ist es demzufolge eine noch offene Frage, ob es eine einheitliche, zusammenhängende Erkenntnistheorie des Grazer Philosophen gibt, oder ob Meinong nur Einzelthemen aus dem Gebiet der Erkenntnistheorie, die keine in sich geschlossene Theorie ausmachen, behandelt hat.

Unserer Meinung nach kann diese Frage nur beantwortet werden, wenn Meinongs wissenschaftlicher Nachlass neben den publizierten Schriften in Betracht gezogen wird. Aus der Analyse des Nachlass-Materials ergibt sich nämlich, dass Meinong das Thema der Erkenntnistheorie besonders intensiv in seinen Lehrveranstaltungen dargestellt hat. In den Kollegheften, d.h. in den Vorlagen, die seinen Vorlesungen zugrunde lagen, lässt sich Meinongs Vorhaben erkennen, eine organische Erkenntnislehre aufzustellen.

Im Folgenden werden Meinongs erkenntnistheoretischen Reflexionen von Anfang bis zur mittleren Schaffensperiode – d.h. vom letzten Dezennium des 19. Jahrhunderts bis 1904 – erörtert und bewertet. Es werden in der Hauptsache dazu das Kollegheft XI/e „Elemente der Erkenntnistheorie" (Wintersemester 1890-91), das Kollegheft IV/b „Über Erkenntnistheorie" (Wintersemester 1895-96), sowie das Kollegheft XII/a „Zweites Erkenntnistheorie-Kolleg" (1903-04) benützt[1]. In solchen Schriften wird Meinongs Erkenntnislehre in wesentlichen Zügen charakterisiert. Sie bekommt natürlich ihre endgültige Fassung nur in Meinongs späterer Schaffensperiode[2].

---

[1] Der Nachlass von Meinong ist in der Handschriftenabteilung der Grazer Universitätsbibliothek aufbewahrt. Es ist zu bemerken, dass das Kollegheft XI/e „Elemente der Erkenntnistheorie" zur Veröffentlichung vorgesehen war. Meinong spricht explizit von ihm als von einem Buch.

[2] Meinongs Werke werden im Folgenden aus Meinong (1968-1978), abgek. *GA*, zitiert.

1. Die elementare Begriffsanalyse und das Sprachgefühl

In den Vorlesungen über Erkenntnistheorie des Wintersemesters 1890-92 (Karton XI/e) und 1895-96 (Karton IV/b) definiert Meinong die Erkenntnistheorie als die Wissenschaft der menschlichen Erkenntnis. Sie hat nach Meinong die Leistungen, die Grenzen und die Ursprünge des Erkennens sowie das Verhältnis zwischen Erkennen und Wirklichkeit zu bestimmen. In der Definition der Erkenntnistheorie als die Wissenschaft der menschlichen Erkenntnis tritt Meinong zufolge eine Übereinstimmung zwischen dem natürlichen Wortsinn und der absichtlichen Begriffsbestimmung zutage, die vergeblich in der Definition anderer Wissenschaften gesucht wird. Nur wenn wir auf die natürliche, aus sich selbst verständliche Bedeutung des Worts – d.h. auf die Bedeutung, die den Wörtern in der Alltagssprache zukommt – achten, können wir das Wesen dieser Disziplin verstehen. Die Bedeutung des Worts „erkennen" lässt sich am ehesten durch eine Aufzählung von Verwendungsfällen angeben. Die Erkenntnistheorie als Wissenschaft des Erkennens soll dann die vorgefundene Wortbedeutung natürlich präzisieren, erweitern oder einengen, kurz kunstmäßig bearbeiten. Denn die Sprache des täglichen Lebens oder des außerwissenschaftlichen Denkens bietet der Wissenschaft die Wörter dar; diese stellt aber an die Eindeutigkeit und Präzision sowie sonstige Zweckdienlichkeit ihrer Termini ganz andere Anforderungen als das gewöhnliche Leben. Demnach ist die Erkenntnistheorie aufzufassen als die Analyse und Erläuterung des Begriffs „Erkenntnis" und der mit ihm verwandten Begriffen, so wie sie in unserer Alltagssprache auftreten.

Aus der meinongschen Argumentation ergibt sich der Gedanke, der seinem erkenntnistheoretischen Projekt und – so können wir hinzufügen – seiner ganzen Philosophie zugrunde liegt. Es ist der Gedanke einer Sprachanalyse, die sich auf den gesunden Menschenverstand beruft. „Die Untersuchung beginnt am besten am Sprachmaterial", sagt Meinong (Karton IV/b). Aus diesem Grund „ist jedesmal dann die Beantwortung der Frage, was der gemeine Mann bei dieser Sachlage, bei diesem Wort eigentlich denkt, unerlässliche Voraussetzung alles Übrigen" (Karton XI/e). Es wird nun daraus klar, dass Einsichten über die Natur oder Wesen von

Wissen oder Erkenntnis erst durch Analyse der Gebrauchsweisen der erkenntnistheoretischen Begriffswörter zu gewinnen sind. Meinong führt also in seinen Vorlesungen über Erkenntnistheorie eine Diskursart, die in der heutigen Debatte als der explikative Diskurs der Erkenntnistheorie, oder auch als die Begriffsanalyse von Wissen bezeichnet wird[3] .

Die erkenntnistheoretischen Untersuchungen von Meinong beginnen allerdings nicht mit der Analyse und Erläuterung des Begriffs „Erkenntnis", sondern mit der des Begriffs „Wahrheit". Wahrheit ist nämlich die erste Bedingung für Wissen. In der Behauptung, etwas zu wissen, liegt implizit – so denkt der gemeine Mann – die Meinung, dass dieses Wissen wahr ist. Deshalb ist die Gebrauchsweise des Begriffs „Wahrheit" zuerst zu analysieren. So Meinong: „Was ist Wahrheit? – so lautet also unsere erste Frage; wir stellen sie ohne alle skeptische Hintergedanken, in der schlichten Absicht, die Besonderheiten festzustellen, an deren Auftreten die Anwendung unseres Wortes geknüpft ist" (Karton XI/e).

Die Anwendung der Ausdrücke „wahr" und „falsch" vollzieht sich aber nicht ohne Schwanken. Wir sagen oft „wahrer Freund", „falscher Prophet", spüren aber sofort, dass diesen Dingen Wahrheit und Falschheit in anderem Sinn nachgesagt wird als etwa dem Lehrsatz einer Wissenschaft, oder einer ausgesprochenen oder gelesenen Meinung. Ausdrücke wie „Er meint das Wahre", „Er behauptet etwas Falsches" sind an der Tagesordnung, so wie die Ausdrücke „Es ist wahr, was in diesem Buch steht" oder „Es ist wahr, dass der Himmel blau ist". Dieser Sprachgebrauch weist nach Meinong aber nicht auf eine wirkliche Mehrdeutigkeit des Wahrheitsbegriffs hin. Innerhalb des Anwendungsgebiets eines Wortes ist es denn seit Aristoteles üblich, ein Zentralgebiet, das den Sinn des Wortes in scharf ausgeprägter Weise erkennen lässt, von einem peripherischen Gebiet zu unterscheiden, das eine etwas unbestimmte Ähnlichkeit mit dem ersten zeigt. Es ist für Meinong lediglich unser Sprachgefühl, das nun dieses Zentralgebiet bestimmen kann. Gegenüber „Das B-sein des A ist wahr" ist für uns „Es ist wahr, dass A B ist ..." eine um vieles natürlichere, ja im Grunde die einzige naturgemäße Redeweise[4]. In Wendungen solcher Art liegt also nach unserem Sprachgefühl der eigentliche Wortge-

---

[3]   Vgl. dazu Bieri (1987), p. 34-39; vgl. auch Schnädelbach (2002), p. 23-30.

brauch; in Beziehung darauf bekommen dann die Wendungen des peripherischen Gebiets ihre Bedeutung. Aus der Festsetzung des Zentralgebiets ergibt sich weiterhin, dass dasjenige, von dem „Wahrheit" und „Falschheit" ausgesagt wird, grammatisch allemal als Satz, genauer als „Dass-Satz" auftritt. Sätze sind ja bekanntlich Ausdrucksmittel für Urteile, daher sind die Bezeichnungen „wahr" und „falsch" Sache der Urteile.

Unser Sprachgefühl gibt sich aber damit noch nicht ganz zufrieden. Denn wir nennen ein Urteil lieber richtig oder unrichtig als wahr oder falsch. Aus diesem sprachlichen Umstand will Meinong Einblick in die Natur des Urteils und der Wahrheit gewinnen. Dementsprechend führt er seine Analysen. In Sätzen kommt das Urteil sozusagen in doppelter Weise zum Ausdruck. Durch Aussagen oder Sätze schlechthin wird das Urteil als lebendiger, psychologischer Tatbestand, d.h. das Urteil als Überzeugung des Redenden, ausgesprochen. Was durch den Dass-Satz insbesondere ausgesprochen wird, ist keine Überzeugung, sondern dasjenige, von dem man überzeugt ist, d.h. der Urteilsinhalt oder die Urteilsobjektivität. Der Satz „es ist wahr, dass A B ist" drückt genau genommen die psychische Überzeugung der Urteilenden betreffend der Tatsache aus, dass A B ist. „Ohne hier auf die psychologischen Details der Sache einzugehen", sagt nämlich Meinong „darf doch als selbstverständlich gelten, dass niemals geurteilt werden kann, ohne etwas zu beurteilen" (Karton XI/e); das Faktum des Urteils besteht aus Überzeugung und Inhalt[5]. Werden nun wahr und falsch von dem Urteil als psychologischem Zustand oder von dem Urteilsinhalt ausgesagt? Um darauf zu antworten braucht es nur das Denken des Alltagslebens zu berücksichtigen, nach dem Wahrheit in der

---

4   Vgl. auch Meinong (1902), p. 452.

5   In den Vorlesungen über Erkenntnistheorie hatte Meinong noch keine Unterscheidung zwischen Inhalt und Gegenstand der Vorstellung gemacht und das Objektiv noch nicht genau als die eigentliche Gegenständlichkeit des Urteils bestimmt. Inhalt und Gegenstand bezeichnen hier gleichermaßen die gegenständliche Seite der psychischen Phänomene – das, worauf dem brentanoschen Intentionalitätsprinzip gemäß unsere psychischen Phänomene gerichtet sind. Wie bekannt, werden Gegenstand und Inhalt der Vorstellungen erstmals in Meinong (1899) im strengen Sinn unterschieden. Das Objektiv als Gegenstand des Urteils wird erst in Meinong (1902) eingeführt. Es finden sich immerhin in den Vorlesungen über Erkenntnistheorie Ansätze zu solchen Unterscheidungen.

Übereinstimmung mit der Wirklichkeit besteht. Nimmt man solches Denken an, stellt sich die Frage, wo wir eigentlich dasjenige zu suchen haben,
das auf seine Übereinstimmung oder Nicht-Übereinstimmung mit der
Wirklichkeit geprüft wird? Offenbar nicht in dem psychologischen Zustand, sondern in dem Urteilsinhalt. Zur Wahrheit unseres Urteils „Es ist
wahr, dass A B ist" scheint weiter nichts erforderlich, als dass A und B in
der Wirklichkeit sich eben derart vorfinden, wie wir sagen. Es kann nicht
die Überzeugung sein, die mit der Wirklichkeit im Wahrheitsfalle zu
übereinstimmen hat; auf seine Übereinstimmung mit der Wirklichkeit ist
der Urteilsinhalt zu befragen. Allerdings muss den ausgesprochenen Urteilsinhalt jedes Mal die Überzeugung begleiten, dass der Inhalt mit dem
zusammentrifft, was in der Wirklichkeit liegt. Besteht die angenommene
Übereinstimmung wirklich, dann urteilt das Subjekt richtig, genauer ist
das Urteil als Komplex von Überzeugung und Inhalt richtig.

Mit solchem Einblick in die Natur und Gebrauchsweise der Begriffe
„Wahrheit" und „Urteil" kann Meinong sich wieder der Grundfrage nach
dem Wesen der Erkenntnis zuwenden. Nun bedeutet „erkennen" nichts
weiter als wahr oder, besser, richtig urteilen. In Beziehung auf die Ergebnisse der obigen Analysen, haben wir nur mit einem Erkenntnisfall zu tun,
wenn die folgenden Bedingungen erfüllt werden: ein beliebiger Urteilsinhalt muss wahr sein − d.h. er muss mit der Wirklichkeit übereinstimmen −
und man muss der Überzeugung sein, dass solcher Urteilsinhalt wahr ist.

2. Erkenntniskritik und Psychologie

Die Art und Weise, in der sich Meinongs Untersuchung entwickelt, macht
uns nun klar, dass sein erkenntnistheoretisches Projekt nichts gemein hat
mit der Idee einer Erkenntniskritik im Sinne von Kant. Die kantsche Auffassung wird von Meinong in den Vorlesungen eingehend diskutiert. Aus
dieser Auseinandersetzung lässt sich ohne Schwierigkeit die Orientierung
seiner früheren Philosophie am Psychologismus sehen.

Nach Meinong bringt denn die kantsche Erkenntniskritik die Tendenz
zum Ausdruck, die ganze Philosophie auf Erkenntnistheorie zu reduzieren
und die ehemalige dominierende Stellung der Philosophie im Aufbau des

Wissens für die Erkenntnistheorie anzusprechen (Karton XI/e)[6]. Insbesondere beruht jede kritische Einstellung auf der Annahme, die Erkenntnistheorie sei die höhere Instanz, auf deren Sanktion die Wissenschaften zu warten hätten, um gleichsam rechtskräftig zu sein. Die Erkenntnistheorie sollte den Wissensanspruch verschiedenartiger Wissenschaften – d.h. die logischen und methodologischen Voraussetzungen derselben – überprüfen. Somit können diese erst von der Erkenntnistheorie ihren Rechtstitel erlangen. Dies ist ungefähr das Projekt einer Grundlegung aller Wissenschaften durch die Erkenntnistheorie, wie es der Neukantianismus ausführen wollte.

Meinong weist eine solche These entschieden zurück. Der Anspruch der Erkenntniskritik, die Grundlage aller Wissenschaften zu sein, stimmt für Meinong nicht mit der Bescheidenheit überein, die die unerlässliche Bedingung wirklicher Wissenschaftlichkeit darstellt (Karton IV/b). Solche Bescheidenheit ist auf die Tatsache zurückzuführen, dass jede Wissenschaft ihren Gegenstand voraussetzt und sich zu ihm zunächst aufnehmend verhält. Die Wissenschaft kann dem Material nicht vorangehen, das sie verarbeitet. Die Erkenntnistheorie als Wissenschaft des menschlichen Erkennens verhält sich also aufnehmend zum vorwissenschaftlichen Erkennen des Alltagslebens. „Wir haben gefunden, dass wir auch im Erkennen Tatsachen vor uns haben, vielleicht Tatsachen von eigenartiger Wesenheit, unvergleichlicher Wichtigkeit, aber jedenfalls Tatsachen", sagt Meinong und schließt daraus: „auch Erkenntnistheorie ist in letzter Linie auf Beobachtung gegründet, auch sie ist eine empirische Wissenschaft"

---

[6] Wie bekannt, hatte bis zum 19. Jahrhundert die Philosophie die Aufgabe, die ersten Prinzipien von Wissen überhaupt bereitzustellen. Durch die Entstehung der empirischen Wissenschaften um die Mitte des 19. Jahrhunderts musste die Philosophie selbst erst einmal ihre Wissenschaftlichkeit unter Beweis stellen. Das bedeutete für die Philosophie eine tiefgreifende Identitätskrise. Ein Weg, die Philosophie zu rehabilitieren und ihre dominierende Stellung wiederzugeben, war die Reduktion der Philosophie auf die Erkenntnistheorie. Meinong berichtet in seinen Vorlesungen, dass dieser Weg im Neukantianismus eingeschlagen wurde: nichts anderes als die Erkenntnistheorie kann dem Neukantianismus zufolge bestimmen, was als wissenschaftlich gelten kann und was nicht. Eine Beschreibung des Projektes des Neukantianismus und der folgerichtigen Reduktion der Philosophie auf Erkenntnistheorie findet sich in Rorty (1979), p. 131-136.

(Karton XI/e). Es besteht für sie wie für Physik, Biologie oder Psychologie ein Abhängigkeitsverhältnis zu der Empirie. Der Erkenntnistheorie muss sonach ihre Stelle schlicht und einfach an der Seite der übrigen empirischen Wissenschaften angewiesen werden. Das bedeutet auch, dass die Methoden, deren sich die Erkenntnistheorie bedient, dieselben sind wie die der übrigen empirischen Wissenschaften – d.h. Beobachtung und Beschreibung. So wird der fundierenden Rolle der Erkenntnistheorie im System des Wissens, die im Kritizismus als Lehrsatz gilt, der Boden durchaus entzogen.

Ein Problem entsteht jedoch aus der meinongschen These der Erkenntnistheorie als empirischer Wissenschaft, worin wahrscheinlich der Grund liegen kann, warum Meinong das Buch dann nicht publiziert hat. Es stellt sich die Frage, was Erkenntnistheorie von Psychologie unterscheidet. Jede Wissenschaft, sagt Meinong, hängt in letzter Linie ganz und gar von ihrem Stoff ab und setzt ihren Stoff voraus. Stoff oder Gegenstand der Erkenntnistheorie ist der Definition nach die Tatsache des Erkennens, d.h. das wahre Urteilen. Alles Urteilen gehört aber als psychisches Phänomen zur Psychologie. Ist deshalb Erkenntnistheorie nun ein Teil der Psychologie? So denkt Meinong in *Über philosophische Wissenschaft und ihre Propädeutik* (1885): der Definition nach „kann es keine Erkenntnis-Theorie geben, die nicht auf Betrachtung des Erkennens gerichtet wäre; Erkennen aber ist eine psychische Bethätigung, die als solche vor das Forum der Psychologie gehört. Auch Erkenntnis-Theorie muss also, indem sie ihre Arbeit beginnt, sich auf psychologischen Daten stützen oder [...] sich selbst psychologisch forschend bethätigen"[7]. Die Erkenntnistheorie als empirische Wissenschaft, die im Gebiet der Naturwissenschaften enthalten ist, ist von der empirischen Psychologie nicht deutlich unterscheidbar.

Im Verlaufe der Jahre kommt Meinong beständig auf das Verhältnis der Erkenntnistheorie zur Psychologie zurück. In den Vorlesungen von 1895/96 betont er nachdrücklich, dass es falsch ist, aus der Tatsache, dass jede Erkenntnis ein psychisches Phänomen ist, zu schließen, dass Er-

---

[7]   Meinong (1885), p. 21. Über die Stellung der Psychologie und Erkenntnistheorie unter den philosophischen Disziplinen vgl. auch. Höfler, Meinong (1890), p. 2-4.

kenntnis auf Psychologie beruhe. Noch klarer erscheint Meinongs Denken in den Vorlesungen von 1903-1904. „Erkenne ich, dass Freund X vor mir steht, so geschieht sicher was in mir. Aber Erkenntnis ist das nicht, falls der Freund nicht eben wirklich vor mir steht. Das bedeutet: berücksichtige ich nur das Psychische, den Erkenntnisakt, so ist damit die ganze Erkenntnistatsache nicht erschöpft. Für diese ist auch wesentlich, dass sich Akt auf etwas richtet, das wirklich sein muss." (Karton XII/a). Die Erkenntnis ist sozusagen eine Doppeltatsache, weil sie aus einem psychischen Vorgang und einem Gegenstand besteht. Daraus folgt nach Meinong die Selbständigkeit der Erkenntnistheorie gegenüber der Psychologie. Wird diese Doppelseitigkeit der Erkenntnistatsache verkannt, so herrscht Psychologismus[8].

Meinongs Beweisführung ist aber nicht voll und ganz befriedigend. Die Doppelseitigkeit der Erkenntnis ist nur notwendige Voraussetzung der Selbständigkeit der Erkenntnistheorie gegenüber der Psychologie. Mit dieser Voraussetzung ist der Weg zur Betrachtung des Gegenstandes unserer psychischen Akten, d.h. der Weg zur Gegenstandstheorie, geöffnet. Um die Selbständigkeit der Erkenntnistheorie zur Psychologie zu begründen, muss man jedoch auch die Frage beantworten, wie und wodurch eine Übereinstimmung zwischen psychischen Vorgängen und Gegenständen zu bestimmen ist – d.h. wir müssen Nachweise für die Richtigkeit unseres Erkennens bringen. Meinong scheint sich in der Tat darüber bewusst zu sein, wenn er am Ende des Kapitels "Zur Stellung der Erkenntnistheorie zur Psychologie" in den Vorlesungen des Jahres 1903-04 behauptet: „Un-

---

[8]   Meinong hält immer wieder an diesem Gedanken fest; vgl. Meinong (1904), p. 504: „Aber dem Erkennen steht das Erkannte gegenüber; das Erkennen ist, wie bereits wiederholt berührt, eine Doppeltatsache. Wer die zweite Seite dieser Tatsache vernachlässigt, also in der Weise Erkenntnistheorie treibt als gäbe es nur die psychische Seite am Erkennen, oder wer jene zweite Seite unter den Gesichtspunkt des psychischen Geschehnisses zwängen will, dem wird der Vorwurf des Psychologismus nicht zu ersparen sein". Vgl. auch Meinong (1907), p. 349: „So schwer es nämlich in manchem Einzelfalle sein mag, der Gefahr eines solchen Psychologismus durchaus zu entgehen, so leicht ist es doch im allgemeinen, sein Wesen zu charakterisieren. Er besteht, wenn ich recht sehe, in der Hauptsache darin, dass man einen Gegenstand mit einem psychischen (wohl jedesmal intellektuellen) Erlebnis verwechselt, das ihn wirklich oder vermeintlich erfasst resp. zu erfassen wirklich oder vermeintlich geeignet ist".

terschied gegen Psychologie auch so zu kennzeichnen: Für Erkenntnistheorie kommt alles auf die der Psychologie fremde *quaestio iuris* an, die
auch für uns überall entscheidender Gesichtspunkt bleibt" (Karton XII/a).
Diese ist keine psychologische Tatsachenfrage, sondern muss als Begrün-
dung- und Geltungsfrage verstanden werden.

Mit dieser Behauptung verwirft Meinong implizit seine frühere Position, die Erkenntnistheorie wäre als empirische Wissenschaft durchführ-
bar. Die Geltungsfrage scheint sich nicht in empirische Fragen überführen
zu lassen, die epistemische Begründung scheint nicht auf eine Art Mecha-
nik psychischer Prozesse hinauszulaufen. Die Abkehr vom Psychologismus in Meinongs Denken erfolgt aber allmählich und nicht immer durch-
sichtig.

3. Der Skeptizismus und der Erkenntniszirkel

Eine Erkenntnistheorie ist Meinong zufolge nur in Auseinandersetzung
mit skeptischen Argumenten möglich: d.h. sie hat die Aufgabe, Wirklichkeit und Möglichkeit der Erkenntnis darzulegen und gegen die Angriffe
des Skeptizismus zu vertreten. Der Skeptizismus leugnet tatsächlich die
Zuverlässigkeit unserer epistemischen Vorgehensweisen und damit die
Möglichkeit des Wissens allgemein.

Es gibt bekanntlich eine Vielfalt von skeptischen Einsichten und Argumenten. Die Form des Skeptizismus, die Meinong in seinen erkenntnistheoretischen Vorlesungen diskutiert, ist der Skeptizismus, der die zwang-
läufige Zirkularität aller Erkenntnistheorie behauptet. Meinong bekämpft
also den Skeptizismus, der mit dem Zirkelschluss entsteht, zu dem jeder
Versuch, die Möglichkeit der Erkenntnistheorie zu beweisen, führen
muss. Dass dieser Versuch zum Scheitern verurteilt ist, lässt sich der
skeptischen These nach schon aus dem Wort „Erkenntnistheorie" ableiten:
Die Erkenntnistheorie erforscht nämlich die Erkenntnis, stellt aber zugleich selbst eine Art Erkenntnis dar. Somit muss sie sich auch mit sich
selbst beschäftigen, also ihr eigenes Vorgehen in ihre Untersuchungen
einbeziehen. Sie muss reflexiv verfahren, und dies muss zu einer zirkulä-
ren Argumentation führen. Mit anderen Worten: Um irgendetwas zu er-

kennen, muss man im Stande sein, Wahrheit und Irrtum, Erkenntnis und ihr Gegenteil, auseinander zu halten, d.h., man muss bereits wissen, ob es Erkenntnis gibt und worin sie besteht. Alles Erkennen verlangt daher Erkenntnistheorie. Aber alle Erkenntnistheorie ist selbst Wissen oder Erkennen: sie setzt daher als solche wiederum Erkenntnistheorie voraus und so gerät man in den Zirkel. Also kann es keine Erkenntnistheorie geben. Aus der Unmöglichkeit der Erkenntnistheorie schließt der Skeptiker sogleich auf die Unmöglichkeit der Erkenntnis überhaupt.

Meinong will den skeptischen Schluss nicht mit einem logischen Gegenbeweis widerlegen, sondern ihn mit dem Hinweis auf das empirische *Faktum* – das Faktum der Erkenntnis – als widersinnig zeigen. Die Tatsache, dass es Erkenntnis gibt, wird im Alltagsleben als eine Selbstverständlichkeit vorausgesetzt. Meinongs Erkenntnistheorie will die alltäglichen Wissensansprüche nicht in Frage stellen, sondern nur beschreiben und erklären. Sie will analysieren, in welchem Sinn der gesunde Menschenverstand Recht haben kann[9], genauer, in welchem Sinn das Erkennen als ein Faktum verstanden werden kann, das auf kein übergeordnetes Erkennen angewiesen ist als auf seine Voraussetzung. Es geht Meinong darum, die Unabhängigkeit der Erkenntnis von der Erkenntnistheorie zu zeigen: das heißt, seiner Ansicht zufolge, wer erkennt, braucht sich keine Gedanken über das Erkennen zu machen[10].

---

[9] Diese These, die hier bezüglich der Erkenntnistheorie vertreten wird, wurde von Rudolf Kindinger in Bezug auf Meinongs Denken allgemein formuliert: vgl. Kindinger (1952), p. 41-66. In Bezug auf die Gegenstandstheorie ist eine solche These von Richard Routley entwickelt worden: vgl. Routley (1979), p. 1-21.

[10] Eine Art von Weiterentwicklung und Vervollkommnung des meinongschen Erkenntnisbegriffs findet sich heute in der Erkenntnislehre von Roderick M. Chisholm. Die Tatsache, dass die Überzeugungen des alltäglichen Lebens Ausgangspunkte für den Aufbau einer Theorie sind, sowie die Tatsache, dass die Erkenntnis auf die Erkenntnistheorie als ihre Voraussetzung nicht angewiesen ist, sind denn Vorbedingungen für Chisholms Erkenntnislehre. Über die Philosophie und die Erkenntnistheorie von Chisholm vgl. Marek (2001), p. 493: „Philosophieren bedeutet für Chisholm insbesondere *sokratische Fragen* stellen. Man kann davon ausgehen, dass man etwas latent weiß und dass man über seine Meinungen und deren Gründe zu reflektieren imstande ist, wodurch man in die Lage versetzt wird, sein Wissen weiterzuentwickeln und zu verbessern". In seinen erkenntnistheoretischen Werken – so setzt Marek fort – ist Chisholm ausdrücklich bemüht, den o.a. sokratischen Ansatz mit Gedanken des Common Sense zu einer

Meinongs Gedanken in den Vorlesungen über Erkenntnistheorie können in drei Punkte zusammengefasst werden. Das erste Argument dafür stützt sich auf das bekannte Verhältnis der Theorie zur Praxis: Die Erkenntnistheorie kann keinen Schritt tun ohne den Vorgang der Erkenntnispraxis; Erkenntnistheorie kann ohne Erkenntnis nicht entstanden sein, denn das Material muss der Wissenschaft vorgegeben sein, die es bearbeiten soll. Demzufolge ist es falsch, Erkenntnistheorie als Voraussetzung oder Bedingung des konkreten Erkennens anzusehen. Zum Beispiel ist ein erkenntnistheoretisches Prinzip wie der Satz vom Widerspruch nicht die Voraussetzung unserer Erkenntnis, dass das runde Viereck unmöglich ist. Eher könnte hier die Frage aufgeworfen sein, ob nicht umgekehrt die Unmöglichkeit des runden Viereck oder andere Einsichten dieser Art den Anstoß zur Formulierung jenes allgemeinen Prinzips gegeben haben[11].

Das zweite meinongsche Argument für die Möglichkeit der Erkenntnis stellt sich der Ansicht entgegen, dass der Gebrauch unserer Erkenntniskräfte nach der Analogie des Gebrauchs eines Instrumentes betrachtet werden kann. Dieser Ansicht zufolge gebraucht man wohl kein Instrument, ohne zu wissen, was es ist und was es leistet; auch unsere Erkenntnisfähigkeit wird als Instrument verwendet, daraus folgt die Forderung des Wissens um das Wissen. Meinong behauptet dagegen den absichtslosen Charakter unseres Erkennens. So wie wir viele Bewegungen unbewusst und absichtslos vollziehen, ohne daran zu denken, so nehmen wir in der gleichen Weise wahr, erinnern wir uns, denken, ohne dass unsere Absicht auf unser Wahrnehmen, Erinnern und Denken gerichtet ist. Man gebraucht viele Erkenntnisfähigkeiten ebenso wie viele physische Fähigkei-

---

kritischen *Theorie des Common Sense* systematisch auszuarbeiten.

[11] Dieses Argument von Meinong ist nun vom psychologisch-genetischen Standpunkt ganz stichhaltig: Für das Zustandekommen von Erkenntnis ist das erkenntnistheoretische Wissen gar nicht unerlässlich; umgekehrt ist die Theorie des Erkennens auf das Erkennen unvermeidlich gegründet. Trotzdem lässt sich in diesem Argument nochmals die Gedankenrichtung sehen, die die Erkenntnistheorie mehr oder weniger mit empirischer Psychologie identifiziert und die schon früher als Psychologismus bezeichnet worden ist. Denn die Entstehungsfrage, d.h. die Frage nach dem Ursprung von Erkenntnis, und das damit verbundene Interesse auf die zeitliche Aufeinanderfolge der Prozesse und Vorgänge gerichtet, ist wesentlich eine Frage der empirischen Psychologie.

ten absichtlos, daher ohne Wissensbedingung. In diesem Fall ist das Interesse ganz auf den Gegenstand gewendet[12].

Das dritte Argument stellt sich der Idee des Erkennens als eines Tuns und seiner Analogie zum Tun in der Kunst und in der Ethik entgegen. Solche Tätigkeiten streben alle nach einem Ziel, die Kunst strebt nach dem Schönen, die Ethik nach dem Guten, die Erkenntnis nach der Wahrheit. Wie sollen sie nach solchen Zielen streben können, wenn sie nicht vorher wissen, wie das Ziel aussieht? Bedeutet das nicht, dass die künstlerische Tätigkeit einer Theorie der Kunst und die ethische Handlung einer ethischen Theorie bedarf, und folgerichtig, dass die Tätigkeit des Erkennens einer Erkenntnistheorie bedarf? Meinong leitet daraus nicht die Forderung der Erkenntnistheorie als Voraussetzung ab. Der Künstler muss nach Meinong nicht von dem Wesen der Schönheit Kenntnis haben, wie es die Ästhetik lehrt (und das Analoge gilt auf ethischem Gebiet); er strebt nach etwas bestimmten Schönen, unterscheidet gar wohl Schön und Hässlich, wie der ethische Mensch normalerweise Gut und Böse unterscheidet. Aber daraus folgt keineswegs, dass er bis zum letzten Grund analysieren kann, warum dies schön ist, warum dies böse ist. Er braucht nicht eine besondere, große Aufmerksamkeit auf solche Eigenschaften *in abstracto* zu richten. Auf gleicher Weise unterscheidet der gesunde Menschenverstand wahr und falsch, braucht aber keine Erkenntnistheorie dazu. Er hat keine bestimmte, genaue Idee von Wahrheit und Falschheit[13].

Unter diesen Argumenten scheint das dritte als das bedeutendste, um sich der Zirkelgefahr zu entziehen. Wir brauchen keine vollständige, be-

---

[12] In den Vorlesungen von 1895/96 spricht Meinong mit diesen Worten von einer Theorie des Erkennens: „Steht man dem Gedanken einer solchen aber nicht zunächst gegenüber wie einer Theorie des Gehens, nachdem man seit Lebenszeit seine Beine bestens gebraucht hat?" (Karton IV/b).

[13] Meinong spricht von einer „niedrigen Stufe" von Wissen oder zumindest einer nicht deutlichen Form von Wissen, die irgendeine Ähnlichkeit mit dem Begriff „Kennen" bei Moritz Schlick oder mit dem Begriff des „Bemerkens" bei Carl Stumpf haben kann. Diesem Begriff gemäß ist das Kennen einiger Gegebenheiten als ein Erleben zu verstehen, nicht als eine Erkenntnis, auch wenn es die Grundlage für das Erkennen bildet. Es ist eine ganz primitive Erkenntnisart, die uns das Material für das eigentliche Erkennen gibt. Meinong entwickelt aber den Begriff einer niedrigen Form von Wissen nicht weiter.

griffliche Erkenntnis, um sagen zu können, dass wir etwas erkennen[14].
Wir können wissen, in einem bestimmten Zustand zu sein, z.b. müde oder
aufgeregt zu sein, lange bevor wir wissen, dass es Müdigkeit oder Aufre-
gung ist, und lange bevor wir diesen Zustand beschreiben können. Das ist
auch auf unseren Sprachgebrauch zurückzuführen. Wir haben viele Begriffe einfach dadurch gelernt, dass wir unsere Muttersprache gelernt haben, und wir haben sie nicht in Form einer expliziten Theorie mit allen
betreffenden Klassifikationen und Beziehungen gelernt. Wir können aber
unsere natürliche Sprache benützen, auch wenn wir keine vollständige
Klarheit über den Gehalt unserer Begriffe haben. Auf das vermeintliche
Problem des Erkenntniszirkels übertragen: Die Voraussetzung der Unent-
behrlichkeit erkenntnistheoretischen Wissens für alles Erkennen fällt aus;
um zur Erkenntnis zu kommen, müssen wir nicht alles wissen, was die
Erkenntnis gegenüber ihrem Gegenteil auszeichnet. Es gibt also Erkennt-
nis, die darum nicht minder zu Recht besteht, weil erkenntnistheoretisches
Wissen nicht entfernt Gelegenheit findet, dabei ein Wort mitzureden.
„Man kann erkennen, ohne daran zu denken oder zu wissen. Wirklich ist
Erkenntnis der meisten anderen Dingen älter und natürlicher als die des
Erkennens" (Karton XII/a).

Mit solchem Argument verliert der Zirkeleinwand viel von seiner
Überzeugungskraft. Trotzdem entsteht daraus fast natürlich die Frage:
„Wozu mag man aber Erkenntnistheorie betreiben, da man ohne Erkenntnistheorie bisher anstandslos erkannt hat? Wozu ist Erkenntnistheorie
noch nütze?". Meinongs Beantwortung beruft sich auf den praktischen
Wert der Erkenntnistheorie: Sie muss die Probleme bewältigen, die in der
Erkenntnispraxis entstehen. Es gibt Situationen, in denen Erkenntnisse
fraglich werden und uns der Rekurs auf Erkenntnisse anderer Wissenschaften nicht weiterhilft. „Schon hat die Bethätigung der Erkenntniskräf-

---

[14] Auch Chisholms Behandlung des Problems des Kriteriums geht in diese Richtung. Chisholm schlägt nämlich vor, sich von einer Art Common Sense – Intuition leiten zu lassen und von den partikulären Fällen anscheinendes Glaubens
auszugehen, um darauf aufbauend durch Reflexion zu einem Wissen über Wissen selbst zu gelangen. Man bedarf keines vorgefassten Kriteriums des Wissens,
das entscheiden könnte, was alles als Instanz für Wissen gilt. Vgl. Chisholm
(1979), p. 170-190. (Ich verdanke Herrn Prof. Marek diesen kritischen Hinweis).

te oft genug auf Situationen geführt, die viel zu verwickelt waren für den reflexionslosen Erkenntnis-Instinct; instinctiv hat dann der forschende Verstand in erkenntnistheoretischen Erwägungen Hilfe gesucht und wohl auch zuweilen gefunden" (Karton XI/e). Beispiele dafür sind die Informationen, die wir dank der Analyse der Gebrauchsweise der epistemischen Ausdrücken bekommen und das begriffliche Netz, das dabei sichtbar wird. Aus dem Betreiben der Erkenntnistheorie können wir erfahren, was Erkenntnis ist im Unterschied zum Überzeugtsein und Glauben, oder welche Begriffe mit den Begriffen „Wahrheit", „Erklärung", „Bedeutung" eng verbunden sind. Dies lässt für Meinong die Tatsache als berechtigt erscheinen, „dass im vorliegenden Buch öfter von Wörtern und Wortbedeutungen die Rede sein wird, als vielleicht erwartet werden könnte" (Karton XI/e).

4. Das Rechtfertigungsproblem

Bis jetzt hat Meinong die allgemeine Frage „was ist Erkenntnis?" beantwortet. Wir haben so von ihm erfahren, dass unser Verständnis von Erkenntnis durch die Frage bedingt ist, was wir meinen, wenn wir etwas wahr nennen. Daraus hat sich Erkenntnis als wahres Urteil ergeben, mit anderen Worten als Glauben, dessen Inhalt mit der Wirklichkeit übereinstimmt. Wir wollen nun wissen, ob diese Bedingungen für die Bestimmung der Erkenntnis auch hinreichend sind. So Meinong in seinen Vorlesungen: „Sicher ist jede Erkenntnis etwas Wahres; ist aber auch jedes wahre Urteil umgekehrt Erkenntnis?" (Karton XII/a). Nehmen wir als Beispiel das Folgende an. Jemand fährt am Freitag mit dem Zug, nachdem ihn ein Freund vor Verspätung wegen Freitags gewarnt hat; der Zug hat tatsächlich Verspätung, also hatte der Freund Recht. Man kann aber nach Meinong nicht sagen, dass der Freund auch eine Erkenntnis hatte. Und weiter: wenn jemand sich immer die Krankheit andichtet, von der er gerade hört und liest, und wenn einmal seine Diagnose zutrifft, so kann man daraus nicht schließen, dass er erkannt hat. In beiden Fällen hat das Subjekt die Wahrheit nur zufällig getroffen; es hält etwas für wahr, ohne Gründe für seine Überzeugung zu haben. Also ist Meinong zufolge eine

zusätzliche Bedingung an ein wahres Urteil zu stellen, wenn es als Erkenntnis gelten soll. Die Bestimmung, dass man einen Grund für das
Glauben hat, mit anderen Worten der Gedanke der Rechtfertigung muss in
der Definition der Erkenntnis hinzugenommen werden.

Der Gedanke der Rechtfertigung findet sich bekanntlich bereits bei
Platon, der Wissen mit einer wahren, begründeten Meinung gleichsetzt
(*Theätet*, 202 c); seit damals gilt die Darlegung von Gründen für unser
Urteil oder Glauben als eine der Bedingungen, die erfüllt sein müssen,
damit man von Wissen sprechen kann[15]. Wichtig ist, dass die Erkenntnistheorie durch die Rechtfertigungsfrage eine neue Diskursart führt. Der
explikative Diskurs, der den Inhalt und die Eigenschaften der erkenntnistheoretischen Begriffen klären soll, ist nicht genug. Durch die Rechtfertigungstheorie wollen wir uns nicht nur darüber verständigen, was wir unter Erkenntnis verstehen, sondern auch darüber, was wir von Fall zu Fall
als Erkenntnis gelten lassen wollen. Wir wollen feststellen, ob etwas *wirklich* eine Erkenntnis ist. Dazu müssen wir wissen, welche Meinungen gerechtfertigt sind und welche nicht. Eine Meinung als gerechtfertigt zu i-
dentifizieren heißt nun, eine Bewertung von ihr zu geben. Indem wir von
einer Meinung sagen, dass sie auf guten Gründen beruht, geben wir nämlich von ihr keine deskriptive Auskunft, sondern eine Bewertung. In diesem Sinn führt die Erkenntnistheorie eine normative Diskursart[16].

Diesen Gesichtspunkt, der in der gegenwärtigen Erkenntnistheorie
ganz geläufig ist, hatte mit großem Scharfsinn schon Meinong angenom-

---

[15] Vgl. dazu Grundmann (2003), p. 9-29. Die neuere Diskussion zur epistemischen
Rechtfertigung schließt an den kurzen, einflussreichen Artikel von Edmund L.
Gettier, der die auf Platon zurückgehende Standardanalyse des Wissens kriti-
siert: vgl. Gettier (1963), p. 121-123.

[16] Das Verhältnis zwischen explikativer und normativer Aufgabe der Erkenntnistheorie ist von Peter Bieri klar dargestellt worden. Eine Theorie der epistemischen Rechtfertigung zu entwickeln heißt nach ihm, eine Theorie zu entwickeln,
die analog zu einer normativen Theorie des moralischen Handelns, also analog
zur Ethik ist. Sie steht insofern in enger Beziehung zur begriffsanalytischen
Aufgabe der Erkenntnistheorie, als sie eine Analyse der Schlüsselbegriffe wie
„Grund", „Gewissheit", „Schluss" u.s.w. voraussetzt. Vgl. Bieri (1987), p. 43.
Der Autor weist aber darauf hin, dass die Auffassung der Rechtfertigungstheorie
als eine Art Ethik, genauer als eine „Ethik des Meinens", von Chisholm stammt:
vgl. Chisholm (1957), Part I.

men. Was die Suche nach den Gründe unserer Urteile betrifft, spricht Meinong nämlich von einer Art Übertragung der erkenntnistheoretischen Frage auf das ethische Gebiet. So behauptet er: „Offenbar ist es nun [...] Wertvorzug, den wir gewissen Urteilen unter dem Namen der Erkenntnis den übrigen Urteilen gegenüber zusprechen". Wenige Zeile darunter stellt er sich die hauptsächliche Frage aller Erkenntnistheorie: „[...] gerade nach dem, um des willen einige Urteile verdienen, wertgehalten zu werden, andere dagegen nicht, gerade danach ist ja die Frage" (Karton XI/e)[17].

5. Die Kritik an der Korrespondenztheorie der Wahrheit

Den Weg zum Begründungsbegriffs der Erkenntnis haben Meinong die Schwierigkeiten gewiesen, die sich aus der Auffassung der Wahrheit als Übereinstimmung von Urteil und Wirklichkeit ergeben. Meinong stellt nämlich zwei schwachen Stellen in der Korrespondenztheorie der Wahrheit fest. Sie betreffen die negativen Urteile sowie die Urteile über das Nicht-Existierende zum einen, und den unendlichen Regress, der in dem Korrespondenzbegriff implizit liegt, zum anderen.

Da der Negation in der Wirklichkeit nichts entspricht, fehlt den verneinenden Urteilen dasjenige, womit sie nach der Theorie übereinstimmen müssen, um wahr zu sein. Womit sollte denn z.B. das Urteil „N ist nicht im Zimmer" übereinstimmen? Dennoch können wir es nicht als falsch bezeichnen. Auch die Urteile über das Nicht-Wirkliche können nicht im Sinn der Korrespondenztheorie wahr sein: der Relation „Verschiedenheit" im Urteil „Schwarz ist von Rot verschieden" entspricht zum Beispiel nichts in der Wirklichkeit, weil diese wie jede andere Relation etwas Ideales, Nicht-Existierendes bezeichnet[18].

---

17 Über den ethischen Charakter der erkenntnistheoretischen Frage schreibt Meinong: „Die Analogie mit dem ethischen Sachverhalt kommt zuweilen, wenn auch kaum in glücklichster Weise dadurch zum Ausdruck, dass man dem ethischen Sollen eine Art logischen oder erkenntnistheoretischen Sollens zur Seite stellt" (Karton XI/e). Der werttheoretische Ansatz, der damals noch subjektivisch orientiert war, ist in Meinong (1894) thematisiert worden.

18 In Meinong (1882) sind alle Relationen als Ergebnis eines psychischen Akts

Zweitens muss man nach Meinong die Schwierigkeit berücksichtigen, die in allen wahren Urteilen liegt. Wenn die Wahrheit des Urteils in der Übereinstimmung mit der Wirklichkeit besteht, so müsste man, um die Wahrheit des Urteils feststellen zu können, die Übereinstimmung von Urteil und Wirklichkeit konstatieren. Dies kann nur durch ein Urteil geschehen, das sich wieder als wahr erweisen lässt. Um seine Wahrheit ermitteln zu können, wäre der Korrespondenztheorie gemäß noch ein Urteil erforderlich, und so in infinitum. Daraus könnte man schließen, dass die Wahrheit unserer Urteile nicht definitiv festgestellt werden kann.

Es ist nun zu bemerken, dass diese Einwände gegen die Korrespondenztheorie schon von Brentano erhoben worden sind. Dieser Theorie wirft Brentano vor, dass sie nichts erkläre und außerdem absurd sei. Erwähnen wir kurz seine Argumente. Bei wahren, negativen Urteilen ist das, was man mit Recht leugnet, nicht selbst vorhanden: Der Drache im Urteil „es gibt keinen Drachen" sowie der Mangel der Farbe Schwarz an dem Menschen im Urteil „Irgendein Mensch ist nicht schwarz" bezeichnen keineswegs Dinge in der Wirklichkeit. Daraus ergibt sich, dass jene Relation der Übereinstimmung zwischen Urteil und Realität, die angeblich zu jedem wahren Urteil gehören würde, bei einem negativen Urteil ausgeschlossen ist. Zum andern zeigt sich die Korrespondenztheorie auch bei wahren, affirmativen Urteilen insofern unhaltbar, als sie einen Vergleich zwischen Urteil und Ding erfordert, der nicht ausführbar ist. Zu diesem Vergleich müsste denn das Ding, das nur im Urteil erkannt wird, vorerst von uns erkannt sein. Daher ist die Korrespondenztheorie absurd: „So würde diese Theorie ins Unendliche führen", sagt Brentano[19].

---

betrachtet; aus diesem Grund bezeichnen sie nichts Reales, sondern Ideales im Sinne von Subjektivem, aus der Spontaneität Erwachsendem. Dieser Ansicht der Subjektivität der Relationen tritt Meinong später entgegen. In Meinong (1899) sind die Relationen als ideale Gegenstände zu verstehen, die nicht existieren sondern nur bestehen können. Idealität bedeutet von jetzt an nicht Abhängigkeit der Relationen von der Subjektivität, sondern bezeichnet die Seinsweise, die den Relationen eigentlich zukommt: d.h. das Bestehen. Ab 1902 sind die Relationen den Objektiven, d.h. den Urteilsgegenständen, beizuzählen. Auch die Objektive können zwar bestehen, aber in keinem Fall existieren.

[19] Vgl. Brentano (1930), p. 28. Vgl. auch p. 126, 133. Über die verneinenden Urteile, deren Wahrheit sich nicht als Übereinstimmung mit der Wirklichkeit deuten lässt, siehe p. 22. In seiner Kritik der Korrespondenztheorie stützt sich Bren-

Die zweite obengenannte Schwierigkeit hält Meinong für die wichtigste. Daraus, dass wir niemals im Stande sind, den Urteilsinhalt mit der Wirklichkeit zu vergleichen, scheint es zu folgen, dass die Wahrheit unseres Ausgangsurteils unerkannt und unerkennbar bleibt. Ist also der korrespondenztheoretische Begriff der Wahrheit aufzugeben? Zunächst stellt Meinong nicht die Richtigkeit dieses Wahrheitsbegriffs infrage, sondern dessen Nützlichkeit: „Übereinstimmung oder Nicht-Übereinstimmung mit der Wirklichkeit kann ja, objektiv verstanden, sehr wohl auch da bestehen, wo wir außer Stand sind, zu deren Kenntnis zu gelangen. Was aber soll uns ein Wahrheitsbegriff, der es mit sich bringt, dass die Wahrheit oder Fahlscheit aller oder doch der meisten Urteile uns ein für allemal unerkennbar bleibt?" (Karton XI/e). Meinong zieht somit einen Unterschied zwischen „objektiver Wahrheit" und „erkennbarer Wahrheit", der nichts weiter ist als der Unterschied zwischen Wahrheitsdefinition und Wahrheitskriterium. Solchem Unterschied gemäß genügt ja die objektive Wahrheit, um ein Urteil zu einer Erkenntnis zu machen; ein zweites Urteil darüber, dass dieses Urteil Erkenntnis oder dass es wahr ist, ist es nicht erforderlich, noch weniger ein drittes oder unendlich viele. Können wir aber im eigentlichen Sinne erkennen, wenn wir nicht wissen, ob das betreffende Urteil wahr ist oder nicht? So Meinong: „Wie berührt, geht aller Erkenntnistheorie Zuversicht darauf voran, dass es Erkenntnis gibt. Aber [...] gäbe es nicht auch Fälle, in denen feststeht, dass sie Erkenntnisse sind, so wäre jene allgemeine Zuversicht wertlos: ich wüsste, dass ich erkennen kann, aber nicht, *wann* ich erkenne. Erkenntnis muss also nicht nur wirklich sein, sondern sie muss als solche auch erkennbar sein, wenn nicht immer, so doch unter günstigen Umständen" (Karton IV/b). Wir brauchen daher in der Definition der Erkenntnis als wahres Urteil einen Moment, der der Feststellung zugänglich ist, sonst haben wir nur objektive Wahrheit zum einen und subjektives Glauben, dass unser Urteil auch wahr ist, zum andern. Die Wahrheit im Sinne der Übereinstimmung muss nicht in allen Fällen dem Bereich des Erkennbaren entrückt bleiben, wenn

---

tano, wie bekannt ist, auf die These des „Reismus", demgemäß können wir uns in unseren psychischen Prozessen stets nur auf Dinge beziehen, d.h. auf Realwesen im aristotelischen Sinne. Aus dieser Lehre zieht er dann die ontologische Konsequenz, dass nur Dinge im eigentlichen Sinne sind.

wir mehr als Überzeugung der Wahrheit unserer Urteile fordern. Nun ist nach Meinong die Erkennbarkeit der Wahrheit ja möglich, allerdings unter der Voraussetzung, dass es Urteile gäbe, welche die Gewähr ihrer Wahrheit in sich tragen, d.h. Urteile, die ihrer Beschaffenheit nach für Übereinstimmung mit der Wirklichkeit garantieren. Solche Urteile wären also nicht nur wahr im subjektiven Sinn, sondern auch „verbürgt" oder „berechtigt" in ihrem Verhältnis zur Wahrheit.

Meinong findet solche Urteile, wie die neuere Erkenntnistheorie seit Descartes, in dem Gebiet der inneren Wahrnehmung. „Urteile wie ‚ich fühle Schmerz', ‚ich bin entschlossen, es zu tun', ‚ich bin davon überzeugt' u.dgl.m. bieten Beispiele einfachster Art für jene eigentümliche Vorzugsstellung, vermöge deren hier die Wahrheit gleichsam von innen heraus gegenüber jedem wie immer gearteten Zweifel gesichert ist" (Karton XI/e). Solche Urteile schließen nicht nur wie alle Urteile das Glauben an ihre Wahrheit in sich, sondern sind wahr „aus sich selbst und durch sich selbst", weil ihre Fähigkeit, die Wirklichkeit zu treffen, nicht bezweifelt werden kann. Wir haben ein sehr gebräuchliches Wort, um die Unerschütterlichkeit dieser Urteile gegenüber Einwendungen und insbesondere gegenüber dem Zweifel zu beschreiben: solche Urteile „leuchten ein", sie sind „evident".

Das Berechtigungsmoment, das in solchen Urteilen liegt, bildet nach Meinong die Bedingung, bei deren Vorliegen es gerechtfertigt ist zu behaupten, irgendein Urteil, das man für wahr hält, sei nicht bloß ein subjektives, persönliches Glauben, sondern eine Erkenntnis. Dazu ist es nicht ausreichend, wie wir bereits gesehen haben, die Definition der Wahrheit zu kennen. So Meinong: „Gerade daran merkt man deutlich, wie mir scheint, dass die eben als Verbürgtsein bezeichnete Bedingung, unter der die Wahrheit des Urteils sich als mehr denn subjektive Consequenz ergibt, etwas anderes ist als jene im Wahrheitsbegriffe liegende Übereinstimmung" (Karton XI/e). Mit anderen Wörtern, die Definition der Wahrheit kann nicht zum Wahrheitskriterium taugen.

6. Wahrheit und Berechtigung

Wie ist doch genau genommen die Natur der Berechtigung zu verstehen? Sie soll nach Meinong weder mit der Überzeugungsfestigkeit, d.h. mit der höchsten Intensität im Urteil, gleichgesetzt werden, noch mit dem Umstand, dass wir uns genötigt finden, einem bestimmten Urteilsinhalt zuzustimmen. In beiden Fällen wird ein psychologischer Tatbestand beschrieben, der keinen Platz in erkenntnistheoretischen Fragen hat. Das Wesen der Berechtigung soll nach Meinong in der Evidenz liegen: „jedes wirkliche evidente Urteil leistet an Berechtigung Alles, was man nur irgend verlangen könne, und zwar deshalb, weil die Evidenz für alle Rechtsansprüche aufzukommen vermag" (Karton XI/e). Die Evidenz bezeichnet jene Eigenschaft im Urteil, die keine nähere Bestimmung gestattet. Ihr Sinn lässt sich nur exemplarisch, anhand von Beispielen, verdeutlichen. Man kann nur behaupten, dass sie den Urteilen einen ursprünglichen, weiter nicht zurückführbaren Wertvorzug sichert. Sie braucht als letzte Tatsache keinen Beweis: „Frage ‚warum?', falls damit Erkenntnisgrund gemeint, ist unnatürlich, weil Beantwortung derselben doch höchstens wieder zu einer Evidenz führen könnte"[20].

Unter diesen Umständen fragt sich nun Meinong, ob es der Übereinstimmungsbegriff mit der Wirklichkeit verdient, noch erhalten zu werden. Man könnte Wahrheit schlechtweg als Übereinstimmung mit berechtigten Urteilen verstehen, und Erkenntnis mit einem berechtigten Urteil identifizieren. Übrigens sprechen schon die negativen Urteile und die Urteile über das Nicht-Existierende deutlich dafür, dass in der Definition der Wahrheit das Berechtigungsmoment an Stelle des Übereinstimmungsbegriffs treten sollte. Solche Urteile können genauer gesagt nicht im Sinn der Adäquationstheorie wahr sein, denn es gibt nichts in der Wirklichkeit, die mit ihnen übereinstimmt. Sie können darum nur im Sinne der Berechtigung wahr sein. Die Bestimmung der Wahrheit mit Rekurs auf die Berechtigung hält Meinong also für sinnvoll.

---

[20] Vgl. Meinong (1888-1903), p. 43. Über die Evidenz als Merkmal, das nicht definiert werden kann, sondern sich lediglich exemplarisch zeigen lässt, vgl. auch Brentano (1930), p. 143.

Dieser Anspruch von Meinong ist der Punkt, an dem er Brentano am nächsten zu kommen scheint. Wie bekannt, setzt Brentano an die Stelle der von ihm abgelehnten Korrespondenztheorie eine Lehre, die Wahrheit auf Evidenz zurückführt. Um zu erklären, was das Wort „wahr" bedeutet, nimmt er den Ausgang von „evidenten" Urteilen, in denen jemand sich als einen etwas Erkennenden oder als einen richtig Urteilenden wahrnimmt und bei denen der Irrtum ausgeschlossen ist. So Brentano: „Wenn nun in diesem Sinn nicht von einer adaequatio rei et intellectus gesprochen werden kann, in welchem anderen könnte etwa das Wort gedeutet werden, um es annehmbarer zu machen? [...] Es läuft dies alles eigentlich auf nicht anderes hinaus als darauf, dass die Wahrheit dem Urteil des richtig Urteilenden zukommt, d.h. dem Urteil dessen, der urteilt, wie derjenige darüber urteilen würde, der mit Evidenz sein Urteil fällt; also der das behauptet, was auch der evident Urteilende behaupten würde"[21]. Die Korrespondenztheorie der Wahrheit erweist sich für Brentano als überflüssig, da die Wahrheit ohne Rekurs auf irgendeinen Vergleich mit der Wirklichkeit sichergestellt werden kann.

In den Vorlesungen über Erkenntnistheorie scheint Meinong derselben Ansicht zu sein. Er unterscheidet allerdings zwischen den Anforderungen theoretischer Strenge und den Bedürfnissen des täglichen Lebens. Den erstgenannten gemäß braucht man eine Modifikation des Wahrheitsbegriffs, d.h., man müsste sagen, ein Urteil ist wahr, weil es mit einem berechtigten Urteil übereinstimmt: „Noch deutlicher könnte man sagen: wahr ist ein Urteil, das so beschaffen ist, dass es unter günstigen Umständen mit den Eigentümlichkeiten eines berechtigten Urteils ausgestattet sein könnte" (Karton XI/e)[22]. Was die zweiten betrifft, bereitet doch der korrespondenztheoretische Wahrheitsbegriff keine Schwierigkeit. Ein solcher Begriff ist den praktischen Bedürfnissen ganz angepasst. Es gibt also keinen triftigen Grund, der Praxis eine Modifikation des Wahrheitsbe-

---

[21] Brentano (1930), p. 139; vgl. auch p. 140-143. Über den Wahrheitsbegriff von Brentano vgl. Kamitz (1983), p. 160-197.

[22] Vgl. dazu auch Meinong (1888-1903), p. 118: „Zunächst geht es, wie mir scheint, wirklich nicht an, in der Evidenz eine sozusagen indifferente Eigenschaft des Urteils zu sehen, aus der nur geschlossen werden könnte, dass das Urteil wahr ist. Vielmehr ist Wahrheit gar nicht anderes als die Übereinstimmung mit dem evidenten gewissen Urteile".

griffs aufzudrängen: „Man wird am besten dem ,vulgären' Denken seinen Wahrheitsbegriff belassen" (Karton IV/b).

In den nachfolgenden, publizierten Werken hält Meinong jedoch an dieser Wahrheitsauffassung nicht fest. Die Bestimmung der Wahrheit mit Rekurs auf die Berechtigung wird von ihm als untauglich aufgegeben. Der Wahrheitsbegriff, der für die Praxis ganz geeignet ist, bekommt auch eine theoretische Würdigung[23]. Was hat Meinong zu dieser Revision geführt?

Man kann behaupten, dass Meinongs endgültiger Wahrheitsbegriff auf der Entwicklung der Gegenstandstheorie beruht. Durch den Ausbau der Gegenstandstheorie werden die Schwierigkeiten der Übereinstimmungstheorie aufgehoben. Das Korrespondenzproblem wird in Verbindung mit der Erweiterung des Gegenstandsgebiets betrachtet, genauer in Verbindung mit der These, dass jedes psychische Erlebnis einen Gegenstand hat, gleichgültig, ob er existiert oder nicht, ob er ideal oder real ist. So behauptet Meinong in den Vorlesungen des Wintersemesters 1903/1904, kurz vor der Erscheinung des Werks *Über Gegenstandstheorie*: „So erhält man Bestimmung: das Urteil ist wahr, sofern es ein Wirkliches erfasst. [...] Aber eine Definition des wahren Urteils damit noch nicht gewonnen, weil auch Urteile über Nichtwirkliches sondern Ideales, sowie negative Urteile einzubeziehen. Wir sahen in obigen Beispielen, dass jede Erkenntnis auf einen Gegenstand geht, ihn erfasst, mag der Gegenstand übrigens real oder ideal sein. Es gilt nicht nur von Affirmationen, sondern auch Negationen, – nicht nur von wahren sondern auch falschen Urteilen. Ob dabei Gegenstandsgedanke nur durch Erweiterung

---

[23] Vgl. dazu Meinong (1906), p. 399: „Es handelt sich um die alte Frage: ,Was ist Wahrheit?'. Ohne Zweifel ist die nächste Antwort darauf die beste. Wenn ich urteile: ,im Garten vor meinem Fenster steht eine Esche, deren Stamm von einer kreisrunden Bank eingeschlossen wird', – so ist diese Urteil wahr, wenn Baum und Bank wirklich im Garten sind, oder genauer, wenn es Tatsache ist, dass der Baum und die Bank um ihn existieren". Vgl. auch Meinong (1910), p. 94: „Was aber hat das [...] Epitheton ,Wahrheit' zu bedeuten? Man bleibt mit dem gesunden Menschenverstand nicht minder als mit altehrwürdiger Tradition in bestem Einklang, wenn man antwortet: was einer behauptet, ist wahr, wenn es mit dem übereinstimmt, was ist, oder [...] mit dem, was tatsächlich ist".

seines ursprünglichen Sinnes anwendbar erhalten wird, davon später"
(Karton XII/a)[24].

Von nun an zeigt Meinongs Wahrheitstheorie keine Mehrdeutigkeit
mehr. Jetzt unterscheidet Meinong klar zwischen den Bedingungen, unter
denen man ein Urteil wahr nennen kann, und den Bedingungen, unter denen dasselbe als wahr erkannt werden kann. Das heißt, er unterscheidet
zwischen der Bedeutung der Wahrheit und dem unterscheidenden Merkmal, also dem Kriterium für die Wahrheit[25]. Wahr ist also ein Urteil genau
dann, wenn es behauptet, was der Fall ist, und Wahrheit ist so beschaffen,
dass sie sich nur durch die Evidenz kenntlich macht. Der Begriff des berechtigten, evidenten Urteils erscheint als eine weitere Bestimmung des
Begriffs des wahren Urteils. Meinong beruft sich eben auf diese Tatsache,
indem er zwischen äußerer und innerer Charakteristik der Erkenntnis unterscheidet. Wahrheit für sich allein ist Meinong zufolge zu äußerlich, um
ein Urteil zur Erkenntnis zu machen. „Erkenntnis ist Urteilen, das nicht
nur äußerlich, sondern auch innerlich wahr ist" (Karton XII/a). Das Be-
dürfnis einer Charakteristik von innen heraus wird also durch die Berechtigung erfüllt.[26].

---

[24] Die Erweiterung des Gegenstandsgebiets wird schon in Meinong (1899) ge-
      macht. Vgl. p. 382: „Nichts ist gewöhnlicher, als etwas vorzustellen oder über
      etwas urteilen, was nicht existiert. Es kann mit dieser Nicht-Existenz ziemlich
      verschieden bewandt sein". Die unmöglichen Gegenstände wie der runde Vier-
      eck, die tatsächlich nicht-existierenden Gegenstände wie der goldene Berg, die
      idealen Gegenstände wie die Verschiedenheit zwischen Rot und Grün sind alle
      Beispiele von Nicht-Existenz.

[25] Die Frage, wie man die Korrespondenz zwischen Denken und Wirklichkeit fest-
      stellen kann, ist eine epistemische, erkenntnistheoretische Frage. Die Angabe
      der Bedingungen für korrespondenztheoretische Wahrheit ist eine semantische
      oder metaphysische Aufgabe: vgl. dazu Brendel (1999), p. 28-29. Vgl. vor allem
      den ausführlich dargestellten Unterschied zwischen epistemischer (anti-
      realistischer) und nicht-epistemischer (realistischer) Wahrheitsauffassung in
      Künne (1998), p. 116-171.

[26] Denselben Gedanken verkündet Meinong in Meinong (1906), p. 34-35: „Nicht
      das bloß äußerlich wahre, sondern nur das innerlich wahre, d.h. das evidente Ur-
      teile hat Anspruch darauf, im eigentlichen Sinne für Erkenntnis zu gelten". Mei-
      nong hält an der eben besprochenen Idee bis zum Tod fest: „Wahrheit ohne Evi-
      denz bedeutet für den Urteilenden den Tatbestand äußerer, Wahrheit mit Evidenz
      zugleich den innerer Berechtigung": vgl. Meinong (1921), p. 27.

7. Die Grade der Rechtfertigung

Meinong kommt allmählich zu immer tieferen und wesenhafteren Einsichten in den Rechfertigungsbegriff; das impliziert eine Modifizierung seiner frühen Auffassung. Er stellt damit die Korrespondenztheorie der Wahrheit überhaupt nicht infrage, trotzdem betrachtet den Wahrheitsbezug nicht mehr als charakteristisch für die epistemische Rechtfertigung. Durch die Analyse des Evidenzbegriffs stellt Meinong in der Tat fest, dass die Rechtfertigungsfrage von der Wahrheitsfrage in bestimmten Grenzen unabhängig ist. Was wir faktisch rechtfertigen können, d.h. was wir mit Evidenz urteilen, muss deswegen noch nicht wahr sein. Viele Menschen waren in den Vergangenheit nach dem jeweiligen Stand der Erkenntnis dazu berechtigt, etwas zu behaupten, was sich dann als falsch herausstellte: man denke nur an das ptolemäische Weltbild. Der Begriff der Erkenntnis muss sich daher auf den der Berechtigung stützen, ohne den Wahrheitsbegriff in der Definition einzubeziehen, sagt Meinong. Das Wahrheitsmoment ist aus der Erkenntnisdefinition deshalb zu eliminieren, weil es unrichtig ist: „Erkenntnis bedeutet dann nichts weiter als kurzweg ein berechtigtes Urteil" (Karton XI/e). So wie es wahre Urteile geben kann, die unberechtigt sind, so auch berechtigte Urteile, die falsch sind.

Somit kommt Meinong zum Bruch mit der Tradition, die eine Meinung nur als Wissen gelten lässt, wenn sie alle Möglichkeit des Irrtums ausschließt. Er verarbeitet diese „neue" Bedeutung von Berechtigung, so berichtet er, „im Hinblick auf Tatsachen, welche freilich ausreichend weit abliegen von der bisherigen Tradition logischer und erkenntnistheoretischer Forschung" (Karton XI/e). Die alltägliche Erfahrung lehrt uns denn, dass unsere Urteile mit ganz verschiedenen Rechtsansprüchen auftreten. Das Glauben, dass der nächste Wurf mehr als 1 ergeben wird, ist offensichtlich ganz anders berechtigt als die Hoffnung des Hasardspielers. Erwartet jemand ein Naturereignis auf Grund von Beobachtungen, so ist er dazu berechtigter als irgendeiner, der dasselbe auf Grund einer Vorhersage aus den Karten erwartet. Solche Urteile zeigen sich überdies nicht so berechtigt, wie die Urteile, die jemand unter Umständen über seinen gegenwärtigen Kopfschmerz sowie über das Verschiedensein von zwei Farben fällt. Was haben dann die einen Meinungen vor den anderen voraus? Die

letzten tragen in sich die Eigenschaft der unfehlbaren Gewissheit, die jeden Zweifel von vornherein ausschließt, die anderen sind mit einem Mehr
oder Weniger von Ungewissheit behaftet, die gegen Täuschung nicht ver-
sichert werden kann. Dieser Zustand wird nach Meinong am besten bei
Gedächtnisurteilen offenbar: „Nichts ist alltäglicher, als seinen Erinnerungen, innerhalb gewissen Grenzen wenigstens, zu misstrauen, wenn
man darum nicht aufhört, sich durch dieselben leiten zu lassen; man
schlägt also, was das Gedächtnis bietet, keineswegs in den Wind, aber
man baut auch nicht darauf mit jener Zuversicht, welche alle Irrtums-
chancen ausschließt"[27]. Es soll daher eine Variabilität im Urteil anerkannt
werden, genauer eine Variabilität in der Intensität des Urteils, die sich
vom gewissen Ja und Nein aus bis zu größerer Ungewissheit ausdehnt.
Das Wichtigste ist, dass eine solche Variabilität mit dem Berechtigungsmoment ganz kompatibel ist. Gelte das Berechtigungsmoment nicht auch
auf dem Gebiet des Ungewissen, so müssten wir auf alles Erfahrungswis-
sen verzichten und die ungewissen Urteile als blinde betrachten, die sich
nur praktisch bewähren, sagt Meinong. Damit auch diese Urteile Wissensanspruch erheben können, muss man den einheitlichen Charakter der
Berechtigung aufgeben und Grade in der Evidenz zulassen. Nicht: „Etwas
ist entweder in sich evident oder nicht", sondern: „Die Evidenz ist ein
Kontinuum, dessen Punkte nicht den gleichen erkenntnistheoretischen
Wert besitzen" – der letzte Satz ist die richtige Beschreibung des Berech-
tigungsmoments[28]. Da die ungewissen Urteile auch Vermutungen genannt
werden, kann man dabei von „Evidenz für Vermutung" sprechen.

Können nun die Grade der Berechtigung durch Berufung auf das
Wahrheitsmoment erklärt werden? Für Meinong ist das sinnlos. Im Allgemein werden ja Vermutungen auf ihre Berechtigung geprüft, lange bevor die Wirklichkeit vorliegt, die als Prüfstein fungieren könnte. Die Evidenz ist den Urteilen immanent: „im einzelnen Urteil selbst liegt dessen

---

[27]   Meinong (1886), p. 197.

[28]   Vgl. dazu Meinong (1888-1903), p. 118-119. Dass die Evidenz durch ihre Ge-
       wissheit keine Grade zulässt und alle Urteile, die nicht evident sind, für blind
       und instinktiv zu halten sind, ist bekanntlich die Lehre von Brentano: vgl. dazu
       Brentano (1956), p. 111, 144-154, 157-162. Vgl. auch Brentano (1930), p. 69.

ganze Garantie", sagt Meinong[29]. Wichtiger ist aber, dass sich die Vermutungen mit der Wahrheit in Konflikt befinden können, ohne darum ihre erkenntnistheoretische Geltung zu verlieren. Die Verifikation einer Vermutung kann ja misslingen, wie z. B. die Verifikation der oben genannten Vermutung über den nächsten Wurf missglückt, falls der erste Wurf doch 1 ergibt. Trotzdem bleibt solche Vermutung in ihrer Berechtigung durchaus unverändert. Man kann nicht im Einzelfall behaupten, jene Vermutungen sind deshalb berechtigter als andere, weil die einen der Wirklichkeit entsprechen, die anderen nicht, indem dort das Vermutete diesmal eintrifft, hier nicht. Das Moment, das die ungewissen gegenüber den gewissen Urteilen kennzeichnet, zeigt sich eben darin, „dass Berechtigung der Vermutung und Ausbleiben des Vermuteten in keiner Weise unverträglich ist; nur eine Vermutungsevidenz kann bestehen, auch wenn die Wirklichkeit gleichsam die Zustimmung versagt"[30]. Es muss also auch auch Erkenntnisse geben können, die falsch sind.

Meinong ist der Schwierigkeit bewusst, die der modifizierte Evidenzbegriff mit sich bringt. „Das sind Unzukömmlichkeiten, über deren Gewicht man sich keine Täuschung hingeben darf: es ist dem natürlichen Sprachgebrauch fremd, von ungewisser Erkenntnis zu reden, noch fremder, etwas zugleich Erkenntnis und falsch zu nennen. Vermag unsere Erkenntnis-Definition die Last solcher Unzukömmlichkeiten zu tragen?" (Karton XI/e). Die Antwort lautet für Meinong natürlich bejahend: Die Erkenntnistheorie muss es vermögen, diese Last zu tragen. Aufgabe der Erkenntnistheorie ist es, die Unzukömmlichkeiten und Unvollkommenheiten, die in den normalen Betätigungen des menschlichen Verstandes liegen, zu berücksichtigen und zu erklären. Man kann nicht die Unvollkommenheiten dadurch aus der Welt schaffen, dass man sie ignoriert. Die neuzeitliche Erkenntnistheorie, mit ihrem Streben nach absoluter, unbezweifelbarer Gewissheit, hat doch den Tatbestand der Vermutungen ganz vernachlässigt. Das klassische Erkenntnisideal, indem es an das Wissen die Anforderungen der Begründung und der Gewissheit stellt, betrachtet die ungewissen Urteile, (z.B. die Gedächtnisurteile oder die Voraussichten) als Urteile zweiter Güte, bei denen es sich nicht wirklich aufzuhalten

---

[29] Meinong (1886), p. 207

lohnt. Dieses Ideal, das von Descartes bis in die Gegenwart nachwirkt, beruht nach Meinong auf einer falschen Identifikation von Begründung und Gewissheit, d.h. auf dem Anspruch, dass nur die unbezweifelbaren Urteile die Grundlagen der Erkenntnis bilden können. Aber Evidenz, worin die Begründung unserer Urteile besteht, ist nach Meinong etwas anderes als Gewissheit. Die alltägliche Erfahrung lehrt uns gerade, dass nicht jeder Fall von Gewissheit auch einen Fall von Evidenz darstellt. Die Dogmen des Konfessionsgläubigen sind wohl gewiss, doch meist nicht evident; ihre Gewissheit muss dadurch gar nicht berührt werden, dass die zu ihrer Evidenz unerlässlichen Beweisgründe dem Gläubigen niemals bekannt werden. Die Formel, die der Mathematiker ins Gedächtnis aufgenommen hat, sind für ihn völlig gewiss, obwohl die Beweisgründe zu ihrer Evidenz vergessen worden sind. Die Gerüchte werden unumstößliche Gewissheit dem „Klatschschuft", auch die Vorurteile des täglichen Lebens; sie sind aber nicht von Evidenz begleitet (vgl. Karton IV/b). Daraus kann man mit Meinong schließen, dass Evidenz nicht mit dem Zustand der unerschütterten, vom Zweifel freien Gewissheit zu verwechseln ist: „Es ist ausser Frage [...], dass Evidenz und Gewissheit nicht ein Ding sind"[31]. Auch beim Ungewissen kann sich die Evidenz also zur Geltung kommen. Auch Urteile, die sich als irrig herausstellen könnten, sind doch echtes Wissen.

Wie bekannt, kommt Meinong zu einer immer tieferen Einsicht in den Begriff der Vermutungsevidenz und der Erkenntnis überhaupt im späteren, großen Werk *Über Möglichkeit und Wahrscheinlichkeit*. Dort bekommt Meinongs Erkenntnistheorie ihre endgültige Fassung. Der Ansatz zu einer einheitlichen Erkenntnislehre lässt sich aber deutlich in den frühen Schriften aus dem Nachlass erkennen[32].

Marina Manotta
Università Bologna
marina.manotta@libero.it

---

[30]   Ebda, p. 208.
[31]   Meinong (1886), p. 196.
[32]   Für kritische Hinweise danke ich Johann C. Marek, Venanzio Raspa und Heiner Rutte.

Literatur

Bieri Peter (1987), *Generelle Einführung*, in Peter Bieri (ed.) *Analytische Philosophie der Erkenntnis*, Frankfurt am Main 1987, pp. 9-71.

Brendel Elke (1999), *Wahrheit und Wissen*, Paderborn, 1999.

Brentano Franz (1930), *Wahrheit und Evidenz*, Hamburg, 1930.

Brentano Franz (1956), *Die Lehre vom richtigen Urteil*, Bern, 1956.

Chisholm Roderick M. (1957), *Perceiving: a Philosophical Study*, Ithaca, New York, 1957.

Chisholm Roderick M. (1979), *Erkenntnistheorie*, [translator Rudolf Haller], 2nd ed., München, 1979.

Gettier Edmund (1963), "Ist Justified, True Belief Knowledge?", in *Analysis* 23, 1963, pp. 121-123.

Grundmann Thomas (2003), *Die traditionelle Erkenntnistheorie und ihrer Herausforderer*, in Thomas Grundmann ed., *Erkenntnistheorie. Positionen zwischen Tradition und Gegenwart*, Paderborn, 2003, pp. 9-29.

Höfler Alois, Meinong Alexius (1890), *Logik*, Prag-Wien-Leipzig, 1890.

Kamitz Reinhard (1983), *Franz Brentano: Wahrheit und Evidenz*, in Speck Josef ed., *Grundprobleme der großen Philosophen. Philosophie der Neuzeit, III*, Göttingen, 1983, pp. 160-197.

Kindinger Rudolf (1952), *Das Problem der unvollkommenen Erkenntnisleistung in der Meinongschen Wahrnehmungslehre*, in Konstantin Radakovic, Amadeo Silva Tarouca, Ferdinand Weinhandl eds., *Meinong Gedenkschrift*, Graz, 1952, pp. 41-66.

Künne Wolfgang.(1998), *Wahrheit*, in Ekkehard Martens, Herbert Schnädelbach eds., *Philosophie. Ein Grundkurs*, Hamburg, Bd. I, 1998.

Marek Johann C. (2001), *Roderick M. Chisholm. Phänomenologische und analytische Philosophie*, in Thomas Binder, Reinhard Fabian, Ulf Höfer, Jutta Valent eds., *Bausteine zu einer Geschichte der Philosophie an der Universität Graz* (= *Studien zur österreichischen Philosophie*, Bd. 33), Amsterdam-New York, pp. 487-519.

Meinong Alexius (1968-1978), *Meinong Gesamtausgabe*, 7 Bände und ein Ergänzungsband, ed. by R.M. Chisholm, R. Haller, R. Kindinger, Graz, 1968-1978 *(GA)*.

Meinong Alexius (1885), *Über philosophische Wissenschaft und ihre Propädeutik*, 1885, in *GA*, Bd. V, pp. 1-195.

Meinong Alexius (1886), *Zur erkenntnistheoretischen Würdigung des Gedächtnisses*, 1886, in *GA*, Bd. II, pp. 185-213.

Meinong Alexius (1894), *Psychologisch-ethische Untersuchungen zur Wert-Theorie*, 1894, in *GA*, Bd. III, pp. 1-244.

Meinong Alexius (1899), *Über Gegenstände höherer Ordnung und deren Verhältnis zur inneren Wahrnehmung*, 1899, in *GA*, Bd. II, pp. 377-480.

Meinong Alexius (1888-1903), *Sach-Index zur Logik und Erkenntnistheorie*, Karton X/a-b (1888-1903) aus dem Nachlass, in *GA, Ergänzungsband. Kolleghefte und Fragmente*, pp. 25-128.

Meinong Alexius (1902), *Über Annahmen*, 1902, in *GA*, Bd. IV, pp. 365-489.

Meinong Alexius (1904), *Über Gegenstandstheorie*, 1904, in *GA*, Bd. II, pp. 481-535.

Meinong Alexius (1906), *Über die Erfahrungsgrundlagen unseres Wissens*, 1906, in *GA*, Bd. V, pp. 367-481.

Meinong Alexius (1907), *Über die Stellung der Gegenstandstheorie im System der Wissenschaften*, 1907, in *GA*, Bd. V, pp. 199-365.

Meinong Alexius (1921), *Selbstdarstellung*, 1921, in *GA*, Bd. VII, pp. 1-62.

Meinong Alexius (1965), *Philosophenbriefe*, Graz, 1965.

Meinong-Nachlass: Karton XI/e, „Elemente der Erkenntnistheorie" (Wintersemester 1890-91).
Karton IV/b, „Über Erkenntnistheorie" (Wintersemester 1895-96)
Karton XII/a „Zweites Erkenntnistheorie-Kolleg" (1903-04).

Rorty Richard (1979), *Philosophy and the Mirror of Natur*, Princeton, 1979.

Routley Richard (1979), „The Theory of Objects as Commonsense", in *Grazer Philosophische Studien*, 9, 1979, pp. 1-21.

Schnädelbach Herbert (2002), *Erkenntnistheorie. Zur Einführung*, Hamburg, 2002.

PHANTASIE, PHANTASIEERLEBNISSE UND VORSTELLUNGSPRODUKTION BEI MEINONG

Venanzio Raspa[*]

Zusammenfassung

Meinongs Untersuchungen über Phantasie, Phantasieerlebnisse und Vorstellungsproduktion sind ein wichtiger Bestandteil seiner Konzeption des Fiktiven. Nach Meinong verweist die Phantasie auf ihr Korrelat, das er in *Phantasie-Vorstellung und Phantasie* (1889) mit den Phantasievorstellungen identifiziert. Solche Vorstellungen sind, da sie produziert werden, nicht einfach, sondern aus mehreren, miteinander in Beziehung gesetzten Elementen zusammengesetzt. Zur Erklärung, wie Phantasievorstellungen produziert werden, entwickelt Meinong die Theorie der Vorstellungsproduktion. Bei der Entwicklung dieser Theorie stellt der Essay *Über Gegenstände höherer Ordnung* (1899) eine wichtige Etappe dar. Diese Lehre bedeutet einerseits eine Vertiefung der Relationstheorie und andrerseits bietet die Bearbeitung des Begriffs der Fundierung die Erklärung, wie sich Superiora auf Inferiora aufbauen. Das psychologische Genstück der Fundierung ist die Vorstellungsproduktion, insofern diese erklärt, wie die Vorstellung eines Gegenstandes höherer Ordnung aus Vorstellungen von Gegenständen niedrigerer Ordnung hervorgeht. Die weitere Entwicklung von Meinongs Denken in *Über Annahmen* (1902, [2]1910) führt zur Erweiterung des Tätigkeitsbereichs der Phantasie auf das ganze psychische Leben sowohl durch die Entdeckung einer Art psychischer Erlebnisse in den Annahmen, die im Bereich des Denkens eine ähnliche Rolle spielen wie die Phantasievorstellungen im Bereich des Vorstellens, als auch durch die Entdeckung von Phantasiekorrelaten für Gefühle und Begehrungen, so daß die Phantasie das Unterscheidungskriterium innerhalb der Erlebnisse wird. Eine reichhaltige Forschungsperspektive öffnet die Betrachtung der ernstartigen und schattenhaften Phantasieerlebnisse in *Über emotionale Präsentation* (1917).

---

[*]   In dieser Arbeit ist teilweise Material überarbeitet, das schon in „Fantasia e prodotti di fantasia in Meinong" (in *Imago in phantasia depicta. Studi sulla teoria dell'immaginazione*, hrsg. von L. Formigari, G. Casertano und I. Cubeddu, Roma 1999, S. 339-358) veröffentlicht worden ist.

1. Einleitendes

In den letzen Jahrzehnten ist eines der wissenschaftlichen Gebiete, in dem die Gegenstandstheorie am meisten Anwendung gefunden hat, oder wenigstens diskutiert worden ist, die Semantik und Ontologie der Erzählrede. Für solche Untersuchungen bietet Meinongs Theorie des sprachlichen Zeichens einen guten Ausgangspunkt, da sie die zwei Gleise, in denen sich die Meinongsche Forschung bewegt, deutlich zeigt und vereinigt: jenes des Subjekts, und damit der psychischen Erlebnisse und deren Inhalte, und jenes des Gegenstands.

Meinongs Semiotik[1] schließt drei Elemente ein: sprachliche Ausdrükke, psychische Erlebnisse und extrapsychische Gegenstände, unter denen die drei Relationen des Ausdrückens, Präsentierens und Bedeutens bestehen. Die sprachlichen Zeichen, d. h. Worte und Sätze, *drücken* Erlebnisse *aus*, und zwar Vorstellungen bzw. Gedanken (Urteile oder Annahmen); beide *bedeuten* Gegenstände: die der Vorstellungen nennt Meinong (wie allgemein bekannt) ‚Objekte‘, die der Urteile und Annahmen ‚Objektive‘. Demnach sind Bedeutungen stets Gegenstände, und zwar entweder Objekte oder Objektive. Die Gegenstände sind aber unabhängig davon, ob sie durch Erlebnisse erfaßt werden oder nicht, sie werden deshalb nur insofern Bedeutungen, als sie von den entsprechenden psychischen Erlebnissen *präsentiert* werden. Präsentieren heißt, daß ein Erlebnis dem Denken einen Gegenstand darbietet[2].

Daraus ergibt sich, daß literarische Texte, insofern sie aus Reden bestehen, die in ihren Mikrostrukturen von Worten und Sätzen ausgemacht werden, Erlebnisse ausdrücken und Gegenstände bedeuten. Diese sind

---

[1] Diese ist im zweiten Kapitel der ersten Auflage von *Über Annahmen* (1902) dargestellt und in der zweiten Auflage überarbeitet worden. Meinong bezieht sich noch 1917 auf sie, obwohl diese Theorie durch die Einführung von der Lehre der unvollständigen Gegenstände und von der Unterscheidung zwischen psychischem und logischem Inhalt komplexer geworden ist. Mit Ausnahme von *Über Annahmen* (1902) werden die Werke Meinongs nach der *Alexius Meinong Gesamtausgabe* (1968-1978) zitiert.

[2] Mit Meinongs Zeichentheorie, die hier sehr skizzenhaft dargestellt worden ist, beschäftige ich mich in Raspa (2001), S. 58-63. Vgl. auch Morscher (1973), Dölling (1998).

meist fiktional, wobei sie als Unterklasse der fiktiven Gegenstände verstanden werden, und zwar als jene, die in Erzähltexten vorkommen. Ich
sage ‚meist‘, weil es sich um eine Mannigfaltigkeit von Gegenständen
handelt, sowohl was die Vielfältigkeit als auch was die Abstufung betrifft.
Diese Gegenstände werden von Erlebnissen präsentiert, deren Eigenschaften gewissermaßen in Entsprechung zu jenen von den Gegenständen
stehen; ein fiktionaler Gegenstand wird dabei von einem Phantasieerleb-
nis präsentiert.

Ein Hauptunterschied zwischen fiktiven und wirklichen Gegenständen besteht darin, daß diese *vorgegeben*, jene *hergestellt* sind. Das ergibt
sich auch aus der etymologischen Bedeutung des Worts ‚fiktiv‘[3], das ‚ge-
formt, erschaffen, erfunden‘ bedeutet. Nachdem der Gegenstand erfunden
worden ist, gibt es ihn, eine gewisse Art von Gegenstand, aber zugleich
gibt es das Subjekt – oder hat es wenigstens gegeben –, das ihn produziert
hat, und also die Herstelleraktivität. Neben die gegenständliche Untersuchung, die sich mit der Struktur des Gegenstandes beschäftigt, tritt die
psychologische, die untersucht, wie der Gegenstand produziert worden
ist, wie er zum Sein gelangt ist.

Ohne Zweifel sind die Geschichten – mit allem, was sie beinhalten
(Figuren, Tatsachen, Ereignissen) – das Produkt schöpferischer Tätigkeit
bzw. dichterischer Phantasie des Schriftstellers. Nun hat Meinong eine
beachtliche Anzahl von Seiten seines eigenen Werks der Studie der Phantasie, der Phantasievorstellungen bzw. -erlebnisse und der Vorstellungsproduktion gewidmet. Damit möchten wir uns im Folgenden ohne Anspruch auf eine erschöpfende Untersuchung prinzipiell befassen, um einen Argumentationsgang im Werk Meinongs nachzuvollziehen.

2. Wovon die Rede sein wird

Fangen wir mit dem Begriff der Phantasie an, durch den auch der Weg zur
Betrachtung der anderen Begriffe geöffnet werden kann. Meinongs Überlegung orientiert sich an zwei Hauptfragen: wie handelt die Phantasie und

---

[3]   Aus dem lateinischen ‘ficticius’, das aus ‘fictus’ kommt, Partizip Perfekt von
‘fingere’.

was sind die Phantasieprodukte. Auf diese Fragen versucht er zuerst in
Phantasie-Vorstellung und Phantasie (1889) zu antworten, einer Arbeit
aus seiner psychologistischen oder vorgegenstandstheoretischen Zeit, in
der die Phantasie als die psychische Tätigkeit verstanden wird, die neue
Vorstellungen produziert, insofern sie das vielfältige Material der Vorstellungen, die aus der Wahrnehmung kommen, zueinander in Beziehung
setzt. Um diesen Phantasiebegriff zu bearbeiten, vereinigt Meinong die in
den *Hume-Studien II* (1882) entwickelte Relations- mit der in *Über Begriff und Eigenschaften der Empfindung* (1888/89) dargestellten Vorstel-
lungstheorie. Später erlauben ihm neue Faktoren, die Theorie über die Tätigkeit der Phantasie zu präzisieren und zu erweitern: er entwickelt diese
einerseits, was die Vertiefung der Relationstheorie und die Entdeckung
der Gegenstände höherer Ordnung angeht, in *Über Gegenstände höherer
Ordnung und deren Verhältnis zur inneren Wahrnehmung* (1899) und andererseits, was die Identifizierung der Annahmen mit einer Sorte von psychischen Erlebnissen betrifft, die einer Zwischenregion zwischen Vorstellungen und Urteilen angehören, in *Über Annahmen* (1902, ²1910). Die
Lehre von den Gegenständen höherer Ordnung, die durch den Begriff der
Fundierung eine Erklärung dafür bietet, wie sich Superiora auf Inferiora
aufbauen, stellt eine wichtige Etappe bei der Entwicklung der Theorie der
Vorstellungsproduktion dar, die eigentlich das psychologische Gegenstück
der Fundierung ist, insofern sie erklärt, wie die Vorstellung eines Gegenstandes höherer Ordnung aus Vorstellungen von Gegenständen niedrigerer
Ordnung entsteht. Was die Annahmen betrifft, werden sie in bezug auf die
Urteile zu dem, was die Phantasievorstellungen in bezug auf die Wahrnehmungsvorstellungen sind. Außerdem erweitert Meinong durch die
Entdeckung des Phantasiekorrelats – sowohl der intellektuellen psychischen Erlebnisse (Vorstellungen und Urteile) als auch der emotionalen
(Gefühle und Begehrungen) – den Tätigkeitsbereich der Phantasie auf das
ganze psychische Leben und macht sie zum Unterscheidungskriterium
innerhalb der verschiedenen psychischen Erlebnisse. Die Meinongsche
Reflexion über die Phantasie entsteht dabei im Rahmen der psychologischen Forschung, dehnt sich auf die Ontologie aus und findet letztlich eine ästhetische Anwendung, die, was die literarischen Fiktionen betrifft,
besonders fruchtbar ist. Gehen wir schrittweise vor.

3. Über Phantasie und Phantasievorstellungen

Der erste Schritt in unserer Argumentation bezieht sich auf den oben erwähnten Artikel *Phantasie-Vorstellung und Phantasie*. Während die späteren Arbeiten Meinongs die Phantasie in breiteren und allgemeineren
Kontexten betrachten, versucht dieser Artikel ganz ausführlich die Bedeutung der Worte ‚Phantasie' und ‚Phantasievorstellung' klar zu stellen[4];
hierin tritt auch der Begriff der Vorstellungsproduktion auf, wenn auch in
einem noch embryonalen Stadium. Nach Meinong ist die Phantasie ein
Dispositionsbegriff, der wie alle anderen derartigen Begriffe in bezug auf
ein Korrelat bestimmt ist. Es wird in dieser Periode in den Vorstellungen
ausgemacht, während Gedanken, Gefühle und Begehrungen nicht behandelt werden.

> In den *Phantasievorstellungen* (behauptet Meinong) dürfen wir
> also das Korrelat vermuten, durch dessen psychologische Präzisie-
> rung wir auch dem Wesen der Phantasie am nächsten kommen könn-
> ten.[5]

So beginnt Meinongs Untersuchung der Phantasie mit einer Betrachtung
der Vorstellungen.

   In *Über Begriff und Eigenschaften der Empfindung* unterscheidet
Meinong zwischen Wahrnehmungs- und Phantasievorstellungen[6]: jene

---

[4]   Im Meinong-Nachlaß befindet sich ein zwanzig Seiten langes undatiertes Fragment mit dem Titel *Über Phantasie* (Karton VIII/d); aus den internen Verweisen
(auf einen Artikel von 1888) und den behaupteten Thesen (z.B.: „den Phantasie-
Vorstellungen muß die Möglichkeit offen gelassen werden, die Intensität der
Wahrnehmungsvorstellung zu erreichen") schließt man, daß es aus der Zeit nach
1888 und vor 1894 stammt. Kurze Bemerkungen über Einbildungsvorstellung
und Phantasie befinden sich auch im Fragment *Sach-Index zur Psychologie*
(Karton XIII/c).

[5]   Meinong (1889), S. 198.

[6]   Vgl. Meinong (1988/89), S. 138 ff. und *passim*. Eigentlich zieht Meinong hier
vor, von Einbildungsvorstellungen zu sprechen, so daß er zwischen ‚Phantasie-
vorstellung', von der man einen weiten Gebrauch macht, und ‚Einbildungsvorstellung', die einen engeren Sinn hätte, unterscheidet (vgl. auch [1889], S. 195).
Trotzdem wird Meinong in der ersten Auflage von *Über Annahmen* (1902), S.
286, die Gedankengänge, die er vorher gegen die Anwendung des Ausdrucks

kommen von der inneren oder äußeren Wahrnehmung, diese sind das Produkt der Phantasie. Eine solche Definition ist aber kaum mehr als eine
Tautologie. Da Meinong das weiß, und auch, daß eine Wahrnehmungs-
und eine Phantasievorstellung denselben Inhalt haben können, unterscheidet er beide folgendermaßen:

> Einbildungsvorstellungen sind gegenüber sonst inhaltsgleichen
> Wahrnehmungsvorstellungen charakterisiert durch die geringere In-
> tensität ihres Inhalts.[7]

Der zwischen diesen beiden Sorten von Vorstellungen bestehende Unterschied wäre dann ein quantitativer[8]. Diese Auffassung wird später von
Meinong aufgegeben: die Differenz zwischen Wahrnehmungs- und Phantasievorstellungen ist nach den *Beiträgen zur Theorie der psychischen
Analyse* (1894) nicht quantitativ, sondern qualitativ, weil das direkte Verhältnis zur Empirie, das jene im Unterschied zu diesen haben, nicht gestattet, sie als gesteigerte Phantasievorstellungen zu verstehen[9]. Überdies
wird es notwendig, in bezug auf komplexe Vorstellungen wie z.B. die von
‚mehreren Äpfel‘ etwas anderes zu den einzelnen Gliedern hinzufügen,
und zwar die Vorstellung ‚Mehrheit‘, die sicher keiner Intensitätsvariation
untersteht[10]; was nicht ausschließt, daß der Inhalt beider Vorstellungen
derselbe sein könnte und daß es trotzdem einen Unterschied zwischen
dem Wahrnehmen mehrerer Äpfel und dem Denken an sie gibt. Das führt
zu der Behauptung, die später besser formuliert wird, daß der Unterschied
qualitativ ist und den Akt betrifft[11].

Hier haben wir, wenn auch nur ganz flüchtig, einen Kernpunkt von
Meinongs Denken berührt. Ich meine den Begriff der Steigerungsfähig-

---

      ‚Phantasievorstellung‘ angeführt hatte, als wertlos einschätzen und er führt ihn
      wieder ein (vgl. auch Meinong [²1910], S. 376, 383). Um Mißverständnisse zu
      vermeiden, werde ich im Folgenden nur von ‚Phantasievorstellungen‘ sprechen.
[7]   Meinong (1888/89), S. 155. In dieser Periode hat Meinong zwischen Inhalt und
      Gegenstand noch nicht scharf unterschieden.
[8]   Vgl. Meinong (1888/89), S. 163 ff.
[9]   Vgl. Meinong (1894), S. 340 und Anm. 1; vgl. auch (1906b), S. 500.
[10] Vgl. Meinong (1894), S. 332. Später werden wir sehen, daß Meinong Vorstel-
      lungen solcher Art ‚ideale Gegenstände‘ nennt.
[11] Vgl. Meinong (²1910), S. 378; (1917), S. 114.

keit oder Variabilität, den Meinong in unterschiedlicher Weise auf die
Analyse sowohl der psychischen als auch der gegenständlichen Korrelate
von Worten und Sätzen anwendet. Im Gegensatz zu dem, was als das letzte Ergebnis des vorher Gesagten erscheint, und zwar die Ausschließung
von quantitativen, den Inhalt betreffenden Intensitätsverschiedenheiten
von Wahrnehmungs- und Phantasievorstellung, die auch die Ausschließung des Steigerungsfähigkeitsmoments schlechthin bedeutet, wird dieses
in einer anderen – und für uns sehr wichtigen – Weise bewahrt. Einstwei-
lig können wir es mit den zusammenfassenden Worten der „Selbstdarstellung" vorwegnehmen, wo gesagt wird, daß die Aktqualität im Phantasie-
gebiet nicht immer dieselbe ist.

Schon ziemlich rohe Empirie läßt die den Ernstvorstellungen [*scilicet*
Wahrnehmungsvorstellungen] nahestehenden, daher als *ernstartig*
zu bezeichnenden Phantasievorstellungen von anderen, den Ernsterlebnissen bereits recht fernstehenden, als *schattenhaft* zu beschrei-
benden unterscheiden.[12]

Nun kehren wir zu „Phantasie-Vorstellung und Phantasie" zurück. Um die
Phantasievorstellungen zu bestimmen, schließt Meinong aus, daß bloße
Reproduktionen schon gehabter Vorstellungen oder unanschauliche Vorstellungen Phantasievorstellungen sind. Daher die Definition der Phantasie als „die Fähigkeit zu anschaulicher Vorstellungsproduktion"[13]. Darin
zeigen sich Produktion und Anschaulichkeit als die charakteristischen
Momente der Phantasie. Meinongs Verfahrungsweise ist ganz deutlich
analytisch. Zuerst versucht er, die Bedeutung des Wortes ‚Produktion'
auszumachen. Das Produzieren beschreibt er als spontanes aus sich selbst
Herauswirken, während das Reproduzieren ein bloßes Wiedergeben von
dem ist, was empfangen worden ist, an dessen Produktion man aber keinen Anteil genommen hat. Eigentlich kann eine gewisse Produktion auch
der Reproduktion zukommen, insofern derjenige, der reproduziert, ein
Material benutzt, das er selbst einst produziert hat[14]. Aber die Produktion,

---

[12]   Meinong (1921), S. 31-32.

[13]   Meinong (1889), S. 198.

[14]   Vgl. Benussi-Liel (1914), S. 273, Zus. 6, die auf Meinong (^{2}1910), S. 16, 377,
       verweist; dazu s.u., § 6.

mit der wir hier zu tun haben, ist nicht die Produktion im allgemeinen, sondern der psychische Akt, Vorstellungen zu produzieren. Um diesen besonderen Typ von Produktion zu erklären, zieht Meinong zwei psychische Vorstellungsgesetze in Betracht, und zwar das Gesetz der inhaltlichen Abhängigkeit der Einbildungs- von der Wahrnehmungsvorstellung und das Assoziationsgesetz.

In bezug auf das erste erklärt er, wie das Prinzip „Nihil est in intellectu quod prius non fuerit in sensu" – das er abgekürzt ‚Gassendischer Satz' oder ‚Prinzip von *intellectus* und *sensus*' nennt – zu deuten sei. Versteht man es in dem Sinne, daß keine Vorstellung eingebildet werden kann, wenn man sie nicht vorher wahrgenommen hat, gerät man sofort in Konflikt mit der täglichen Erfahrung: der Künstler, der ein Werk produziert, muß nicht notwendig erfahren haben, was er darstellt. Das Prinzip hat dann eine begrenzte Tragweite, es bezieht sich nicht auf jede beliebige Vorstellung, sondern nur auf Elementarvorstellungen, so daß es in der neuen Version lautet: „man kann Inhaltselemente nicht einbilden, wenn man sie nicht vorher einmal wahrgenommen hat"[15]. Was die Produktion betrifft, ist es selbstverständlich, daß sie nicht mit elementaren Inhalten zu tun hat; deswegen könnte man das Gesetz auch folgenderweise aussprechen: „einfache Inhalte lassen sich nicht erfinden oder erdichten"[16]. Das, was produziert werden kann (und wird), ist immer eine Komplexion.

Nach Meinong ist eine Komplexion eine psychische Tatsache, die aus voneinander unterscheidbaren Bestandstücken besteht, welche sie aber nicht erschöpfen, da auch die Form, in der die Bestandstücke zueinander in Beziehung stehen, eine wichtige Rolle spielt. Tatsächlich können dieselben Bestandstücke in verschiedenen Komplexionen zusammentreten. Damit die Bestandstücke *a*, *b*, *c* in der Komplexion der Form *x* eingebildet werden können, ist es gemäß dem Satz von *intellectus* und *sensus* notwendig, daß sie schon wahrgenommen worden sind, aber nicht unbedingt in der Form *x*; ein solcher Fall kann das Eintreten der in Frage stehenden Phantasievorstellung begünstigen, aber er ist nicht unentbehrlich. Ob dann die Form der Komplexion unabhängig vom Vorkommen der Bestandstücke *a*, *b*, *c* in ihr ist, gesteht Meinong, nicht für alle Sorten von

---

[15]   Meinong (1889), S. 200.

Komplexionen ausmachen zu können; wichtig sei die Aktivität bzw. Passivität des vorstellenden Subjekts. Im Fall eines roten Vierecks z.B. nimmt das Subjekt bloß ein Vorgegebenes wahr; im Falle von einem Paar von Gegenständen erfaßt es eine Relation, die nicht vorgegeben ist. „Diese Verschiedenheit rechtfertigt eine Einteilung der Vorstellungskomplexionen in vorfindliche und erzeugbare"[17], die dem Unterschied zwischen realen und idealen Komplexionen entspricht: die ersten sind wahrnehmbar, die anderen nicht. Der psychische Akt der Reproduktion betrifft die vorfindlichen Komplexionen, jener der Produktion die erzeugbaren. Kürzer gesagt: keine vorfindliche Komplexion kann in der Einbildung vorkommen, ohne zuvor in der Wahrnehmung aufgetreten zu sein, während eine solche Beschränkung für die erzeugbare Komplexionen nicht besteht; was vorher wahrgenommen sein muß, das sind nicht die Komplexionen, sondern die einzelnen Bestandstücke, aus denen sie bestehen.

Kommen wir nun zum zweiten von Meinong in Betracht gezogenen Gesetz, dem Assoziationsgesetz. Dieses wirkt nicht immer bewußt und ist eigentlich nicht unentbehrlich. Um seine Bedeutung zu bestimmen, gibt Meinong die folgende Erklärung: daß die Vorstellung des *a* an die Vorstellung des *b* assoziiert ist – wenn z.B. *a* und *b* unmittelbar hintereinander wahrgenommen worden sind –, ist nur dann korrekt, wenn man annimmt, daß die durch die Wahrnehmung von *a* entstandene Vorstellung unter der Schwelle des Bewußtseins weiter existiert und jedesmal wieder hervortritt, wenn aus irgendwelcher Ursache *b* vorgestellt wird. So kann man von einer Beziehung zwischen *a* und *b* sprechen, auch wenn keines von beiden im Bewußtsein anwesend ist[18]. Meinong stellt sich gegen die verbreitete Tendenz anzunehmen, daß die Assoziation der Phantasie das Material für ihre Aktivität besorgt, denn die Phantasie muß, um zu wirken, nicht unmittelbar auf die Erfahrung zurückgreifen. Im Unterschied zu den Assoziationspsychologen meint Meinong, daß die Assoziation zwar eine Rolle in der Produktion von Phantasievorstellungen spielt (oder spielen kann), aber daß diese auch ohne ihre Hilfe möglich ist, insofern es sich hier um ein Reproduktionsprinzip handelt:

---

[16]   Meinong (1889), S. 201.
[17]   Meinong (1889), S. 207.
[18]   Vgl. Meinong (1889), S. 210-211.

dem Walten der Phantasie scheint ja die Assoziation gegenüber zu stehen wie Zwang der Freiheit. [...] eine ausschließlich unter Herrschaft des Assoziationsgesetzes gebildete Komplexion böte für Spontaneität in keinem Sinne Raum.[19]

Es wäre schwierig, eine solche Vorstellung Phantasievorstellung zu nennen.

Darzustellen bleibt die zweite eigentümliche Charakteristik der Phantasie und also der Phantasievorstellungen: die Anschaulichkeit. Meinong versucht erst den Begriff der Anschauung zu klären. Offenkundig gibt es seiner Meinung nach eine Anschauung nur in Koinzidenz mit einer Wahrnehmung. Die Anschauung unterscheidet sich aber von der Wahrnehmung, insofern als diese die Komplexion von Vorstellung und Urteil ist, und also ein Urteilsmoment einschließt[20], das der Anschauung fehlt. Außerdem fällt die Anschauung auch nicht mit der Wahrnehmungsvorstellung schlechthin zusammen, da man in einigen Fällen, z.B. bei Halluzinationen, Wahrnehmungsvorstellungen hat, aber keine Anschauungen. Also wird die Anschauung als „die einem wirklichen oder möglichen Wahrnehmungsurteil zugrunde liegende Wahrnehmungsvorstellung"[21] definiert. Damit ist aber das Eigentümliche des Anschaulichen gegenüber dem Unanschaulichen noch nicht ausgemacht. Nach detaillierter Argumentation gelingt es Meinong zu bestimmen, daß dies die Bestandstücke betrifft: Grundbedingung für die Unanschaulichkeit ist die Unverträglichkeit; anschaulich sind also diejenigen komplexen Vorstellungen, deren Teile nicht unverträglich sind[22]. Daraus folgt, daß alles zwar anschaulich ist, was konkret ist, aber nicht alles, was abstrakt ist, ist ausschließlich

---

[19] Meinong (1889), S. 258. Im Fragment *Über Phantasie* liest man: „Erfolgt alle Production unter ausschließlicher Herrschaft des Assoc.Gesetzes, bleibt dann noch Raum für jene dispositionellen Verschiedenheiten unter den Menschen, die man als mehr oder weniger an Phantasie zu bezeichnen pflegt? Käme da nicht Alles darauf hinaus, was einer gerade erlebt hat?".

[20] Vgl. Meinong (1888/89), S. 118, 138; (1889), S. 231, (1906a), S. 384 ff. Vgl. auch Hazay (1913), S. 221 f., 234 ff.

[21] Meinong (1889), S. 232.

[22] Vgl. Meinong (1889), S. 240, 242.

unanschaulich, denn „es gibt abstrakte Anschauungen und vielleicht auch anschauliche Begriffe"[23].

Aus dem Gesagten ergibt sich, daß jede Phantasievorstellung komplex ist[24], insofern sie aus einer Reihe von Elementen besteht, die in einer solchen Relation zueinander stehen, daß sie eine anschauliche Komplexion ausmachen; und daher daß die Phantasie mit dem Eintreten der Bestandstücke einer Komplexion einerseits und der Anschaulichkeit dieser Komplexion andererseits zu tun hat. Grundlegend ist die von Meinong sogenannte ‚Vorstellungsproduktion', d. h. der psychische Akt, gewisse Elemente in Beziehung zum Bewußtsein zu setzen. Mit der Theorie der Vorstellungsproduktion distanziert er sich von einer bloß assoziativen Anschauung der Phantasie[25] und – nach Ansicht eines seiner Kollegen und Zeitgenossen, Francesco De Sarlo – schafft er als Erster eine ‚dynamische' Betrachtung der Phantasie[26]. De Sarlo bezieht sich jedoch auf eine spätere Schrift Meinongs, und zwar auf die erste Auflage von *Über Annahmen*, wo der Begriff von Vorstellungsproduktion, der in der Arbeit von 1889 nur entworfen worden war, präzisiert wird.

Bedeutend für die weitere Bearbeitung der Theorie der Vorstellungsproduktion bei Meinong und der Grazer Schule im allgemeinen ist der Artikel von Christian von Ehrenfels *Ueber Gestaltqualitäten* (1890), in dem die Gestaltqualität folgenderweise definiert wird:

Unter *Gestaltqualitäten* verstehen wir solche positiven Vorstellungsinhalte, welche an das Vorhandensein von Vorstellungscomplexen im Bewußtsein gebunden sind, die ihrerseits aus von einander trennbaren (d. h. ohne einander vorstellbaren) Elementen bestehen. – Jene für

---

[23] Meinong (1889), S. 243. Auch das Paar anschaulich-unanschaulich wird von Meinong weiter ausgearbeitet; vgl. bes. Meinong ([2]1910), S. 247 ff., 280 ff.

[24] Vgl. auch das Fragment *Über Phantasie*: „Production neuer Vorstellungs-Complexe, welche gleichwol nicht complexe Vorstellungen sind, führt nicht auf Phantasievorstellungen".

[25] Eine Anschauung, die in der Dissertation von Anton Ölzelt-Newin (1887), S. 22 ff., einem der ersten Schüler Meinongs, noch vorhanden ist.

[26] Vgl. De Sarlo (1907), S. 145.

das Vorhandensein der Gestaltqualitäten nothwendigen Vorstellungs-complexe wollen wir die *Grundlage* der Gestaltqualitäten nennen.[27]

Obwohl die Gestaltqualitäten aus Elementen bestehen, sind sie nicht nur Summe ihrer Elemente, genauso wie eine Melodie nicht aus der bloßen Summe ihrer Bestandteile besteht. Meinong hat Ehrenfels' Schrift in einer langen Rezension *Zur Psychologie der Komplexionen und Relationen* (1891) besprochen. Hier interpretiert er Ehrenfels' Gestaltqualitäten als ‚fundierte Inhalte'; die Vorstellungen von fundierten Inhalten gründen sich auf Grundlagen oder fundierende Inhalte, in bezug zu denen jene un-selbständig sind (eine Melodie ist von den einzelnen Tönen abhängig, ge-nauso wie die Ähnlichkeit von ihren Fundamenten); dagegen sind die nicht-fundierten Vorstellungen (die Wahrnehmungsvorstellungen) selb-ständig[28]. Alle solchen Begriffe kommen erst in den *Beiträgen zur Theorie der psychischen Analyse* und dann in *Über Gegenstände höherer Ordnung und deren Verhältnis zur inneren Wahrnehmung* wieder vor; auf der gegenständlichen Ebene führen sie zur Lehre von den Gegenständen hö-herer Ordnung, auf der psychologischen gehen sie der expliziten Theori-sierung der Vorstellungsproduktion voraus. Eine wichtige Rolle in diesem Prozeß spielen auch die Arbeiten von Stephan Witasek und Vittorio Be-nussi[29]. Wir folgen dieser Linie jedoch nicht[30], sondern wenden uns un-mittelbar der Meinongschen Abhandlung über Gegenstände höherer Ord-nung zu. Dabei wird der zweifache Ansatz Meinongs, auf den wir schon hingewiesen haben, immer deutlicher.

4. Gegenstände höherer Ordnung und Fundierung

Zuvor haben wir gesehen, daß die Phantasievorstellungen anschauliche Komplexionen von in Beziehung zueinander gesetzten Bestandstücken

---

27   Ehrenfels (1890), 262 f. Vgl. auch Fabro (^{2}1961), S. 195 ff.
28   Vgl. Meinong (1891), S. 288 ff.
29   Vgl. Witasek (1896; 1897a; 1897b) und Benussi (1902)
30   Dazu vgl. Stock (1995), S. 460 ff.; vgl. auch Antonelli (1994), S. 36 ff.

sind. In *Über Gegenstände höherer Ordnung*, vertieft Meinong das Studium der Relationen auch dank der Beiträge der eben erwähnten Schüler. Diese Vertiefung besteht in der Identifizierung einer Ordnungshierarchie unter den Gegenständen – einer Hierarchie, die auch unter den Inhalten besteht.

Ausgangspunkt der Abhandlung – auf deren ersten Abschnitt wir uns konzentrieren – ist die Verbindung der Brentanoschen These des intentionalen Charakters aller psychischen Phänomene mit dem von Twardowski gemachten Unterschied zwischen Inhalt und Gegenstand der Vorstellung[31]. Nach Twardowski besteht der Akt im Vorstellen und bezieht sich der Intentionalitätsthese gemäß immer auf einen Gegenstand[32]. Dieser ist als das definiert, was *durch* die Vorstellung vorgestellt wird, während das, was *in* der Vorstellung vorgestellt wird, der Inhalt ist[33]. Der Gegenstand ist außerpsychisch und besteht unabhängig davon, ob er vorgestellt wird oder nicht, während der Inhalt eine psychische Tatsache wie der Akt ist, zu dem er sich in enger Abhängigkeit befindet; tatsächlich gibt es keinen Inhalt ohne einen Akt, der einen Gegenstand intentioniert[34].

In *Über Gegenstände höherer Ordnung* teilt Meinong die beiden von Twardowski angeführten Hauptbegründungen zur Unterstützung des Unterschieds zwischen Inhalt und Gegenstand der Vorstellung. Die erste betrifft ihre Existenz: während dem Inhalt die Existenz und die psychische Realität in der Seele dessen, der den Akt in Kraft setzt, wesentlich ist, gibt es den Gegenstand unabhängig davon, ob er existiert oder nicht, wirklich ist oder nicht (in diesem Kontext führt Meinong eine erste Einteilung von nicht-existierenden Gegenständen ein[35]). Der Vorstellungsakt eines gol-

---

[31] Vgl. Meinong (1899), S. 381.

[32] Vgl. Twardowski (1894), S. 3.

[33] Vgl. Twardowski (1894), S. 18.

[34] Mehr darüber, worauf hier nur kurz hingewiesen worden ist, in Raspa (1999), S. 230 ff.

[35] Als Fälle von nichtexistierenden Gegenständen zitiert Meinong (1899), S. 382, (*a*) widersprüchliche Gegenstände (wie das runde Viereck), (*b*) untatsächliche Gegenstände (wie der goldene Berg), (*c*) Gegenstände, die ihrer Natur nach nicht existieren können (wie die Gleichheit zwischen 3 und 3, der Unterschied zwischen Rot und Grün), und (*d*) Gegenstände, die in der Vergangenheit existiert haben oder in der Zukunft existieren werden, die aber nicht in der Gegen-

denen Berges z.b. verlangt die „Existenz in der Vorstellung" des goldenen
Berges, die selbstverständlich keine wirkliche Existenz des Berges (des
Gegenstandes) ist; das, was in diesem Fall eigentlich existiert, ist der Akt
und sein Inhalt. Mit der ersten ist auch die zweite Begründung gebunden,
die die Beschaffenheit von Inhalt und Gegenstand betrifft: d. h., daß der
Gegenstand einer Vorstellung Eigenschaften besitzt, die nicht immer dem
Inhalt zukommen oder ihm gar nicht zukommen können. Im ersten Fall
gilt die Erwähnung von nicht-existierenden oder nicht-realen Gegenständen (wie Zahlen und ihren Relationen), im Gegensatz zu denen der Inhalt
als psychische Tatsache immer existierend und real ist; im zweiten Fall
sind die physischen Gegenstände einleuchtend, denn, während diese eine
gewisse Farbe, Wärme und ein gewisses Gewicht haben, ist der Inhalt
nicht so gefärbt, warm und schwer wie der ihm entsprechende Gegenstand[36]. Nachdem der Unterschied zwischen Inhalt und Gegenstand ausgemacht worden ist, wollen wir diese Begriffe positiv definieren. Nun ist
als Inhalt einer Vorstellung das zu verstehen, was sich in der Vorstellung
ändert, wenn sich der Gegenstand ändert; so entsprechen verschiedenen
Gegenständen verschiedene Vorstellungen, denen der Vorstellungsakt gemeinsam ist, die sich aber durch den Inhalt voneinander unterscheiden.
Diese Definition ist dem Kontext entnommen; später, in *Über emotionale
Präsentation* (1917), präzisiert Meinong seinen Gedanken: der Inhalt ist
ein „Stück" des psychischen Erlebnisses, genauer gesagt, ist er derjenige
Erlebnisteil, der dem Gegenstand so zugeordnet ist, daß er sich ändert
(oder konstant bleibt), je nachdem, ob sich der Gegenstand, nach dem das
Erlebnis sich richtet, sich verändert (oder nicht), wobei eventuelle Verän-
derungen des Aktes selbst gleichgültig sind[37]. Was den Gegenstand betrifft, so ist er kein verpflichtender Begriff bezüglich des Seins und des
Soseins von etwas, denn „alles ist Gegenstand"[38]; eine These, die Meinong in der *Selbstdarstellung* behauptet, die aber in alle seine gegenstandstheoretischen Arbeiten eingeschlossen ist. In Einklang mit Twar-

---

wart existieren.

[36]   Vgl. Meinong (1899), S. 382-384.

[37]   Vgl. Meinong (1917), S. 339 ff., 347 f.

[38]   Meinong (1921), S. 14.

dowski versteht Meinong also den Gegenstand als *summum genus*, als das
,etwas', dem kein anderer Begriff übergeordnet ist[39].

Die Unterscheidung zwischen Gegenständen höherer Ordnung und
Gegenständen niedrigerer Ordnung will die Abhängigkeit erklären, die
einige Gegenstände in bezug auf andere haben. Es gibt tatsächlich gewisse Sorten von Gegenständen, die durch „eine in ihrer Natur gelegene innere Unselbständigkeit"[40] bestimmt sind; diese Unselbständigkeit bedeutet, daß sie nicht anders gedacht werden können als in Beziehung zu anderen Gegenständen. Meinong nennt die Gegenstände ,Inferiora', auf die
sich die Gegenstände höherer Ordnung aufbauen, und diejenigen ,Supe-
riora', die auf den Inferiora aufgebaut sind. Zwischen den Superiora und
den Inferiora gilt das Gesetz, nach dem „ein Gegenstand, der in irgend
einem Falle ein Inferius *gestattet*, solcher Inferiora unter allen Umständen *bedarf*"[41]. Dagegen gilt die umgekehrte Beziehung nicht: ein Inferius, das jetzt ein gewisses Superius trägt, braucht es ein anderes Mal nicht
zu tragen. Von hier aus ist der Schritt zur Untersuchung der Relationen
kurz. Tatsächlich bezeichnen alle Relationsvorstellungen Gegenstände
höherer Ordnung, in denen die Relationsglieder die Inferiora sind. Gegenstände höherer Ordnung sind auch die Komplexionen, deren Inferiora die
ihnen entsprechenden Bestandstücke sind. Als Relationsbeispiele gelten
Differenz oder Ähnlichkeit zwischen zwei oder mehr Gegenständen; als
Komplexionsbeispiele die Melodie, die mehr als ein objektives Kollektiv
von Tönen ist, oder das rote Viereck, dessen Natur nicht aus der bloßen
Summe von Gestalt und Farbe besteht, sondern aus einem bestimmten
Zusammensein solcher Daten.

Relationen und Komplexionen unterstehen dem Koinzidenz-Prinzip,
„wo Komplexionen, da Relationen und umgekehrt"[42], das nach Meinong
sowohl für die Gegenstände als auch für die Inhalte gilt. Es handelt sich
aber um eine „Partialkoinzidenz". Was eigentlich geschieht, ist nicht das
Zusammenauftreten zweier Tatbestände, die ihrer Natur nach verbunden,

---

[39] Vgl. Twardowski (1894), S. 37-38, 40; Meinong (1904b), S. 483-484, wo die
     Äquivalenz zwischen ,Gegenstand' und ,etwas' gesetzt wird.

[40] Meinong (1899), S. 386.

[41] Meinong (1899), S. 387.

[42] Meinong (1899), S. 389.

aber voneinander unabhängig sind. Eigentlich ist die Relation ein Teil der Komplexion und „die Komplexion ist die Relation und deren Glieder zusammengenommen". Das darf nicht so verstanden werden, „als wäre die Komplexion *nur* die Relation *und* deren Glieder"[43]; in der Tat hat man gesagt, daß die Komplexion mehr als die bloße Summe ihrer Teile ist. Von den Schwierigkeiten, die dieser Theorie anhaften, sehe ich an dieser Stelle ab. Meinong hat selbst auf einige aufmerksam gemacht, ohne sich allerdings ernsthaft mit ihnen auseinanderzusetzen[44]. Fahren wir indessen mit der Lektüre des Abschnitts fort, der eine zweite Charakteristik der Gegenstände höherer Ordnung darstellt.

Wenn man eine Relation wie z.B. die Ähnlichkeit zwischen einer Kopie und ihrem Original betrachtet, merkt man sofort, daß beide Dinge existieren, aber die Ähnlichkeit nicht als ein drittes Ding neben ihnen existiert. Nun behauptet Meinong:

> Die Ähnlichkeit existiert nicht, aber sie besteht; und eben was seiner Natur nach zwar sehr wohl bestehen, aber streng genommen nicht existieren kann, das ist ja das, was hier als Ideales dem Realen entgegengestellt sein soll.[45]

Dasselbe passiert auch im Fall einer Komplexion, z.B. von ‚vier Nüssen': die Vierzahl existiert nicht neben den Nüssen, aber sie besteht doch. Mit dem Paar Komplexion-Relation kreuzt sich neben dem bekannten Unterschied zwischen Existenz und Bestand[46] das Paar real-ideal. Außer den

---

[43] Meinong (1899), S. 390.

[44] Eine erste Schwierigkeit besteht in dem Hervorgehen von unendlichen Relationen – ein Problem, das F. H. Bradley ([2]1897), S. 17 f., 27 f., aufgeworfen hatte –, was Meinong dadurch zu lösen versucht, daß er den Akzent auf die Hauptrelation legt: diese sei die einzige, die auf Gliedern aufgebaut ist, die auch Bestandstücke der Komplexion sind, wobei keines von ihnen selbst eine Relation ist. Eine zweite Schwierigkeit betrifft die Erklärung, wie die Koinzidenz von Relation und Komplexion stattfindet, falls diese aus mehr als zwei Bestandstücken besteht.

[45] Meinong (1899), S. 395.

[46] Dieser Unterschied besteht darin, daß Existenz zeitlich bestimmt ist, Bestand jedoch nicht, so daß das, was existiert, empirisch, was besteht, *a priori* kennengelernt wird; vgl. Meinong (1902), S. 189; (1904b), S. 519 f.; (1906a), S. 377 Anm. 2, 387 f.; ([2]1910), S. 64 f., 74 ff.; (1915), S. 56 f., 61 ff.; (1921), S. 17 f.,

idealen Komplexionen gibt es nämlich auch die realen, mit denen nach dem Koinzidenz-Prinzip die realen Relationen übereinstimmen (wie z.b. die Orts- und Zeitbesetzung). Meinong nennt diejenige Gegenstände ‚reale‘, „die, falls sie nicht wirklich existieren, ihrer Natur nach doch jedenfalls existieren könnten, also z.b. ein Haus, ein Chronograph, ein Buch, natürlich auch Farbe, Ton, Elektrizität u. dgl.", und ‚ideale‘ Gegenstände (wie Mangel, Grenze, Vergangenes), „die, auch wenn sie in gewisser Weise affirmiert werden müssen, doch wieder ihrer Natur nach niemals ohne Inkorrektheit als existierend bezeichnet werden dürfen"[47]. Diese Entgegensetzung kann auch in einer anderen Weise charakterisiert werden: ‚real‘ werden jene Gegenstände genannt, die ihrer Natur nach wahrnehmbar sind, ‚ideal‘ diejenigen, die ebenfalls ihrer Natur nach, insofern sie nicht existieren, auch nicht wahrnehmbar sind. Das Problem, das hier entsteht, betrifft nun nicht mehr die Erklärung, *wie* die Gegenstände höherer Ordnung *zusammen sind*, sondern *wie* sie aus den Inferiora *sich ergeben*; an zweiter Stelle schließt das ein, daß erklärt wird, in welcher Weise aus den Inferioravorstellungen die Superioravorstellungen hergestellt werden.

In *Über Gegenstände höherer Ordnung* löst Meinong nur einen Teil des Problems. Folgen wir Schritt für Schritt Meinongs Argumentation. Während das Urteilen aktiv ist, ist das Vorstellen passiv, auch wenn in gewissen Fällen ein Tun erforderlich sein kann, um zur Vorstellung eines bestimmten Gegenstandes zu gelangen. Tatsächlich sagt Meinong, „nicht bloß im Urteilen liegt hier ein Tun: auch das Vorstellungsmaterial, mit dem das Urteilen hier gleichsam zu operieren hat, will erarbeitet sein"[48]. Um seine Ansicht zu erklären, betrachtet er das folgende Beispiel. Zwei Farben *A* und *B* wie Rot und Grün zu vergleichen, erfordert die Berufung auf die Erfahrung. Die *A*-Vorstellung und die *B*-Vorstellung treten in eine bestimmte Realrelation zueinander. Die Produktion der Vergleichsrelation verlangt das Auftreten einer neuen Vorstellung, der der Verschiedenheit, die nicht als Verschiedenheit schlechthin, sondern als spezielle Verschiedenheit zwischen *A* und *B* verstanden wird. Die zwischen den Inferiora *A* und *B* und dem Superius ‚Verschiedenheit‘ bestehende Relation

20 f.

47 Meinong (1899), S. 394.

48 Meinong (1899), S. 397.

ist in der Relation zwischen Inferius und Superius nicht enthalten; sie ist anders als z.b. die Realrelation zwischen der Farbe und dem (subjektiven) Ort, an dem wir sie vorstellen: in diesem Fall besitzt die Relation nicht den Notwendigkeitscharakter, weil ich die Farbe sowohl an einem anderen Ort als auch eine andere Farbe an demselben Ort denken kann. Dagegen gilt für die Verschiedenheit von *A* und *B*: wenn diese einmal verschieden sind, dann sind sie es immer, und diese logische Notwendigkeit ist durch die Beschaffenheit von *A* und *B* einerseits, das Wesen der Verschiedenheit andererseits *begründet*. Deshalb sind *A* und *B* nicht nur Glieder, sondern auch *Fundamente* der Verschiedenheitsrelation.

Der hier beschriebene Vorgang, der nach Meinong nicht nur für die Vergleichung, sondern für alle Idealrelationen und -komplexionen gilt, wird von ihm ‚Fundierung' genannt.

> Fundierung leistet insofern für Vorstellungen idealer Gegenstände dasselbe wie Wahrnehmung für Vorstellungen realer Gegenstände.[49]

Hier ist genau zu bestimmen, daß die Superiora ihrerseits Inferiora von anderen Superiora sein können – ich kann z.b. *A* und *B* vergleichen, aber ich kann sie auch aufaddieren –; wenn wir dagegen in der Ordnungsreihe nach unten gehen, erreichen wir am Ende letzte Elemente (*infima*), die nicht weiter zergliederbar sind (Prinzip der obligatorischen Infima). In dieser Periode identifiziert Meinong diese letzten Elemente in den Erfahrungsgegenständen[50]; auf diese gründen sich letztendlich die fundierten Gegenstände (oder Fundierungsgegenstände), die sowohl den Gestaltqualitäten Ehrenfels' als auch den fundierten Inhalten von *Zur Psychologie der Komplexionen und Relationen* entsprechen[51].

In der Idee, nach der dieselben Gegenstände Inferiora von verschiedenen Superiora sein können, ist impliziert, obwohl Meinong es noch nicht klar herausgestellt hat, daß die gegenständliche Seite der Fundierung von der psychologischen getrennt ist: im Fall der Fundierung gilt das Notwendigkeitsverhältnis, so daß, wenn gewisse Inferiora gegeben sind,

---

[49]   Meinong (1899), S. 399.

[50]   Später wird Meinong diese Meinung ändern, die mit dem Bestand von Relationen zwischen idealen Gegenständen wie die der Mathematik unvereinbar ist.

[51]   Vgl. Meinong (1899), S. 400 und Anm. 1.

der entsprechend fundierte Gegenstand unbedingt besteht; dagegen betrifft eine solche Notwendigkeit nicht die Vorstellungen. Es ist zwar wahr, daß diese auch Elementarvorstellungen verlangen, auf die sie sich gründen, aber dieses Verhältnis ist nicht notwendig, nicht nur weil aus den Inferiora verschiedene Superiora hervorgehen können, sondern auch weil sie ohne ein Superius bestehen können.

5. Über Vorstellungsproduktion

Die zwei Gleise, auf denen sich die Meinongsche Untersuchung bewegt, die des Gegenstands und die des Inhalts, führen dazu, eine Theorie auszuarbeiten, die erklärt, wie die Vorstellung eines fundierten Gegenstands aus den Vorstellungen seiner Inferiora hervorgeht. Denn, während der fundierte Gegenstand ideal ist, existiert die Vorstellung als psychische Tatsache und die Vorstellung eines fundierten Gegenstands ist somit nicht ihrerseits ein fundierter Gegenstand; darüber hinaus gilt unter den Vorstellungen – wie gesagt – kein Notwendigkeitsverhältnis.

In der ersten Auflage von *Über Annahmen* (1902) bestimmt Meinong durch terminologische Präzisierungen, die die eben von uns betrachteten Seiten betreffen, seine Idee genauer, indem er schreibt:

wird das Superius durch seine Inferiora *fundiert*, so wird die Superiusvorstellung unter günstigen Umständen mit Hülfe der Inferioravorstellungen *produciert*.[52]

Dementsprechend bezeichnet das Wort ‚Fundierung' das Notwendigkeitsverhältnis, das ein Superius seinem Inferiora verbindet, und das Wort ‚Vorstellungsproduktion' die Bildung einer Superiusvorstellung aus zwei oder mehreren Inferioravorstellungen durch die Aktivität des Subjekts. Dieser Unterschied wird in der zweiten Auflage von 1910 beibehalten:

---

[52]   Meinong (1902), S. 9. Hier bekennt Meinong, daß er von Ameseder auf einen solchen Unterschied aufmerksam gemacht worden ist, und erklärt es als eine „Incorrectheit", das Wort ‚Fundierung' auf die Vorstellungen angewendet zu haben (S. 8 und Anm. 4).

Fundierte Gegenstände sind mit ihren Fundamenten durch Notwendigkeit verknüpft: Rot und Grün sind nicht nur verschieden, sondern sie müssen es auch sein; ebenso ist 3 nicht nur tatsächlich, sondern auch notwendig größer als 2 usf.;[53]

... bei der „Vorstellungsproduktion", vermöge deren eventuell aus den Vorstellungen derselben Inferiora die Vorstellung einmal dieses, einmal jenes Superius resultiert, kann es ja nicht wohl auf anderes als auf die Herstellung verschiedener Realrelationen zwischen den fundierenden Vorstellungen, genauer zwischen deren Inhalten hinauskommen.[54]

Meinong bestätigt hier auch den zwischen Vorstellungsproduktion und Fundierung bestehenden Zusammenhang:

Er besteht darin, daß, wo unter Verwendung zweier oder mehrerer Vorstellungen vermöge einer bestimmten Operation eine neue Vorstellung produziert wird, die Gegenstände der sozusagen produzierenden Vorstellungen die Fundamente abgeben für den Gegenstand der produzierten Vorstellung, der stets ein Gegenstand höherer Ordnung ist von der Beschaffenheit derjenigen, für die sich die Benennung „fundierte Gegenstände" ausreichend bewährt haben dürfte.[55]

Er fügt aber nichts anderes hinzu, sondern er beschränkt sich darauf, einen Artikel von Rudolf Ameseder, *Über Vorstellungsproduktion* (1904), der seinen Gedankengang treulich entwickelt, und die *Grundlinien der Psychologie* (1908) von Witasek zu erwähnen[56].

In dieser Periode bewegen sich Meinongs Interessen auf gegenstandstheoretische und erkenntnistheoretischen Fragen hin. Einige seiner Schüler übernahmen die Aufgabe, die Theorie der Vorstellungsproduktion voranzutreiben[57], was nicht heißt, daß die in *Über Gegenstände höherer Ordnung* aufgestellten Thesen keine wichtige Rolle für die Entstehung der

---

[53]   Meinong ([2]1910), S. 16.
[54]   Meinong ([2]1910), S. 251 f.
[55]   Meinong ([2]1910), S. 15.
[56]   Vgl. Meinong ([2]1910), S. 11, Anm. 1.
[57]   Auch an der weiteren Entwicklung seiner Anschauungen über Phantasie werden seine Schüler arbeiten, besonders Robert Saxinger (1904; 1906; 1908) und Ernst Schwarz (1903; 1905/06; 1925).

Theorie der Vorstellungsproduktion spielten, die sich insgesamt tatsächlich auf die Gegenstandstheorie Meinongs gründet. Es ist aber kein Ziel
der vorliegenden Arbeit, die genetische Entwicklung der Theorie der Vorstellungsproduktion in der Grazer Schule darzustellen[58], deshalb über-
springe ich diese Entwicklungen weitgehend und erläutere nur ganz kurz
den eben erwähnten Artikel von Ameseder, um Meinongs Ansichten
vollständiger darzustellen.

Über Vorstellungsproduktion beginnt mit der These, die Empfindungen und die durch sie erfaßten Gegenstände seien selbständig, während
die fundierten Gegenstände und die Vorstellungen von fundierten Gegenständen unselbständig seien[59]. Vom Unterschied der Vorstellungen in
Wahrnehmungs- und Einbildungsvorstellungen ausgehend (die sich ihrerseits in Erinnerungs- und Phantasievorstellungen teilen, die wir aber als
Phantasievorstellungen nach dem bisher angewendeten Sinn verstehen
können[60]), behauptet Ameseder, daß sie sich auf Elementarvorstellungen,
d. h. Vorstellungen selbständiger Gegenstände, gründen, die entweder
Empfindungen (den Wahrnehmungsvorstellungen gleichgestellt) oder
Elementareinbildungsvorstellungen sein können[61]. Er weiß, daß die Vorstellung eines fundierten Gegenstands kein fundierter Gegenstand ist und
daß das zwischen der Superiusvorstellung und den Vorstellungen seiner
Inferiora bestehende Verhältnis deswegen kein Fundierungsverhältnis ist
(es ist nämlich keine Idealrelation); er nimmt sich dann vor, die Beson-
derheit dieses Verhältnis zu erklären.

Um eine Superiusvorstellung zu haben, sind die Vorstellungen der Inferiora und eine bestimmte psychische Aktivität notwendig; nur dann
kann man von ‚Produktion‘ und daher von ‚produzierten Vorstellungen‘
sprechen. Die Produktion hängt von drei Elementen ab: (*a*) von der Beschaffenheit der Inferiusinhalte, (*b*) von der Art der postulierten Produktion (sei sie Ähnlichkeits-, Verschiedenheits-, Gestalt-, Lage- und Verbin-

---

[58]   Dazu vgl. noch Stock (1995), S. 476 ff.

[59]   Vgl. Ameseder (1904b), S. 481 ff. Dieser Artikel setzt die Gegenstandstheorie
      voraus, wo der der Autor eine Darstellung in Ameseder (1904a) gegeben hat.

[60]   Vgl. Ameseder (1904b), S. 494 und eine Bemerkung von Höfler (1906), S. 203;
      außerdem s.o. Anm. 6.

[61]   Vgl. Ameseder (1904b), S. 486.

dungsproduktion) und (*c*) von der Beschaffenheit der für diese Produkti-
onsart vorliegenden Disposition[62]. Das Mitwirken solcher Elemente erklärt, wie es möglich ist, daß aus denselben Inferiora verschiedene Superiora hervorgehen. „In erster Linie bedeutet also Produktion das Zustandekommen bestimmter Vorstellungen"[63]; aber sie kann auch die Relation
bezeichnen, die die produzierte Vorstellung zu den Inferioravorstellungen
hat. Indem diese Relation – wie oben gesagt – nicht ideal sein kann, muß
sie real sein: die produzierte ist eine neue Vorstellung, die verschieden
von den in Realrelation zueinander stehenden Elementarvorstellungen
oder Vorstellungen ihrer Inferiora ist und natürlich auch einen anderen
Gegenstand als die Elementarvorstellungen hat. Die produzierte Vorstellung ist dann definierbar als „der (Real-)Komplex der
Elementarvorstellungen"[64], ohne die sie gar nicht denkbar ist. Nach
Ameseder betrifft der Tätigkeitsbereich der Produktion neben den
Phantasievorstellungen alle Wahrnehmungsvorstellungen, die keine
einfachen Empfindungen sind. Im wesentlichen tut Ameseder, nachdem
ausgemacht worden ist, daß es Ordnungshierarchien nicht nur unter den
Gegenständen, sondern auch unter den Inhalten gibt, „eigentlich nichts
weiter, als Meinongs Theorie der Gegenstände höherer Ordnung sowie
der Trichotomie Gegenstand-Inhalt-Akt in Richtung auf den Akt
weiterzudenken"[65].

6. Erweiterung des Phantasiebegriffs

Nach der Theorie der Gegenstände höherer Ordnung und der Vorstellungsproduktion besteht der nächste wichtige Schritt unserer Argumentation in der Entdeckung der Annahmen als eine Art psychischer Erlebnisse,
die einer Zwischenregion zwischen Vorstellungen und Urteilen angehören
und die sich in bezug auf die Urteile genauso verhalten wie die Phantasie-

---

[62] Vgl. Ameseder (1904b), S. 500; vgl. auch 506 ff.

[63] Ameseder (1904b), S. 488.

[64] Ameseder (1904b), S. 496.

[65] Stock (1995), S. 476. Seinerzeit ist die Theorie der Vorstellungsproduktion besonders von den Gestaltpsychologen kritisiert worden; vgl. Fabro ([2]1961), S.
224 ff.; Lindenfeld (1980), S. 232 ff.; Antonelli (1994), S. 131 ff.

gegenüber den Wahrnehmungsvorstellungen. In *Über Annahmen* überbearbeitet und präzisiert Meinong seine ganze Anschauung über Phantasie; das Buch ist für unser Thema nicht nur von großer Bedeutung – wie wir schon gesehen haben –, was die Vorstellungsproduktion angeht, sondern auch weil die schon vorweggenommene Erweiterung des Tätigkeitsbereichs der Phantasie das ganze psychische Leben betrifft. Meinong distanziert sich von den in *Phantasie-Vorstellung und Phantasie* aufgestellten Thesen, die er nun für unbefriedigend erklärt, weil die dort angegebene Definition der Phantasie, die deren Tätigkeit auf das Gebiet des Vorstellens beschränkt, zu eng gefaßt sei; im Gegensatz dazu betreffe die Phantasie auch die Gebiete des Denkens, Fühlens und Begehrens[66].

Die Theorie der Vorstellungsproduktion hat eine vollständigere Klassifikation der Vorstellungen gestattet. Diese lassen sich in Wahrnehmungs- und Produktionsvorstellungen teilen; es gibt auch Reproduktionen, die sich aber der einen oder der anderen bedienen; deshalb kann der Fall der Reproduktion „also ohne weiteres für einbegriffen gelten". Eine solche Einteilung ist nach Meinong vollständig und erschöpfend für das ganze Gebiet der Vorstellungen, so „daß es Vorstellungen, die weder Wahrnehmungs- noch Produktionsvorstellungen, und auch nicht Reproduktionen derselben sind, nicht gibt"[67]. Darauf bezieht sich Meinong im letzten Absatz (§ 65) von *Über Annahmen*, wo er seine neue Auffassung der Phantasie bezüglich der vier Hauptklassen von psychischen Erlebnissen darstellt. Bevor wir uns dem zuwenden, betrachten wir kurz die Urteile und Annahmen, von denen wir bisher gesprochen haben, ohne sie aber zu bestimmen.

Nach Meinong unterscheidet sich das Urteil durch das Überzeugungs- und das Positionsmoment wesentlich von der Vorstellung, also dadurch, daß es zum einen einen Wahrheitsanspruch beinhaltet, zum anderen bejahend und verneinend sein kann. Das Urteil bedarf dabei als unentbehrlicher Grundlage der Vorstellungen, weil jedes Geschehen des Geistesle-

---

[66] Vgl. Meinong (1902), S. 284 f.; (²1910), S. 381 f. Im Gegensatz zu „Über Begriff und Eigenschaften der Empfindung" werden die Ausdrücke ‚Phantasievorstellungen' und ‚Einbildungsvorstellungen' als gleichbedeutend angewendet (s.o. Anm. 6).

[67] Meinong (²1910), S. 11, vgl. auch S. 16.

bens, das keine Vorstellung ist, das Vorstellen zur Voraussetzung hat[68]. Eine Zwischenstelle zwischen dem Urteil und der Vorstellung kommt der Annahme zu[69], die Meinong als „Urteil ohne Glauben"[70] definiert, weil sie zwar das Moment der Position besitzt, aber ohne Wahrheitsanspruch behauptet wird. Fragesätze, Optative, Imperative und daß-Sätze, wie etwa „ich glaube, möchte, vermute, bestreite, daß *p*", drücken zwar keine Urteile aus, aber sie drücken trotzdem etwas aus: eine Auskunftsforderung, einen Wunsch, einen Befehl, usw.[71]. Ebenso wird auch durch Lügen, Spiele und Erzähltexte etwas ausgedrückt, wenn auch keine Urteile. Genauer kann die Annahme folgendermaßen definiert werden: sie „ist eine Art Grenzfall des Urteiles, charakterisiert durch den Nullwert der Überzeugungsstärke"[72]. Den angeführten Definitionen gemäß können Urteile und Annahmen als die zwei Stufen einer Rangordnung aufgefaßt werden, deren Abstufungskriterium – wie wir sehen werden – in der Überzeugungsstärke besteht, die ihr Gegenstück im Phantasiemoment hat.

Eigentlich sind die Urteile nach Meinong „eine Art Oberstufe zu den Annahmen als Unterstufe"[73]. Nun stellt sich die Frage, ob eine solche Zweistufigkeit sich auch innerhalb einer der drei anderen Hauptklassen von psychischen Erlebnissen finden läßt. Meinong liefert gleich die Antwort: sie befindet sich ganz deutlich unter den Vorstellungen, die sich in Wahrnehmungs- und Phantasievorstellungen einteilen lassen. Auf der Grundlage der neuen Einteilung deckt die eben angegebene zwar nicht das ganze Gebiet der Vorstellungen: spricht man zunächst von Wahrnehmungs- und Phantasievorstellungen bezüglich der realen Gegenstände, die ihrer Natur nach wahrgenommen werden können, so bleiben die idealen nicht wahrnehmbaren Gegenstände wie Ähnlichkeit, Entgegensetzung und dergl. ausgeschlossen und eigentlich gilt für solche Gegenstände die Zweiteilung in Produktions- und Reproduktionsvorstellungen. Nachdem

---

[68]   Vgl. Meinong ([2]1910), S. 1 ff.
[69]   Meinong (1902), S. 277; ([2]1910), S. 4 ff., 367. Hier schreibt Meinong, „daß eine Annahme mehr als bloße Vorstellung und weniger als ein Urteil ist" (S. 367).
[70]   Meinong ([2]1910), S. 340; vgl. auch (1921), S. 33.
[71]   Vgl. Meinong ([2]1910), S. 33 ff.
[72]   Meinong ([2]1910), S. 344.
[73]   Meinong ([2]1910), S. 376.

Meinong dem Leser dies bewußt gemacht hat, bezieht er, den Argumentationsgang fortsetzend, die Fälle idealer Gegenstände in die Phantasievorstellungen ein[74] und stellt eine Analogie zwischen Gedanken und Vorstellungen auf, nach der Urteile und Wahrnehmungsvorstellungen, und andererseits Annahmen und Phantasievorstellungen gleichsam zusammenge-
hören[75].

Die empirische Welt ist unrein, sie läßt sich nicht einfach unter scharfe Begriffe subsumieren. Wenn wir das annehmen, können wir auch von
einer unvollständigen Analogie ausgehen. Denn die betrachtete Analogie
ist noch unter einem anderen Gesichtspunkt unvollständig. Einerseits unterscheiden sich Urteile und Annahmen nicht nach dem Inhalt, weil das,
was geurteilt wird, auch angenommen werden kann, sondern nach dem
Akt; „dem Akte nach aber stellt das Urteil gegenüber der Annahme eine
Art Mehr dar, mag sich nun das Hinzukommende selbständig erfassen
und bezeichnen lassen oder nicht"[76]. In ähnlicher Weise unterscheiden
sich Wahrnehmungs- und Phantasievorstellungen nicht ihrem Inhalt resp.
Gegenstand nach, sondern nach dem Akt; dabei zeigt sich die Wahrnehmungsvorstellung wieder als reicherer Tatbestand genauso wie das Urteil,
so daß sie als „gesteigerte Phantasievorstellung" definiert werden könnte,
und das stünde im Widerspruch zu dem, was Meinong in den *Beiträgen*
(s.o., § 3) behauptet hatte, wenn es nicht in einem qualitativen statt quantitativen Sinn verstanden würde. Während sich andrerseits die Annahme
gegenüber dem Urteil „nicht nur als eine Art Unterstufe im Sinne der
Vollkommenheit, sondern auch als eine Art Vorstufe im Sinne der Entwicklung" dargestellt hat, gilt zwischen Wahrnehmungs- und Phantasie-
vorstellung nur die erste Relation: diese ist eine Art Unterstufe von jener,
aber keine Vorstufe. Tatsächlich hat das Prinzip von *intellectus* und *sensus*, das eine sehr wichtige Relation zwischen Wahrnehmungs- und zuge-
ordneten Phantasievorstellungen ausdrückt, kein Seitenstück innerhalb
der Gedanken; genau dieses Prinzip stellt aber die Wahrnehmungs- vor

---

[74] Vgl. Meinong (²1910), S. S. 378: „Auch Wahrnehmungs- und Einbildungsvor-
      stellungen (die Fälle idealer Gegenstände seien der Kürze halber beziehungs-
      weise einbegriffen) ...".
[75] Vgl. Meinong (²1910), S. 377.
[76] Meinong (²1910), S. 377-378; vgl. auch S. 344.

die Phantasievorstellungen, so daß jene die nötige Vorstufe sind, um zu
diesen zu gelangen[77].

Wie dem auch sei, die zwischen Gedanken und Vorstellungen ent-
deckte Analogie befördert das Konstatieren der Zweistufigkeit und also
der Analogie auch für Gefühle und Begehrungen. Tatsächlich behauptet
Meinong, daß eine solche Analogie vorhanden sei: seiner Meinung nach
gibt es Phantasiegefühle und Phantasiebegehrungen, die den wirklichen
oder Ernstgefühlen resp. -begehrungen „ganz ähnlich gegenüber stehen,
wie die Annahmen den Urteilen"[78]. Kurz gesagt, sind Phantasieerlebnisse
den wirklichen oder Ernsterlebnissen entgegengesetzt. Gedanken, Gefühle und Begehrungen (und daher Annahmen oder Phantasieurteile, Phantasiegefühle und Phantasiebegehrungen) haben untereinander viel mehr
gemeinsam, als mit den Vorstellungen: ihnen kommt jene Unselbständigkeit zu, nach der sie ein präsentierendes Erlebnis als psychologische Voraussetzung brauchen, und auch jene Gegensätzlichkeit, die bei den Gedanken die Form von Affirmation und Negation besitzt, bei den Gefühlen
die von Lust und Unlust und bei den Begehrungen die von Begehrung im
positiven Sinne und Widerstrebung. All das findet sich bei den Vorstellungen nicht; obwohl, das, was den Phantasievorstellungen an Verwandtschaft mit den anderen Erlebnissen der unteren Stufen fehlt, nach Meinong dadurch kompensiert wird, „daß die der Unterstufe des Denkens,
Fühlens und Begehrens zugehörigen Betätigungen so oft gerade auf die
Einbildungsvorstellungen als ihre psychologische Voraussetzung angewiesen sind"[79]. Vorstellungen sind die psychischen Grunderlebnisse, so
daß – wie wir oben gesehen haben – jedes Geschehnis des Geisteslebens,
das nicht selbst eine Vorstellung ist, das Vorstellen zur Voraussetzung hat.
Sicher könnten die Wahrnehmungsvorstellungen dieselbe Rolle wie die
Phantasievorstellungen spielen, aber Meinong meint, daß das in der Regel
nicht tatsächlich geschieht. Dank der Phantasietätigkeit zeigen sich die

---

[77]   Vgl. Meinong ([2]1910), S. 377 ff.

[78]   Meinong ([2]1910), S. 379; vgl. auch (1906a), S. 428 f. Anm. 2, 443 ff. Meinong
sprieht auch von ‚Scheingefühlen' und ‚Scheinbegehrungen', aber ich behandle
diesen Aspekt nicht, weil er für unsere Argumentation unerheblich ist; jedenfalls
sind ‚Scheingefühle' und ‚Scheinbegehrungen' mit ‚Phantasiegefühlen' und
‚Phantasiebegehrungen' gleichbedeutend (S. 383).

Glieder der Unterstufen der vier Klassen als ein zusammengehöriges Ganzes. Die Phantasie spielt also eine sehr breite Rolle innerhalb des psychischen Lebens: all das geschieht in der Unterstufe bei Vorstellen, Denken, Fühlen oder Begehren, all das ist Betätigung der Phantasie. Daher könnte man sie als „Disposition zu psychischen Betätigungen [...], die unserer ‚Unterstufe‘ angehören"[80] definieren, aber die Schwierigkeit besteht gerade darin, der Phantasie scharfe Grenzen zu setzen. Vielleicht – schließt Meinong – ist sie einer von jenen Begriffen, die, obwohl sie gewöhnlich benutzt werden, nicht mit Präzision definiert werden können.

Ein solcher Schluß soll nicht als eine Schachmatterklärung verstanden werden. Meinong weiß, daß jedes Ergebnis partiell ist und daß es schon ein Gewinn ist, wenn die erlangten Ergebnisse die Basis weiterer Forschung bilden können. Andrerseits ist in diesem Ergebnis, das unbefriedigend scheinen könnte, ein Grundgedanke Meinongs implizit, ein Gedanke der im Essay über Gegenstände höherer Ordnung deutlich ausgesprochen ist: „die Wirklichkeit zeigt auch sonst mehr fließende Grenzen als dem Theoretiker lieb sein kann", so daß „zur Bezeichnung fließend abgegrenzter Tatsachen auch Wörter mit fließend begrenzter Anwendungssphäre erforderlich sind"[81].

7.   Ernstartige und schattenhafte Phantasieerlebnisse

Daß es sich nicht um eine Schachmatterklärung handelte, ergibt sich ganz deutlich aus jenen Seiten von *Über emotionale Präsentation*, wo Meinong sich mit den Phantasieerlebnissen beschäftigt, zu deren Auffassung er ein wichtiges Element hinzufügt, das wir mit Verweis auf die *Selbstdarstellung* schon angedeutet haben (s.o., § 3), und zwar, „daß die Phantasieerlebnisse mindestens zwei im ganzen deutlich gesonderte Typen, den des

---

[79]   Meinong (^{2}1910), S. 381.

[80]   Meinong (^{2}1910), S. 382.

[81]   Meinong (1899), S. 462.

Schattenhaften und den des Ernstartigen aufweisen"[82]. Was macht ein Erlebnis schattenhaft oder umgekehrt ernstartig?

In *Über Annahmen* hat Meinong behauptet, daß der Unterschied zwischen Urteil und Annahme nicht hinsichtlich des Gegenstands (d. h. des Objektivs) und des Inhalts besteht, sondern gegenüber dem Akt. Was das Urteil angeht, hat Meinong ein quantitatives Moment, d. h. „das Mehr und Weniger an Gewißheit"[83], in Betracht gezogen und anerkannt, daß dem Urteil eine gewisse Variabilität zukommt. Er hat aber ausgeschlossen, daß eine derartige Variabilität auch der Annahme zugeschrieben werden kann: es gebe zwar Grade des Glaubens oder der Urteilsstärke, aber keine Grade des Annehmens oder der Annahmestärke, „weil uns die Erfahrung in bezug auf Fälle verschiedener Annahmestärke völlig im Stiche zu lassen scheint"[84]. Deshalb wurde die Annahme als „eine Art Grenzfall des Urteiles, charakterisiert durch den Nullwert der Überzeugungsstärke", definiert (s.o., § 6). Daran anknüpfend, spricht Meinong in *Über emotionale Präsentation* von den Urteilen als „Annahmen, zu denen das Glaubensmoment (in irgendeinem seiner Stärkegrade) hinzugetreten ist"[85]. Das Neue besteht nicht in der Umkehrung der Definition, sondern in der Anwendung des Paars ernstartig-schattenhaft auf die Annahme. Denn es kann passieren – argumentiert Meinong –, daß die Annahme ein Moment aufweist, das keine echte Überzeugung ist, das aber der Überzeugung so ähnlich ist, daß die Annahme dem Urteil ähnlich scheint, ohne aufzuhören, Annahme zu sein. Für solche Annahmen, die also urteilsähnlich sind, ist nicht die Benennung ‚Phantasieurteile‘ geeignet, sondern ‚urteilsartige Annahmen‘; im Gegensatz zu diesen können die Annahmen, die den Urteilen nicht so nah sind, ‚schattenhafte Annahmen‘ genannt werden. Man kann aus gutem Grund vermuten, daß das glaubensähnliche oder Quasi-Überzeugungsmoment sowohl zunehmen als auch abnehmen kann, genauso wie bei Urteilen. Tatsächlich schließt Meinong die Eventualität nicht aus, daß „zwischen diesen beiden Typen des Annehmens etwa noch

---

[82] Meinong (1917), S. 335.

[83] Meinong (²1910), S. 342.

[84] Meinong (²1910), S. 344.

[85] Meinong (1917), S. 333; vgl. auch (²1910), S. 340.

ein Mittleres zu konstatieren sein mag"[86]. Da das Paar ernstartig-schattenhaft sich nach Meinong auf alle Phantasieerlebnissen anwenden läßt, gibt es schattenhafte Phantasievorstellungen, die sich von den entsprechenden ernstartigen dadurch unterscheiden, daß sie weiter als diese von den Wahrnehmungsvorstellungen entfernt sind. Natürlich gilt das Gleiche auch für Gefühle und Begehrungen[87].

Kehren wir nun zur am Anfang skizzierten Zeichentheorie Meinongs zurück. Wie alle Worte und Sätze drücken auch diejenigen in literarischen Texten Erlebnisse aus. Da wir es mit Texten zu tun haben, die von der Phantasie erzeugt worden sind, sind die von ihnen ausgedrückten Erlebnisse meistens Phantasieerlebnisse. Tatsächlich meint Meinong, daß es sich in den Erzähltexten mit wenigen Ausnahmen hauptsächlich um Fiktionen handelt; und Fiktion, weil eine Verifikation durch die Tatsachen in solchem Fall nicht möglich ist, ist eben Annahme[88]. Wenn jedoch eine Annahme gemacht worden und also einem fiktionalen Gegenstand eine gewisse Eigenschaft zugeordnet worden ist, hat der betreffende Gegenstand diese Eigenschaft[89].

Dennoch drücken Erzählsätze nicht ausschließlich reine Annahmen aus. Historische Romane z.B. mischen erfundene Gestalten und Ereignisse mit anderen, die wirklich gewesen sind. Tatsächlich können wir in den Texten auf fiktionale Gegenstände stoßen, die den wirklichen sehr ähnlich sind und auf Prototypen in der realen Welt hinweisen, sowie auf ganz imaginäre Entitäten, als auch auf sozusagen gemischte Gegenstände, wie z.B. historische Gestalten, denen ein Autor erfundene Eigenschaften zugeschrieben hat, oder umgekehrt auf völlig erfundene Figuren, die Eigenschaften besitzen, die sie gewissen wirklichen Figuren ähnlich machen. Mit dem Paar ernstartig-schattenhaft und dessen Mittlerem kann man eine solche Mannigfaltigkeit zu erklären versuchen. Hierzu ist anzunehmen, daß der qualitativen Variabilität der Erlebnisse eine qualitative Variabilität der Gegenstände entspricht, d. h. verschiedenen Typen von Gegenständen. Umgekehrt kann diese Sachlage folgenderweise formuliert werden: ver-

---

[86] Meinong (1917), S. 334.

[87] Vgl. Meinong (1917), S. 334-335, 371.

[88] Vgl. Meinong (^{2}1910), S. 109, 115.

[89] Vgl. Meinong (1917), S. 374.

schiedenen Arten fiktionaler Gegenstände entsprechen verschiedene Arten von Phantasieerlebnissen[90]. Diese Entsprechung ist keinesfalls mechanisch und zeigt, wie bei der oben betrachteten Analogie, Unvollständigkeiten und Besonderheiten, die diese Untersuchungslinie schwierig aber gleichzeitig reizvoll machen.

Venanzio Raspa
Università degli Studi di Urbino
v.raspa@uniurb.it

---

[90] Dazu sind gegenstandstheoretische Begriffe notwendig, von denen die meisten in *Über Möglichkeit und Wahrscheinlichkeit* (1915) entwickelt worden sind und die in der vorliegende Arbeit nicht in Betracht gezogen werden. Grob gesprochen entsprechen Urteilen tatsächliche oder untatsächliche Objektive, während Annahmen Objektive entsprechen, deren Tatsächlichkeit offen ist und die Meinong ‚untertatsächlich' nennt. Der Variabilität der Annahmen zwischen Ernstartigkeit und Schattenhaftigkeit (das Mittlere eingeschlossen) entsprechen Grade der Untertatsächlichkeit der Objektive. Das Gleiche gilt bezüglich der Vorstellungen. In *Über Annahmen* behauptet Meinong, daß Ernstvorstellungen denselben Gegenstand der Phantasievorstellungen haben können, wohingegen der Gegenstand einer Wahrnehmungsvorstellung ein vollständiges Individuum sein kann, während eine Phantasievorstellung, wenn sie auch ernstartig ist, einen in der Erzählung fiktionalen Gegenstand präsentiert, der zwar auf einen Prototyp in der realen Welt hinweist, der sich aber der Vollständigkeit nur nähert; was mit den Begriffen von Hilfs- und Zielgegenstand dargestellt werden kann. Der von einer mehr oder weniger schattenhaften Phantasievorstellung präsentierte Gegenstand ist auch unvollständig und zwar in verschiedenen Graden. Ich habe eine solche zur Zeit noch unvollständige Untersuchung erstmals in Raspa (2001) unternommen und dann in Raspa (2005) fortgesetzt.

Literatur

Ameseder, Rudolf (1904a), „Beiträge zur Grundlegung der Gegenstands-theorie", in Meinong [Hrsg.] (1904a), S. 51-120.

– (1904b), „Über Vorstellungsproduktion", in Meinong [Hrsg.] (1904a), S. 481-508.

Antonelli, Mauro (1994), *Die experimentelle Analyse des Bewußtseins bei Vittorio Benussi*, Amsterdam-Atlanta (GA) 1994.

Benussi, Vittorio (1902), „Über den Einfluß der Farbe auf die Größe der Zöllner'schen Täuschung", *Zeitschrift für Psychologie und Physiologie der Sinnesorgane*, 29, 1902, S. 264-351, 385-433.

Benussi-Liel, Wilhelmine (1914), Zusätze zu Meinong (1889), in Meinong (1914), S. 272-277; Nachdr. in *GA* I, S. 272-277.

Bradley, Francis Herbert ([2]1897), *Appearance and Reality. A Metaphysical Essay*, London [2]1897 ([1]1893).

De Sarlo, Francesco (1907), „La fantasia nella psicologia contemporanea", *La Cultura Filosofica*, 1, 1907, S. 145-150.

Dölling, Evelyn (1998), „Zeichen und Annahmen. Alexius Meinongs zeichenphilosophische Untersuchungen", *Kodikas*, 21, Nr. 3-4, 1998, S. 1-15.

Ehrenfels, Christian von (1890), „Ueber Gestaltqualitäten", *Vierteljahrsschrift für wissenschaftliche Philosophie*, 14, 1890, S. 249-292.

Fabro, Cornelio ([2]1961), *Fenomenologia della percezione*, Brescia [2]1961 ([1]1941).

Hazay, Olivér von (1913), „Gegenstandstheoretische Betrachtungen über Wahrnehmung und ihr Verhältnis zu anderen Gegenständen der Psychologie", *Zeitschrift für Psychologie und Physiologie der Sinnesorgane, I. Abt.: Zeitschrift für Psychologie*, 67, 1913, S. 214-260.

Höfler, Alois (1906), Rezension. *Untersuchungen zur Gegenstandstheorie und Psychologie*. Mit Unterstützung des k. k. Ministeriums für Kultus und Unterricht in Wien. Leipzig, Joh. Ambr. Barth. 1904, X u. 634 S.

Mk. 18, *Zeitschrift für Psychologie und Physiologie der Sinnesorgane, I. Abt.: Zeitschrift für Psychologie*, 42, 1906, S. 192-207.

Lindenfeld, David F. (1980), *The Transformation of Positivism. Alexius Meinong and European Thought, 1880-1920*, Berkeley/Los Angeles/London 1980.

Meinong, Alexius (1882), „Hume-Studien II. Zur Relationstheorie", *Sitzungsberichte der Kaiserlichen Akademie der Wissenschaften. Phil.-hist. Klasse*, 101, 1882, S. 573-752; Nachdr. in *GA* II, S. 1-172.

–   (1888/89), „Über Begriff und Eigenschaften der Empfindung", *Vierteljahrsschrift für wissenschaftliche Philosophie*, 12, 1888, S. 324-354, 477-502; 13, 1889, S. 1-31; Nachdr. in *GA* I, S. 109-185.

–   (1889), „Phantasie-Vorstellung und Phantasie", *Zeitschrift für Philosophie und philosophische Kritik*, 95, 1889, S. 161-244; Nachdr. in *GA* I, S. 193-271.

–   (1891), „Zur Psychologie der Komplexionen und Relationen", *Zeitschrift für Psychologie und Physiologie der Sinnesorgane*, 2, 1891, S. 245-265; Nachdr. in *GA* I, S. 279-300.

–   (1894), „Beiträge zur Theorie der psychischen Analyse", *Zeitschrift für Psychologie und Physiologie der Sinnesorgane*, 6, 1894, S. 340-385, 417-455; Nachdr. in *GA* I, S. 305-388.

–   (1899), „Über Gegenstände höherer Ordnung und deren Verhältnis zur inneren Wahrnehmung", *Zeitschrift für Psychologie und Physiologie der Sinnesorgane*, 21, 1899, S. 182-272; Nachdr. in *GA* II, S. 377-471.

–   (1902), *Über Annahmen*, 1. Aufl., Leipzig 1902.

–   [Hrsg.] (1904a), *Untersuchungen zur Gegenstandstheorie und Psychologie*, Leipzig 1904.

–   (1904b), „Über Gegenstandstheorie", in Meinong [Hrsg.] (1904a), S. 1-50; Nachdr. in *GA* II, S. 481-530.

–   (1906a), *Über die Erfahrungsgrundlagen unseres Wissens*, in *Abhandlungen zur Didaktik und Philosophie der Naturwissenschaft*, Bd. 1, H. 6, 1906, S. 379-491; Nachdr. in *GA* V, S. 367-481.

– (1906b), „In Sachen der Annahmen", *Zeitschrift für Psychologie und Physiologie der Sinnesorgane. I. Abt.: Zeitschrift für Psychologie*, 41, 1906, S. 1-14; Nachdr. in *GA* IV, S. 491-506.

– (1910), *Über Annahmen*, 2. umgearbeitete Aufl., Leipzig 1910; Nachdr. in *GA* IV, S. 1-389, 517-535.

– (1914), *A. Meinong's Gesammelte Abhandlungen. Abhandlungen zur Psychologie*, Bd. 1, Leipzig 1914.

– (1915), *Über Möglichkeit und Wahrscheinlichkeit. Beiträge zur Gegenstandstheorie und Erkenntnistheorie*, Leipzig 1915; Nachdr. in *GA* VI, S. XV-XXII, 1-728 e 777-808.

– (1917), *Über emotionale Präsentation*, in *Sitzungsberichte der Akademie der Wissenschaften in Wien. Phil.-hist. Klasse*, 183, Abh. 2, 1917; Nachdr. in *GA* III, S. 283-476.

– (1921), „A. Meinong [Selbstdarstellung]", in R. Schmidt [Hrsg.], *Die deutsche Philosophie der Gegenwart in Selbstdarstellungen*, Bd. 1, Leipzig 1921, S. 91-150; Nachdr. in *GA* VII, S. 1-62.

– (1968-1978), *Alexius Meinong Gesamtausgabe*, hrsg. von R. Haller und R. Kindinger gemeinsam mit R. M. Chisholm, Graz 1968-1978 [Abk.: *GA*].

– *Über Phantasie*, Meinong-Nachlaß, Karton VIII/d, Universitätsbibliothek Graz.

– *Sach-Index zur Psychologie*, Meinong-Nachlaß, Karton XIII/c, Universitätsbibliothek Graz.

Morscher, Edgar (1973), „Meinongs Bedeutungslehre", *Revue Internationale de Philosophie* 27, Nr. 104-105, 1973, S. 178-206.

Ölzelt-Newin, Anton (1887), *Über Phantasie-Vorstellungen*, Graz 1887.

Raspa Venanzio (1999), *In-contraddizione. Il principio di contraddizione alle origini della nuova logica*, Trieste 1999.

– (2001), „Zeichen, ‚schattenhafte' Ausdrücke und fiktionale Gegenstände. Meinongsche Überlegungen zu einer Semiotik des Fiktiven", *Zeitschrift für Semiotik*, 23, H. 1, 2001, S. 57-77.

- (2005), „Forme del più e del meno in Meinong", *Rivista di Estetica*, 45, 2005 (erscheint demnächst).

Saxinger, Robert (1904), „Über die Natur der Phantasiegefühle und Phantasiebegehrungen", in Meinong [Hrsg.] (1904a), S. 579-606.

- (1906), „Beiträge zur Lehre von der emotionalen Phantasie", *Zeitschrift für Psychologie und Physiologie der Sinnesorgane*, 40, 1906, S. 145-159.

- (1908), „Gefühlssuggestion und Phantasiegefühl", *Zeitschrift für Psychologie und Physiologie der Sinnesorgane, 1. Abt.: Zeitschrift für Psychologie*, 46, 1908, S. 401-428.

Schwarz, Ernst (1903), *Über Phantasiegefühle*, Diss. Universität Graz 1903.

- (1905/06), „Über Phantasiegefühle", *Archiv für systematische Philosophie*, 11, 1905, S. 481-496; 12, 1906, S. 84-103.

- (1925), *Beiträge zur Lehre von der intellektuellen Phantasie*, Graz-Wien-Leipzig 1925.

Stock, Wolfgang G. (1995), „Die Genese der Theorie der Vorstellungsproduktion der Grazer Schule", *Grazer philosophische Studien*, 50, 1995, S. 457-490.

Twardowski, Kazimierz (1894), *Zur Lehre vom Inhalt und Gegenstand der Vorstellungen*, Wien 1894; Nachdr. mit e. Einl. von R. Haller, München-Wien 1982.

Witasek, Stephan (1896), „Über willkürliche Vorstellungsverbindung", *Zeitschrift für Psychologie und Physiologie der Sinnesorgane*, 12, 1896, S. 185-225.

- (1897a), „Beiträge zur speciellen Dispositionspsychologie", *Archiv für systematische Philosophie*, 3, 1897, S. 273-293.

- (1897b), „Beiträge zur Psychologie der Komplexionen", *Zeitschrift für Psychologie und Physiologie der Sinnesorgane*, 14, 1897, S. 401-435.

- (1908), *Grundlinien der Psychologie*, Leipzig 1908.

„…DIESER UMWEG FÜHRT ÜBER SPRACHLICHE AUSDRÜCKE, DURCH DIE SICH ANNAHMEN VERRATEN": EINE SEMIOTISCHE SICHT AUF MEINONGS ANNAHMENLEHRE

Evelyn Dölling

Zusammenfassung

Kaum jemand wird bestreiten, dass Annahmen in allen Lebensbereichen eine Rolle spielen. Alexius Meinong hat ihnen am Beginn des 20. Jahrhunderts ein umfangreiches Werk gewidmet. Er hat danach gefragt, wodurch sich Annahmen von anderen psychischen Akten unterscheiden, was das ist, was wir annehmen, und mit welchen Mitteln sich Annahmen ausdrücken lassen. Dieser Beitrag rekonstruiert Meinongs Annahmenlehre aus einer semiotischen Perspektive und interessiert sich deshalb vor allem für die sprachlichen und nichtsprachlichen Ausdrucksmittel von Annahmen. Er stellt empirische Befunde für die These zusammen, dass die Art des psychischen Aktes im allgemeinen wie der Annahmen im besonderen von der Art der sprachlichen und nichtsprachlichen Zeichen abhängt.

1. Einführung

Im Alltag, in der Wissenschaft, in der Literatur und Kunst, im Spiel sowie in vielen anderen Bereichen unseres Lebens werden Annahmen gemacht. Annehmen können wir nicht nur das, was der Fall ist, sondern auch das, was nicht der Fall ist. Annehmen können wir auch das, von dem wir wissen oder glauben, dass es nicht der Fall ist. Wir können annehmen, dass es nichtexistierende und logisch widersprüchliche Gegenstände gibt. Wir können vermuten, dass das, was wir annehmen wahr ist; vermuten können wir auch, dass das, was wir annehmen falsch ist.

Was nehmen wir an, wenn wir eine Annahme machen? *Worin* unterscheiden sich Annahmen von anderen psychischen Akten wie den Vorstellungen, Urteilen, Gefühlen und Begehrungen? *Wie* werden Annahmen in der Sprache ausgedrückt? *Welche* weiteren Mittel gibt es, um Annahmen auszudrücken? *Wodurch* unterscheiden sich Annahmen voneinander?

Mit diesen Fragen hat sich Alexius Meinong in seinem Buch *Über Annahmen*, das in erster Auflage 1902 und in einer wesentlich erweiterten und überarbeiteten zweiten Version 1910 erschien, beschäftigt.[1] Das „Wesen" von Annahmen aufzudecken, war seine Absicht, ihr „sprachliches Gewand", in das sie gekleidet sind, zu enthüllen, ein eher beiläufiges Unternehmen. Und dennoch ist es dieses „Gewand", durch das sich uns, wie Meinong betont, die „Annahmen verraten"[2]. Es ist das für „die Untersuchung Greifbarere"[3], es *drückt* die psychischen Akte *aus*[4]. Die Art der psychischen Akte im allgemeinen wie der Annahmen im besonderen hängt so von der Art der sprachlichen Zeichen ab.[5]

Anliegen dieses Beitrags ist, Meinongs Annahmenlehre aus einer semiotischen Perspektive zu untersuchen.[6] Abschnitt 2 diskutiert die für Meinongs Lehre von den Annahmen grundlegenden zeichen- und gegenstandstheoretischen sowie psychologischen Begriffe und die Relationen zwischen Zeichen, Erlebnissen und Gegenständen. Der 3. Abschnitt bespricht Kriterien, nach denen Meinong Annahmen in verschiedene Arten

---

[1]   Im Vorwort zur ersten Ausgabe hebt Meinong hervor, dass ihn seine Schülerin Mila Radaković auf die Kategorie der Annahmen aufmerksam gemacht hat. Ihr widmete er deshalb auch sein Buch. Marty, Husserl und insbesondere Russell (1904) haben sich kritisch mit Meinongs Annahmenlehre auseinandergesetzt. Vgl. auch Haller (1972), Weinberger (1976), Simons (1986), Stepanians (1995), Rollinger (1996), Dölling (1998a), (1998b), Poli (2001) und Raspa (2001).

[2]   Vgl. *ÜA*: 20.

[3]   Vgl. *ÜA*: 146.

[4]   Vgl. *ÜA*: 24ff.

[5]   Vgl. *ÜA*: 33ff, 53ff, 106ff sowie 359ff.

[6]   Meinongs Zeichenlehre wird u.a. skizziert in Haller (1959), Morscher (1973), Dölling (1998), (1998a), Poli (2001), Raspa (2001) und Simons & Morscher (2001).

unterteilt, und fragt nach den Funktionen der unterschiedlichen Annahmearten im kommunikativen Verhalten von Menschen. Im 4. Abschnitt werden einige offene Fragen zusammengefasst.

2. Zeichenlehre

Die Semiotik ist die Wissenschaft von den *Zeichen*. Sie untersucht Zeichensysteme und Prozesse, in denen Zeichen von Menschen und anderen Lebewesen gebraucht werden.[7] Ein Zeichen kann aufgefasst werden als eine Einheit aus einer *Zeichenform* und einem *Zeicheninhalt*, wobei die Zeichenform eine abstrakte Größe ist, die einzelnen Realisationen als gemeinsames Muster zugrundeliegt. Der Zeicheninhalt als Konzept oder Perzept ist ein mentales Gebilde. Von der Zeichenform unterschieden ist der Zeichenkörper (der Zeichenträger, das Zeichentoken) als physikalisches Lautereignis, als realisierte Geste oder als ein anderes konkretes Gebilde. Der *Zeichengegenstand* ist der Gegenstand, auf den der Zeicheninhalt zutrifft und der daher mit dem betreffenden Zeichen bezeichnet wird. Es gibt Zeichen, die nicht auf einen konkreten Gegenstand verweisen, aber trotzdem etwas bezeichnen. So können wir mit dem Wort „Pegasus" durchaus auf etwas verweisen und es bezeichnen, obwohl es sich bei dem Bezeichneten nur um ein Phantasieprodukt handelt.[8]

Von einem Zeichen sagt man auch, dass es *etwas ist, das für etwas anderes für jemanden steht*. Diese Auffassung von einem Zeichen ist jener von Meinong ähnlich. Sie ist aber auch mit der oben zugrunde gelegten verträglich. Beide Ansichten unterscheiden sich jedoch hinsichtlich der Spezifizierung der Relation *stehen für*. Meinong – und nur dessen Auffassung wird im weiteren betrachtet – sagt, dass ein Zeichen in doppelter Hinsicht für etwas steht: zum einen drückt ein Zeichen etwas aus und zum anderen bedeutet ein Zeichen etwas.[9] Das, was es ausdrückt, wird in der

---

[7]   In Nöth (2000) sind verschiedene Auffassungen über den Gegenstand der Semiotik sowie unterschiedliche Ansichten über den Zeichenbegriff zusammengestellt.

[8]   Vgl. Dölling (1998b).

[9]   Vgl. *ÜA*: 21ff.

Psychologie untersucht, und das, was es bedeutet, in der Gegenstandstheorie. Die *Psychologie* untersucht die Grundklassen aller psychischen Phänomene oder *Erlebnisse* (Vorstellungen, Annahmen, Urteile, Gefühle und Begehrungen), die auf Gegenstände gerichtet sind. Die *Gegenstandstheorie* befasst sich mit den Hauptklassen der *Gegenstände* (Objekte, Objektive, Dignitative und Desiderative), die durch die Erlebnisse *präsentiert* werden, und fragt nach der Art des Erkennens von Gegenständen.[10]

Meinongs *Zeichenlehre* hat die Gegenstandstheorie und Psychologie zu ihrer Grundlage und interessiert sich für die sprachlichen und die nichtsprachlichen *Zeichen* insofern, als diese Erlebnisse *ausdrücken* und Gegenstände bedeuten.[11] Sie umfasst so drei „Elemente" und die Beziehungen zwischen ihnen: die Zeichen, die Erlebnisse und die Gegenstände sowie die Relationen „ausdrücken", „präsentieren" und „bedeuten". In dieser Reihenfolge werden die „Elemente" und die Relationen im folgenden besprochen.

2.1 Zeichen, Erlebnisse, Gegenstände

2.1.1 Zeichen

Meinong entwickelt seinen Zeichenbegriff auf dem Hintergrund der Arbeiten von Richard Gätschenberger, Eduard Martinak und Edmund Husserl[12] und modifiziert ihn für die Anwendung auf die Annahmentheorie. Ganz allgemein charakterisiert er ein *Zeichen* als etwas, das für etwas anderes steht, auf das jemand schließen kann.[13]

---

[10] Vgl. *Selbst*: 13ff.

[11] Morscher (1973) sowie Simons & Morscher (2001) systematisieren Meinongs Lehre von der Bedeutung sprachlicher Zeichen. Mit Meinongs Bedeutungstheorie beschäftigen sich auch verschiedene andere Autoren, unter ihnen Parsons (1980), Routley (1980), Lambert (1983), Jacquette (1996) und Dölling (1998b).

[12] In Dölling (1998a) wird ausführlich der Zusammenhang zwischen Meinongs Zeichentheorie und den Zeichenlehren von Gätschenberger, Martinak und Husserl besprochen.

[13] Vgl. *ÜA*: 21 und 26.

Meinong unterteilt die Zeichen in verschiedene Arten. *Erstens* werden die Zeichen in Abhängigkeit davon, ob sie sozusagen „von selbst entstehen" oder ob sie von Individuen mit einer bestimmten Absicht hergestellt wurden, in die *realen* und die *finalen Zeichen* unterschieden. Zu den *realen Zeichen* gehören beispielsweise die den Regen anzeigenden dunklen Wolken oder Tierspuren in der Nähe eines Bauerngehöfts, aus denen man auf das Vorhandensein von Tieren in diesem Bauerngehöft schließen kann.

Da Meinong sich vor allem für die *finalen Zeichen* interessiert, betreffen die weiteren Unterscheidungen diese Zeichen, die zunächst *zweitens* unterteilt werden in die *sprachlichen* und die *nichtsprachlichen Zeichen*. Die *sprachlichen Zeichen* umfassen die Wörter und Sätze. *Nichtsprachliche Zeichen* sind Gesten, mimische Ausdrücke, Theatervorstellungen, Gemälde u.a.[14] Da die Zeichenproduzenten, wenn sie Zeichen erzeugen, die Absicht haben, etwas mitzuteilen, nennt Meinong die finalen Zeichen „mitteilende Zeichen".[15]

Fragt man, wofür diese Zeichen stehen, so lautet Meinongs Antwort, dass ihnen als Bezeichnetes, als „Bedeutung", zunächst eine psychische Tatsache gegenübersteht und sodann vermittelt über diese ein Gegenstand. Er schreibt:

> Ist A das Zeichen, das eine psychische Tatsache B […] zu seiner „Bedeutung" hat, und hat B den Gegenstand C, so ist dadurch A nicht nur mit B, sondern in neuer Weise auch mit C verknüpft, […]. (ÜA: 23)

Diese Relationen werden in 2.2 behandelt.

Drittens ist zwischen *aktuellen* und *möglichen Zeichen* zu differenzieren.[16] Die *aktuellen Zeichen* sind die bis zu einem bestimmten Zeitpunkt tatsächlich gebildeten Zeichen, die *möglichen Zeichen* all jene Ausdrücke, die speziell mit Hilfe eines gegebenen Vokabulars gebildet werden können.

Viertens sind von den einzelnen *Zeichenäußerungen*, den tokens, die diesen zugrunde liegenden abstrakten Einheiten, die *allgemeinen Zeichen*,

---

[14]   Vgl. *ÜA*: 106ff.
[15]   Vgl. *ÜA*: 22.
[16]   Vgl. *ÜA*: 26.

die types, zu unterscheiden.[17] Eine Äußerung ist jegliches konkrete Hervorbringen eines Zeichens zu einem Zweck, unter anderem zu einem kommunikativen Zweck.

2.1.2 Erlebnisse

Die *psychischen Erlebnisse* unterteilt Meinong in die *intellektuellen* und die *emotionalen Erlebnisse*, durch die Gegenstände erfasst bzw. präsentiert[18] werden können. Zu den *emotionalen Erlebnissen* gehören Gefühle und Begehrungen. Zu den *intellektuellen Erlebnissen* gehören das Vorstellen und das Denken, letzteres umfasst Urteile und Annahmen, die von Meinong zusammenfassend als „Gedanken" bezeichnet werden. Dieser Beitrag berücksichtigt nur die intellektuellen Erlebnisse.

Das Wort „Annahme" verwendet Meinong als technischen Ausdruck für alle Erlebnisse, die dem Zwischengebiet zwischen Vorstellen und Urteilen angehören. Annahmen besitzen im Unterschied zu Urteilen kein Überzeugungsmoment.[19] Der Annehmende muss sich nicht auf die Wahrheit des von ihm Angenommenen festlegen. Annahmen sind aber auch keine Vorstellungen, da sie wie die Urteile die ja/nein-Polarität haben, die den Vorstellungen fehlt.[20]

2.1.3 Gegenstände

Da alles *Gegenstand* ist, lässt sich der Begriff „Gegenstand" nicht definie-

---

[17] Vgl. *ÜA*: 25.

[18] Meinong benützt in *Über Annahmen* nicht nur die Begriffe „erfassen" und „präsentieren", sondern auch „aggredieren". Über das Verhältnis von Erfassen und Präsentieren vgl. ausführlich Marek (1995).

[19] Das Überzeugungsmoment spielt allerdings in manchen Fällen eine Rolle. Vgl. dazu S. 143.

[20] Vgl. *ÜA*: 6, *Selbst*: 19. Über die Auseinandersetzungen um das Verhältnis von Vorstellungen, Annahmen und Urteilen in der Geschichte der Philosophie vgl. u.a. Haller (1972) und Weinberger (1976).

ren.[21] Den Gegenständen ist es nicht wesentlich, erfasst bzw. präsentiert zu werden, wohl aber erfasst bzw. präsentiert werden zu können. Meinong differenziert nach bestimmten Kriterien zwischen verschiedenen Gegenstandsarten. Für die vorliegende Arbeit ist die Unterteilung der Gegenstände in Abhängigkeit von den sie präsentierenden Haupterlebnisklassen interessant. Hier ist zu unterscheiden zwischen den *Objekten*, den Gegenständen von Vorstellungen, den *Objektiven*, den Gegenständen von Urteilen und Annahmen, sowie den *Dignitativen*, den Gegenständen gefühlsmäßiger Erlebnisse, und den *Desiderativen*, den Gegenständen des Wünschens und Wollens.[22] Meinong betont ausdrücklich, dass es sich bei dieser Einteilung nicht um eine psychologische Einteilung, sondern um eine apsychologische Klassifikation handelt. Die Gegenstände werden nicht durch die psychischen Akte konstituiert, die Akte sind auf die Gegenstände gerichtet.

Die logische Form des psychischen Aktes bzw. des ihn ausdrückenden Satzes führt Meinong zur Unterteilung der Objektive. Danach gibt es Objektive der Form ‚dass Anna existiert‘ (*Seinsobjektiv*), ‚dass Schneewittchen nicht existiert‘ (*Nichtseinsobjektiv*), ‚dass Anna tanzt‘ (*Soseinsobjektiv*), ‚dass Anna nicht träumt‘ (*Nichtsoseinsobjektiv*) und ‚dass Anna glücklich ist, wenn sie tanzt‘ (*Mitseinsobjektiv*).[23]

2.2 Die Relationen „ausdrücken“, „präsentieren“, „bedeuten“

Zeichen, Erlebnisse und Gegenstände stehen in verschiedenen Relationen zueinander.

> Jedes innere Erlebnis, mindestens jedes ausreichend elementare, hat (*präsentiert*, E. D.) einen […] Gegenstand, und sofern das Erlebnis zum *Ausdruck* gelangt, also zunächst in den Wörtern und Sätzen der Sprache, steht solchem Ausdruck normalerweise eine *Bedeutung* gegenüber und diese ist jederzeit ein Gegenstand. (*Selbst*: 15)

---

[21]   Vgl *Selbst*: 14.
[22]   Vgl. *Selbst*: 16 und *ÜA*: 60.
[23]   Vgl. *Selbst*: 20.

Betrachten wir der Reihe nach die Relationen „ausdrücken", „präsentieren" und „bedeuten".

2.2.1 Ausdrücken

Ausdrücken ist eine Relation zwischen einem *Zeichen* und einem *psychischen Erlebnis*. Meinong untersucht insbesondere die sprachlichen Zeichen (Wörter und Sätze), die die Erlebnisse ausdrücken[24], lässt aber auch
die nichtsprachlichen Zeichen nicht unberücksichtigt. Auch sie können
bestimmte Erlebnisse ausdrücken. Dass wir zu ihrer Beschreibung die
sprachlichen Zeichen verwenden, tut dem nichtsprachlichen Ausdrücken
keinen Abbruch.

Wenden wir uns nun den sprachlichen Zeichen zu. Über deren *Aus-
drucksfunktion* ist bei Meinong zu lesen:

> Vorstellungen finden wir in einzelnen Wörtern oder Wortkomplexen,
> Urteile in Sätzen ausgedrückt: dagegen stehen den Annahmen als
> Ausdruck sowohl Wörter (einschließlich Wortkomplexe) wie Sätze
> gegenüber. (*ÜA*: 360)

Zwei Beispiele sollen Meinongs Ausführungen illustrieren. Wenn Paul
sagt

(1)   *Maria ist klug,*

so drückt das Wort „Maria" seine Vorstellung von Maria aus, während der
ganze Satz sein Urteil ausdrückt. Wenn Paul sagt

(2)   *Wenn Maria doch klug wäre,*

drückt er wieder mit dem Wort „Maria" seine Vorstellung von Maria aus,
mit dem ganzen Satz hingegen seine Annahme, Maria sei nicht klug. Die
Art des psychischen Aktes hängt also, wie bereits angemerkt, von der Art

---

[24]   Meinong verwendet häufig statt „ausdrücken" das Wort „bedeuten" (vgl. *ÜA*:
        23ff, *GhO*: 385). In diesem Aufsatz wird für die Relation zwischen Zeichen und
        psychischen Erlebnissen „ausdrücken" benützt, für jene zwischen Zeichen und
        Gegenständen „bedeuten".

der sprachlichen Zeichen ab. Allerdings, und das folgt unmittelbar aus Meinongs Charakterisierung von Annahmen und Urteilen als Erlebnisse ohne oder mit Überzeugungsmoment, lässt sich der Unterschied zwischen den beiden Erlebnisklassen nicht immer auf der Ebene des sprachlichen Ausdrucks identifizieren. Ist Paul von seiner Äußerung (1) nicht überzeugt, so drückt er mit dieses Äußerung kein Urteil, sondern eine Annahme aus.[25]

Vom *aktuellen Ausdrücken* ist das *potentielle Ausdrücken* zu unterscheiden.[26] Während die aktuellen, d.h. die tatsächlich gebildeten Zeichen ein psychisches Erlebnis aktuell ausdrücken, drücken die potentiellen Zeichen dieses eben nur potentiell aus.[27]

2.2.2 Präsentieren

Präsentieren ist eine Relation zwischen einem *psychischen Erlebnis* und einem *Gegenstand*. Sie wird auch „intentionale Relation" genannt. Obwohl es nicht zu jedem Gegenstand tatsächlich ein ihn präsentierendes Erlebnis gibt, ist es nach Meinong doch einem jeden Gegenstand „wesentlich", dass er zumindest erfasst bzw. präsentiert werden kann.[28] Verschiedene Erlebnisse präsentieren unterschiedliche Gegenstände. Während Vorstellungen Objekte präsentieren, präsentieren Urteile und Annahmen Objektive.

Betrachten wir noch einmal den Satz (1). Hier drückt Paul mit seiner Äußerung ein Urteil oder eine Annahme aus, das/die das Objektiv ‚dass Maria klug ist' *präsentiert*. Seine Vorstellung präsentiert ihm den Gegenstand ‚Maria'. Urteile und Annahmen scheinen hinsichtlich der durch sie präsentierten Objektive ununterscheidbar zu sein. Meinongs Beobachtungen lassen allerdings erkennen, dass es Objektive gibt, die nicht durch Urteile, sondern nur durch Annahmen präsentiert werden können. Sagt jemand, dass er *nicht* glaubt, dass p, *bezweifelt* er, dass p, oder ist er *nicht*

---

[25]   Vgl. *ÜA*: 245.
[26]   Vgl. *ÜA*: 26.
[27]   Vgl. Abschnitt 2.1.
[28]   Vgl. *Selbst*: 22.

davon überzeugt, dass p, dann handelt es sich um ein *mittelbar* erfasstes Objektiv, das nur durch eine Annahme präsentiert sein kann.[29] Überhaupt vertritt Meinong die Ansicht, „dass"-Sätze seien ein besonders geeignetes sprachliches Mittel, Annahmen auszudrücken. Und das nun wiederum heißt: die die Objektive präsentierenden Erlebnisse sind Annahmen.

Nun sind es genau genommen nicht die Vorstellungen bzw. Urteile und Annahmen, die Gegenstände präsentieren, sonderen deren Inhalte. Meinong übernimmt hier Twardowskis Unterscheidung der Vorstellungen in *Akt*, *Inhalt* und *Gegenstand* und wendet sie auf die anderen intellektuellen Erlebnisse an.[30] Der Inhalt als ein Moment unseres psychischen Erlebnisses ist das, was sich am Erlebnis ändert (oder konstant bleibt), je nachdem, ob sich der Gegenstand, nach dem das Erlebnis sich richtet, verändert (oder nicht).[31]

2.2.3 Bedeuten

Bedeuten ist eine Relation zwischen einem *Zeichen* und einem *Gegenstand*, insbesondere zwischen einem sprachlichen Zeichen und einem Gegenstand. Sprachliche Zeichen bedeuten die Gegenstände nicht direkt, sondern nur insofern, als die psychischen Erlebnisse, die durch die Zeichen ausgedrückt werden, die Gegenstände präsentieren. Bei Meinong ist zu lesen:

> Ein Wort bedeutet nur, sofern es ausdrückt, genauer, insofern es ein intellektuelles Erlebnis ausdrückt, dessen Gegenstand dann die Bedeutung des Wortes ausmacht. (*ÜA*: 26)

Da außer den Wörtern auch die Sätze etwas ausdrücken, haben diese ebenfalls eine Bedeutung. Die Bedeutungen der von Sätzen ausgedrückten Urteile oder Annahmen sind die Objektive.[32] Schauen wir uns noch einmal den Satz (1) an und betrachten ihn nun unter dem Aspekt der Be-

---

[29]   Vgl. *ÜA*: 150ff.
[30]   Vgl. *GhO*: 381ff, *ÜA*: 338ff.
[31]   Vgl. *Selbst*: 23f.
[32]   Vgl. *ÜA*: 361.

deutung. Pauls Äußerung bedeutet nicht ein Urteil oder eine Annahme, das er trifft bzw. die er macht, sondern das Objektiv, den Sachverhalt[33], ‚dass Maria klug ist'. Paul nimmt Bezug auf ein Objektiv, indem er einen Ausdruck äußert, der ein Urteil oder eine Annahme ausdrückt, die den Gegenstand präsentiert. Der präsentierte Gegenstand ist die Bedeutung jenes Urteils oder dieser Annahme. Bedeuten setzt in Meinongs Zeichenlehre also immer das Ausdrücken psychischer Erlebnisse voraus.

Aus dem Prinzip, dass es keine Bedeutung ohne Ausdruck gibt, folgert Meinong nicht, dass jeder Ausdruck eine Bedeutung haben muss.[34] Zu den Ausdrücken, die keine Bedeutung in dem oben charakterisierten Sinn haben, zählt er Interjektionen und Wörter wie „ja" und „nein". Ihnen weist er eine Kontextbedeutung zu.

Meinong unterscheidet zwischen dem *aktuellen* und dem *potentiellen Bedeuten*. Da die aktuellen Zeichen ein psychisches Erlebnis tatsächlich ausdrücken, haben sie eine aktuelle Bedeutung. Entsprechend haben die potentiellen Zeichen eine potentielle Bedeutung. Es ist die letztere, die „Aufnahme im Wörterbuch" findet und die unabhängig von den Besonderheiten des aktuellen Bedeutens ist.[35] Unter der potentiellen Bedeutung ist nicht das zu verstehen,

> was gerade dieser oder jener damit meint, sondern was die Gesamtheit oder Mehrzahl der Redenden meint und sonach der einzelne vernünftigerweise meinen „sollte" (*ÜA*: 25).

Das aktuelle Bedeuten ist immer an den konkreten Zeichengebrauch durch einen Zeichenbenützer gebunden.

> Das lebendige Bedeuten ist [...] stets ein Bedeuten für jemanden. (*ÜA*: 26)

---

[33]   Angemerkt sei, dass Meinongs Begriff des Objektivs dem üblichen Begriff des Sachverhalts verwandt ist, allerdings wohl kaum dem der Proposition. Meinong selbst drückt sich in dieser Hinsicht nicht sehr klar aus. Vgl. insbesondere *ÜA*: 101ff.

[34]   Vgl. *ÜA*: 27.

[35]   Vgl. *ÜA*: 26.

So haben wir es nach Meinong bei der Relation „bedeuten", wenn es sich um das aktuelle Bedeuten handelt, nicht mit einer zwei-, sondern einer dreistelligen Relation zu tun.

Auf einen in der Rezeption von Meinongs Zeichenlehre häufig übersehenen Aspekt soll hier noch aufmerksam gemacht werden. Es handelt sich um das *Verstehen* oder den kommunikativen Aspekt von Zeichen.[36] Verwenden Menschen Zeichen, so tun sie dies nicht nur, um ihre eigenen psychischen Erlebnisse auszudrücken, sondern insbesondere mit dem *Zweck*, anderen Menschen etwas *mitzuteilen*.[37] Der Zweck der Mitteilung ist, dass das Ausgedrückte auch *verstanden* wird.

> [...] der Hörer (wird) die Rede verstehen, sofern er auf Grund des Gehörten von den psychischen Vorgängen Kenntnis nimmt, die zum sprachlichen Ausdruck gelangt sind. Speziell für den Satz, sofern er ein Urteil ausdrückt, hat dies dann zu bedeuten, dass das Verstehen des Hörers darin besteht, zur Überzeugung zu gelangen, dass der Redende und worüber er urteilt. (*ÜA*: 38f)

Wenden wir diese Ausführungen auf die Annahmen an, dann besteht das Verstehen des Hörers darin, dass er annimmt, dass der Redende eine Annahme gemacht hat. Das ist nach Meinong die Minimalbedingung für das Verstehen einer Rede. Wirklich verstanden hat der Hörer die Rede aber erst dann, wenn er auch ihre Bedeutung kennt.

> Deutlicher und genauer aber bleibt es jederzeit, zu sagen: Verstehen eines Gesprochenen (natürlich auch Geschriebenen) besteht im Erfassen seiner Bedeutung. (*ÜA*: 361)

Äußert ein Sprecher den Satz

(3) *Ich nehme an, dass es morgen regnen wird,*

so *drückt* er damit einerseits seine Annahme über das Wetter des nächsten Tages *aus* und *will* damit andererseits in dem Hörer eine Annahme erwekken, ihn zu einer Annahme veranlassen.

---

[36] Vgl. dazu Dölling (1998) und (1998a).
[37] Vgl. *ÜA*: 38.

Der Hörer versteht jedoch die Äußerung nur dann tatsächlich, wenn er die Bedeutung des Satzes, das Objektiv ‚dass es morgen regnet', erfasst hat. Äußert ein Sprecher den Satz

(4)   *Es wird morgen regnen,*

so kann er ebenfalls eine Annahme ausdrücken, allerdings implizit[38]. Der Verstehensprozess unterscheidet sich nicht von dem zuvor beschriebenen.

Fassen wir die Ausführungen über die Relationen „ausdrücken", „präsentieren" und „bedeuten" unter Berücksichtigung von Annahmen zusammen, so lässt sich festhalten: Mit der Äußerung eines jeden Satzes wird eine Annahme als Denkerlebnis ausgedrückt. Jede Annahme präsentiert ein Objektiv. Jeder Satz hat als Bedeutung ein Objektiv. Jeder geäußerte Satz wird von einem Hörer verstanden, wenn dieser die Bedeutung des Satzes erfasst hat.

3. Annahmearten

Eine *Annahme*, so sahen wir, ist ein psychisches Erlebnis, das in der Regel durch einen Satz ausgedrückt wird und dessen Bedeutung ein Objektiv ist. Der Annehmende muss sich nicht auf die Wahrheit des von ihm Angenommenen festlegen, er kann es glauben oder nicht glauben, er kann von ihm überzeugt oder eben nicht überzeugt sein. Dem Annehmen sind keine Grenzen gesetzt. Es gilt das „Prinzip der ganz unbeschränkten Annahmefreiheit"[39].

Meinong untersucht die Annahmen auf drei Ebenen: der *Zweck-*, der *Ausdrucks-* und der *Bedeutungsebene*. Der Zweck- und der Bedeutungsebene gilt sein vorrangiges Interesse, da diese im Fokus der Psychologie einerseits und der Gegenstandstheorie andererseits stehen. Auf beiden Ebenen widmet er den Objektiven besondere Aufmerksamkeit, zum einen als durch Annahmen präsentierte und zum anderen als bedeutete Gegenstände. Da die Annahmen sich auf der Ausdrucksebene in ihrem zeichenhaften „Gewand" zeigen, das ihnen zudem rein äußerlich sei, weist er die-

---

[38]   Vgl. ausführlich Abschnitt 3.

ser Ebene eine nur untergeordnete Rolle zu. Jedoch ist die Sache nicht so einfach. Meinong sagt, dass alles Bedeuten an ein präsentierendes Erlebnis geknüpft ist, aber er sagt auch, dass es keine Bedeutung ohne Ausdruck gibt. Und er sagt darüber hinaus: präsentierende Erlebnisse werden durch Zeichen, in erster Linie durch die Sprache, ausgedrückt. Da offensichtlich alle drei Ebenen nicht unabhängig voneinander sind, soll im weiteren keine vernachlässigt werden. Entsprechend dem Anliegen dieses Beitrags liegt der Schwerpunkt auf der Ausdrucksebene.

3.1 Die Zweckebene

Fragt man nach der psychischen Funktion von Annahmen, nach ihrem Zweck also, so bieten sich Meinong aus der Vielzahl von Annahmefällen „drei ziemlich natürliche Gruppen" dar.

> Es gibt Annahmen, die als integrierende Bestandstücke fundamentaler intellektueller Operationen vielfach die wichtigsten einfacheren und zusammengesetzteren Betätigungen unseres Geisteslebens mit konstituieren helfen; es gibt Annahmen, deren Leistung zunächst darin gelegen ist, eine psychologische Voraussetzung für außerintellektuelle Betätigungen abzugeben; es gibt schließlich Annahmen, die sozusagen für sich und um ihrer selbst willen da sind. (*ÜA*: 356)

Von diesen drei Gruppen ist nach seiner Ansicht die dritte die auffälligste, die erste dagegen wahrscheinlich die wichtigste und verbreitetste Gruppe. Innerhalb der einzelnen Gruppen differenziert er zwischen verschiedenen Annahmefällen.

Betrachten wir zunächst die dritte Gruppe. Hier sei besonders auffallend, dass sich das Subjekt

> auf Annahmen sozusagen einlasse(n) [...] (um) Luftschlösser zu bauen u. dgl. ist bisweilen gewiss ein ganz erfreuliches Geschäft, und manches von dem, was [...] unter den Titeln „Spiel" und „Kunst" zu berühren sein wird, könnte ganz wohl schon hier zur Sprache kommen (*ÜA*: 107).

---

[39] Vgl. *ÜA*: 348.

Aber, so gibt Meinong zu bedenken,

> [...] verdient es doch auch schon hier Beachtung, dass das Annehmen offenbar gar nicht selten in den Dienst intellektueller Verrichtungen genommen zu werden scheint, die es selbst in letzter Linie durchaus nicht bei bloßen Annahmen bewenden lassen wollen [...] (*ÜA*: 107f).

Zu solchen „intellektuellen Verrichtungen", die unter die erste Gruppe von Annahmefällen fallen, zählt er die Annahmen in der Mathematik und Logik, die Hypothesen der Wissenschaften überhaupt und die Fiktionen in der Wissenschaft und Kunst sowie ausgewählte Aspekte in Spielen von Kindern und in Theateraufführungen. Aber auch „spielähnliche Betätigungen" gehören in diese Gruppe,

> die insofern bereits völlig „ernsthaften" Charakter an sich tragen, als es dabei auf Einübung für einen „Ernstfall" ankommt, die man dadurch ermöglicht, dass man diesen Ernstfall „fingiert". Von den Kriegsspielen der Militärschulen und den Sonntagsübungen der Dorffeuerwehren an bis zu den großen Manövern ganzer Armeen reicht eine Reihe mehr oder minder komplizierter und planvoll erdachter Geschehnisse, die, ohne noch zu Spielen zu zählen, doch gleich diesen auf die Grundlage eines mehr oder minder komplizierten Systems von Annahmen gestellt sind (*ÜA*: 113).

Kombinieren wir Annahmefälle aus der ersten und der dritten Gruppe, so erhält Meinongs Unterscheidung zwischen *urteilsartigen Annahmen* und *schattenhaften Annahmen* eine gewichtige Bedeutung. Sie ist dadurch charakterisiert,

> dass einmal sich das Annahmeerlebnis in ganz unverkennbarer Deutlichkeit von seiner psychischen Umgebung abhebt, das andere Mal in seiner Schattenhaftigkeit der direkten Beachtung als besonderes Erlebnis so leicht entgeht, dass es durch mehr oder minder indirekte Analysen hat aufgewiesen werden müssen (*Präs*: 332).

Die Annahmen der ersten Art stehen den Urteilen um vieles näher als die der zweiten. Jene nennt Meinong „urteilsartige Annahmen", diese „schattenhafte Annahmen". Da Meinong Annahmen auch als Urteile ohne Glaubensmoment und Urteile als Annahmen, zu denen das Glaubensmoment hinzutritt, auffasst[40], ist das Kriterium für die erwähnte Unterscheidung zwischen Annahmen der *Überzeugungsgrad*, der selbstverständlich sowohl zu- als auch abnehmen kann. Sind Annahmen solcher Art auch auf der Ausdrucksebene voneinander zu unterscheiden? Verschieben wir die Antwort auf diese Frage auf den nächsten Abschnitt.

3.2 Die Ausdrucksebene

Auf der Ausdrucksebene unterscheidet Meinong zwei grundlegende Annahmearten: die *expliziten Annahmen* und die *impliziten Annahmen*. Sie lassen sich entweder sprachlich oder nichtsprachlich ausdrücken. Das wichtigste sprachliche Ausdrucksmittel sind die Sätze, die Meinong in verschiedene Arten unterteilt. Diese Unterteilung ist sehr fragmentarisch und auch nicht immer besonders klar. Er knüpft hier an Auffassungen der Traditionellen Grammatik an, was dazu führt, dass die Klassifizierung der Sätze funktionale Aspekte der Kommunikation nicht ausreichend berücksichtigt und die systematische Unterteilung der Sätze in vielen Fällen nicht Regeln folgt, sondern anhand von Einzelbeispielen belegt wird. Sie ist aber durchaus hinreichend, um die grundlegende Unterteilung von Annahmen anhand der sie ausdrückenden Sätze zu beschreiben. Allerdings muss hier eine Einschränkung gemacht werden, auf die Meinong selbst hinweist. So gebe es einige Fälle, wo aus der Art der sprachlichen Ausdrücke nicht auf die Art der Annahmen geschlossen werden könne und es hier sehr sorgfältiger Analysen bedürfe.[41]

Meinong ist nicht nur daran gelegen, die Rolle der Sätze für die Unterscheidung verschiedener Annahmearten herauszuarbeiten. Vielmehr will er, was oben schon angemerkt wurde, auch zeigen, dass die Art des psychischen Aktes von der Art der sprachlichen Zeichen abhängt. Auf die Unterscheidung zwischen Urteilen und Annahmen angewandt heißt das, dass diese vor allem auf verschiedene Satzarten zurückgeführt werden kann.

---

[40]   Vgl. *Ann*: 340 und *Präs*: 333.
[41]   Vgl. *ÜA*: 106.

Die Sätze unterteilt Meinong in die unabhängigen und die abhängigen Sätze und betont, dass die Annahmen gleichermaßen durch Aussage-, Frage-, Aufforderungs-, Wunsch- und Exklamativsätze ausgedrückt werden können. Bei den abhängigen Sätzen betrachtet er unterschiedliche Konjunktionalsätze, insbesondere die „dass"- und „ob"-Sätze, und interessiert sich darüber hinaus für Satzgefüge, vor allem für die Konditionalsätze. In Abhängigkeit von den die Annahmen ausdrückenden Sätzen lassen sich, worauf hier noch einmal aufmerksam gemacht werden soll, verschiedene Arten von Objektiven unterscheiden.[42]

3.2.1 Explizite Annahmen: sprachlich ausgedrückt

Explizite Annahmen, so lehrt uns Meinong, sind die ausdrücklich vom annehmenden Subjekt gesetzten Annahmen. Sie gehören zu der auf der Zweckebene erwähnten dritten Gruppe. Auf der Ausdrucksebene sind sie an ihrem sprachlichen Ausdruck zu identifizieren, was die folgenden Beispiele zeigen.

(5)   *Ich nehme an, dass es morgen regnet.*

(6)   *Angenommen, das Wetter ist morgen schlecht.*

(7)   *Gesetzt den Fall, morgen wäre schlechtes Wetter.*

(8)   *Es sei ein rechtwinkliges Dreieck gegeben.*

Dass der Konjunktiv zum Ausdrücken von Annahmen verwendet wird, bedarf keiner weiteren Erläuterung, denn durch ihn wird die uneingeschränkte Geltung einer Äußerung aufgehoben, und folglich können auf diese Weise niemals Urteile ausgedrückt werden. Meinong betrachtet ihn als „Annahmezeichen" schlechthin[43].

In (5) kommt die Annahme zweimal zum Ausdruck:

---

[42]   Vgl. S. 135.
[43]   Vgl. *ÜA*: 200.

einmal unbestimmt und das andere Mal bestimmt, dort sekundär, hier primär (*ÜA*: 364).

Äußere ich den Satz (5), so handelt die Annahme einerseits von meiner Annahme, meinem psychischen Akt, und andererseits von dem, was ich annehme, dem Objektiv ‚dass es morgen regnet'. Auf diese Weise lassen sich auch die Sätze (6) und (7) analysieren, in denen Wendungen wie „angenommen" und „gesetzt den Fall" benützt werden.

Meinong nennt die primär ausgedrückten Annahmen „mittelbare", die sekundär ausgedrückten „unmittelbare Annahmen"[44].

Offensichtlich ist, dass Annahmen auch in Sätzen wie den folgenden explizit ausgedrückt werden.[45]

(9)   *Versetze dich in meine Lage und überlege, wie du dich dann verhalten müsstest.*

(10)   *Stell dir vor, du hättest die Prüfung nicht bestanden.*

Hinsichtlich ihrer Explizitheit unterscheiden sich diese Sätze wohl kaum von (5)–(8). Was sie aber von jenen unterscheidet ist, dass mit ihnen Aufforderungen verbunden sind,

> von deren Erfüllung man nicht selten etwa eine Verständigung erwartet (*ÜA*: 109).

Wenn hier von Verständigung gesprochen wird, so erwartet der Sprecher vom Hörer nicht nur, dass er eine Äußerung, in der eine Annahme ausgedrückt wird, versteht, sondern darüber hinaus auch, dass er tatsächlich diese Annahme macht.

Große Aufmerksamkeit widmet Meinong *zusammengesetzten Sätzen*, in denen auf verschiedene Weise Annahmen explizit ausgedrückt werden. Zunächst interessieren die beiden folgenden Arten von *Konditionalsätzen*.

---

[44]   Vgl. *ÜA*: 33, 132, 145, 364. Meinong nennt die Objektive, die unmittelbar angenommen werden, „angenommene Objektive", die mittelbar angenommenen „beannahmte Objektive". Eventuell wird es dabei Sache des unmittelbaren Annehmens sein, ein Objektiv dem mittelbaren Annehmen zu präsentieren. (Vgl. *ÜA*: 132).

[45]   Vgl. 109.

(11) *Wenn Anna die Zwischenprüfung besteht, kann sie das Studium fort-*
      setzen.

(12) *Wenn Anna die Zwischenprüfung bestanden hätte, wäre sie nicht*
      exmatrikuliert worden.

Meinong interpretiert die Teilsätze in (11) und (12) als Annahmen, obwohl er nicht bestreitet, dass sie auch hypothetische Urteile ausdrücken
können, aber es eben ihrer Standardfunktion nach nicht tun.[46] Dies sei
insbesondere dann der Fall, wenn wie in (12) der Konditionalsatz im
Konjunktiv steht, also ein kontrafaktualer oder irrealer Konditionalsatz
ist.

> Namentlich in bezug auf das erstere (das hypothetische Urteil, E.D.)
> ist ja schon oft genug betont worden, dass weder der Vordersatz noch
> der Nachsatz wirklich geurteilt zu werden braucht, ja dass der Kern
> des hypothetischen Urteils aufrecht bleiben kann auch für den, der
> den Vordersatz und den Nachsatz geradezu für falsch hält. In der oben
> berührten Verwendung des Konjunktivs hat man hier sogar ein ganz
> gebräuchliches Zeichen für diesen Sachverhalt vor sich: „wenn es
> schön wäre, so ließe sich heute ein Ausflug unternehmen" sagt man
> bei Regenwetter. (*ÜA*: 37)

Und weiter ist bei Meinong zu lesen:

> Wir können also ganz allgemein sagen: im Vorder- und Nachsatz des
> hypothetischen Urteils haben wir [...] den Ausdruck von Annahmen
> vor uns. (*ÜA*: 189)

Auch in solchen, den Konditionalsätzen analogen Sätzen wie

(13) *Wo viel Freiheit, da ist auch viel Irrtum*

(14) *Sobald es dämmert, werden die Lampen angezündet*

(15) *Hätten sie sich pünktlich getroffen, dann hätten sie sich viel Ärger*
      erspart

---

[46]   Vgl. *ÜA*: 37. Vgl. dazu auch Stepanians (1995).

werden Annahmen explizit ausgedrückt.[47]

Ebenso wie in hypothetischen Urteilen der Form (11) und (12) Annahmen ausgedrückt werden, erfolgt dies nach Meinongs Ansicht auch in einem disjunktiven Urteil der Form

(16) *Entweder die Luft kühlt sich ab, oder das Regenwetter dauert fort.*

In beiden Teilsätzen wird weder das eine noch das andere behauptet, sondern lediglich angenommen.[48]

Ähnliches gilt für Relativsätze der Form

(17) *Wer das Gleichgewicht verliert, ist des Todes,*

denn damit will, wie Meinong bemerkt, sicher nicht behauptet sein, dass an dieser Stelle schon jemand das Gleichgewicht verloren hat.[49]

3.2.2 Implizite Annahmen: sprachlich ausgedrückt

Implizit werden Annahmen sowohl in abhängigen wie in unabhängigen Sätzen ausgedrückt. Implizit werden Annahmen in solchen unabhängigen Sätzen ausgedrückt, in denen nicht wie bei den expliziten Annahmen der Konjunktiv, sondern der Indikativ verwendet wird. Zwei Fälle sollen im weiteren betrachtet werden: Aussagesätze und Fragesätze.

In einem *Aussagesatz* der Form

(18) *Die Rose ist rot*

kann gleichermaßen ein Urteil wie eine Annahme ausgedrückt werden. Legt sich der Sprecher in einer Äußerung dieser Art nicht auf die Wahrheit des Sachverhalts (des Objektivs) ,dass die Rose rot ist', fest, wird mit (18) eine Annahme ausgedrückt, und zwar implizit. Ganz grundsätzlich aber gilt nach Meinong:

---

[47] Vgl. *ÜA*: 199.
[48] Vgl. *ÜA*: 214f.
[49] Vgl. *ÜA*: 34.

was jeder Satz ausdrückt, falls er nämlich überhaupt als Ausdruck funktioniert, ist wenigstens eine Annahme (*ÜA*: 364).

An dieser Stelle soll noch einmal auf Meinongs Unterscheidung zwischen urteilsartigen und schattenhaften Annahmen und Raspas Anwendung dieser Unterscheidung auf literarische Texte, insbesondere auf ein Beispiel aus Stendhals *Kartause von Parma*, kurz eingegangen werden.[50] Die beiden Annahmearten lassen sich durch Aussagesätze ausdrücken. Um sie aber voneinander unterscheiden zu können, reicht es offensichtlich nicht aus, nur ihren sprachlichen Ausdruck zu betrachten. Es muss auf enzyklopädisches Wissen[51] zurückgegriffen werden. Raspa erwähnt diese Art von Wissen zwar nicht, jedoch ist seiner Argumentation zu entnehmen, dass es eine Rolle spielt, wie das folgende Zitat zeigt.

> Es gibt darin (in Stendhals Roman, E.D.) urteilsartige Annahmen, die sich vom fiktionalen Kontext abheben und die auch in anderen Kontexten verstanden werden können, weil ihre Bedeutungen zur Wirklichkeit gehören, und schattenhafte Annahmen, die als Kontext nur den Roman haben, in dessen Rahmen sie eine Erklärung finden. (Raspa 2001: 67)

So ist die Annahme

(19) *Napoleon war eben in der Bucht von Juan gelandet*

urteilsartig, die Annahme

(20) *Die Gräfin erläuterte Fabrizio mit lebhaftester Erregung Napoleons künftiges Geschick*

hingegen *schattenhaft*, weil sie nur in Bezug zu anderen Sätzen des Romans verständlich ist, durch die erklärt wird, wer die Gräfin und Fabrizio sind, und warum die Gräfin in Erregung geraten ist, nachdem sie erfahren hat, dass Napoleon die Insel Elba verlassen hat und nach Frankreich zu-

---

[50] Vgl. Raspa 2001: 67ff.

[51] Unter Wissen, das den Hintergrund einer Äußerung bildet, wird hier enzyklopädisches Wissen verstanden. Es umfasst episodisches und allgemeines Weltwissen, Interaktionswissen, kulturelles Wissen usw.

rückgekehrt ist. Die in (20) ausgedrückte Annahme ist aber nicht so schattenhaft wie die folgende:

(21) *Am 8. Mai [sic] um sechs Uhr morgens ließ sich der Marquese, mit seinen Orden geschmückt, von seinem ältesten Sohn den Entwurf einer dritten politischen Depesche diktieren.*

Während die in (19) ausgedrückte Annahme auch in einem Geschichtsbuch stehen kann, ist (21) nur zu verstehen, wenn man den Roman gelesen hat und die Figuren somit kennt. In (20) hingegen wird neben zwei erfundenen Personen eine wirkliche Person, und zwar Napoleon, benannt. Zudem, so argumentiert Raspa weiter, ist es eine historische Tatsache, dass Napoleon, sobald er in Frankreich angekommen war, tatsächlich viel Begeisterung hervorgerufen hat; das im Roman erzählte besondere Ereignis hat indessen nicht wirklich stattgefunden. Daraus folgt, dass die Beziehung zur Wirklichkeit in diesem Fall nur mittelbar ist, weshalb sich (20) von (19) unterscheidet.

Hinsichtlich der *Fragesätze* ist nach Meinongs Ansicht für die Annahmenlehre nur der *Entscheidungsfragesatz* relevant. Der Gegenstand der Entscheidungsfrage ist niemals bloß ein Objekt oder ein Komplex von Objekten, sondern jederzeit ein Objektiv, das positiv oder negativ sein muss.[52]

> Wer eine Entscheidungsfrage stellt, macht in betreff eines bestimmten Objektivs eine je nach Umständen *affirmative* oder *negative Annahme*. (*ÜA*: 124)

Die Frage ist eine Aufforderung des Fragenden an den Gefragten, aus dem mit der Frage abgesteckten Bereich möglicher Sachverhalte einen auszuwählen und eine entsprechende Antwort zu formulieren. Annahmen werden dabei sowohl in unabhängigen wie in abhängigen Fragesätzen ausgedrückt, wie die folgenden Beispiele zeigen.

(22) *Ich frage, ob man sich auf diese Aussage verlassen kann?*

(23) *Kann man sich auf diese Aussage verlassen?*

---

[52] Vgl. *ÜA*: 122.

(24) *Ich frage, ob wir uns nicht bereits dem Ziele unserer Wanderung*
      nähern.

(25) *Nähern wir uns nicht bereits dem Ziele unserer Wanderung?*

Die Sätze (24) und (25) unterscheiden sich von (22) und (23) insbesondere unter pragmatischen Gesichtspunkten. So ist bei Meinong über die Sätz
(24) und (25) zu lesen:

> Inzwischen findet [...] die negative Entscheidungsfrage nicht selten
> eine der Erfahrung sehr wohl vertraute suggestive Kraft nach der
> Richtung ihres Gegenteils hin betätigt, weil sie eine der Negation
> entgegengesetzte, also affirmative Vormeinung des Fragenden zu ver-
> raten pflegt. „Nähern wir uns nicht bereits dem Ziele unserer Wande-
> rung?", fragt natürlichst derjenige, der das Ziel schon zu erkennen
> meint und diese Vermutung bekräftigt hören möchte. (*ÜA*: 123)

Zu den abhängigen „ob"-Sätzen bemerkt Meinong,

> dass hier der abhängige Satz mit „ob" als natürlicher Ausdruck der in
> der Frage liegenden Annahme gelten kann (*ÜA*: 125).

Die Analogie des mit „ob" eingeleiteten Konjunktionalsatzes zu dem mit
„dass" eingeleiteten ist deutlich. Sie führt Meinong zu der Ansicht, dass
mit beiden Satzarten gleichermaßen Annahmen ausgedrückt werden können. Allerdings gibt es zwischen beiden einen gewichtigen Unterschied:
mit den ersteren werden die Annahmen implizit, mit den letzteren explizit
ausgedrückt. Außerdem weist er darauf hin, dass sich (23)–(25) hinsichtlich der Art des Ausdrückens voneinander unterscheiden. Während in (23)
und (25) die Annahmen primär ausgedrückt werden, sind sie in (22) und
(24) sekundär ausgedrückt.[53]

---

[53] Vgl. zur Unterscheidung zwischen primärem und sekundärem Ausdrücken die
      Anmerkungen zu den Sätzen (5)-(8).

3.2.3 Explizite Annahmen: nichtsprachlich ausgedrückt

Zwischen expliziten und impliziten Annahmen zu unterscheiden, die nichtsprachlich ausgedrückt werden, ist wesentlich schwieriger, als dies für die sprachlich ausgedrückten Annahmen möglich ist. Am deutlichsten werden wohl mit Gestik und Mimik Annahmen explizit ausgedrückt. Meinong erwähnt hier das Verhalten von Kindern in Spielen, von Schauspielern in Theateraufführungen und von Feuerwehrmännern in deren Übungen.[54]

Betrachten wir zunächst ein Beispiel aus dem Bereich des Kinderspiels. So kann ein Kind einen Sessel als Pferd ansehen, das es vor den Tisch, den es wiederum als Wagen betrachtet, „spannt". Das Kind macht hier zwei Annahmen. Es nimmt an, der Sessel sei ein Pferd und der Tisch ein Wagen und drückt diese beiden Annahmen durch entsprechende gestische und mimische Zeichen[55] aus. Die ausgedrückten Annahmen haben in der Regel auch eine kommunikative Funktion, nämlich die Aufforderung an andere Personen, mitzuspielen. Dass die nichtsprachlichen Zeichen häufig mit sprachlichen verknüpft werden, ist für das über die nichtsprachlich ausgedrückten Annahmen Ausgeführte ohne Belang.

Was macht nun ein Schauspieler, wenn er Theater spielt? Oder mit Meinongs Worten gefragt: Welche Annahmen macht ein Schauspieler, wenn er Theater spielt? Wie werden sie nichtsprachlich ausgedrückt? Meinongs stark vereinfachende Antwort lautet: Eine der wichtigsten Annahmen, die ein Schauspieler macht, ist die, sich in die Lage jener Person zu versetzen, die er darstellen soll, und sich dann so zu verhalten zu versuchen, wie es von dieser Person erwartet wird.

> Wenn der Darstellende „sich einzubilden" vermag, er sei die darzustellende Person, und befinde sich in der durch die Handlung des Stückes ihm dargebotenen Umgebung, dann wird er sich, ausreichende Begabung natürlich vorausgesetzt, schon auch äußerlich so verhalten, wie es der Darzustellende voraussichtlich tun müsste; und den

---

[54] Vgl. *ÜA*: 110ff.

[55] Dass durch mimische Zeichen vor allem Emotionen ausgedrückt werden, ist wohl allgemein anerkannt.

schauspielerischen Intentionen ist in natürlicherer und harmonischerer Weise Genüge geleistet, indem die natürlichen Ausdrucksinstinkte an Stelle einer in der Regel viel zu ärmlichen Empirie oder gar Theorie der Ausdrucksbewegungen treten. (*ÜA*: 114)

Der Schauspieler wird also die Annahmen, die er treffen muss, auf zwei Ebenen machen: auf der sprachlichen und der nichtsprachlichen. Auf der nichtsprachlichen werden sie unter anderem ausgedrückt durch seine Mimik und Gestik, durch die Kleidung, aber auch durch die Bühnendekoration, durch seine Position im Raum. Sie alle sind nichtsprachliche Zeichen, aus denen der Zuschauer auf die Annahmen des Schauspielers schließen kann – entsprechendes enzyklopädisches Wissen natürlich vorausgesetzt.

3.2.4 Implizite Annahmen: nichtsprachlich ausgedrückt

Zu Annahmen dieser Art rechnet Meinong unter anderem jene, die mit unterschiedlichen nichtsprachlichen Mitteln in den bildenden Künsten und der Musik gemacht werden[56], wo der Betrachter bzw. Zuhörer

auch diesen gegenüber so ziemlich überall dort auf Annahmen angewiesen sein wird, wo das im Kunstwerk sich darbietende Anschauliche auf eine „Bedeutung" Anspruch macht. Dass die Rolle der Annahmen aber auch noch über direkte „Darstellung" hinausgehen wird, darauf macht das Verhalten des verständnisvollen Hörers dem musikalischen Kunstwerk gegenüber aufmerksam; spricht doch alles dafür, dass in diesem Verhalten den Annahmen mindestens keine unerhebliche Stellung zukommen wird, als die war, die wir ihnen im künstlerischen Erleben des schaffenden Musikers haben beimessen dürfen (*ÜA*: 129).

Aber nicht nur der Betrachter bzw. Zuhörer machen Annahmen, sondern Meinong sieht auch den die Kunst Produzierenden in der Rolle desjenigen, der Annahmen macht.

---

[56]   *ÜA*: 129.

In dem Maße also, in dem auch diese Künste über das sinnlich durch sie Gegebene hinausstreben und reichen, in dem Maße also, in dem auch der bildende Künstler oder Musiker zum Dichter oder doch Nachdichter wird, in dem Maße [...] wird auch hier für das Verhalten des Künstlers die Annahme als charakteristisches Moment in ihre Rechte treten. (*ÜA*: 130)

An dieser Stelle brechen Meinongs Ausführungen über die Annahmen, die nichtsprachlich ausgedrückt werden, ab. Obwohl die Semiotik inzwischen verschiedene Verfahren entwickelt hat, die Ausdrucksmöglichkeiten nichtsprachlicher Zeichen sehr differenziert zu erfassen und sich Meinongs Untersuchungen dagegen geradezu dürftig ausnehmen, sind sie dennoch nicht unterzubewerten. Sie sind als ein Versuch zu verstehen, die sprachlich und nichtsprachlich ausgedrückten Annahmen aus einer einheitlichen Perspektive zu behandeln.

3.3 Die Bedeutungsebene

Nach ihrer gegenständlichen bzw. inhaltlichen Seite unterteilt Meinong die Annahmen in die Seins- und Nichtseins-, die Seins- und Soseinsannahmen, in die Existenz- und Bestandsannahmen. Die affirmative Annahme erfasst das Seins-, die negative das Nichtseinsobjektiv und Analoges gilt für die anderen Arten.[57] Die auf diese Weise unterschiedenen Annahmen werden auf der Ausdrucksebene in unterschiedlichen Sätzen ausgedrückt.

4. Schlussbemerkungen

Dieser Beitrag hat Meinongs Diktum, dass sich Annahmen durch ihren sprachlichen Ausdruck verraten, ernst genommen. Er ließ sich von der Überlegung leiten, dass die Art des psychischen Aktes im allgemeinen wie der Annahmen im besonderen von der Art der sprachlichen Zeichen abhängt und die sprachlichen Zeichen die Gegenstände bedeuten, die

---

[57] Vgl. *ÜA*: 341.

durch die Akte präsentiert werden. Ausgehend von der Analyse verschiedener Sätze und unterschiedlicher nichtsprachlicher Zeichen wurden Belege für diese These zusammengestellt.

Die Untersuchungen über Meinongs Annahmenlehre könnten in verschiedener Hinsicht weitergeführt werden. Wünschenswert wäre, auf die folgenden Fragen eine Antwort zu finden: Welche Beziehung besteht zwischen dem sprachlichen Ausdruck „annehmen" und den mit ihm verwandten Ausdrücken wie „voraussetzen", „vermuten" und „bezweifeln"? Lassen sich Annahmen als Sprechakte interpretieren? Gibt es einen Zusammenhang zwischen der Präsuppositionstheorie und der Annahmentheorie einerseits und der Implikaturtheorie und der Annahmentheorie andererseits? Eine Antwort auf diese Fragen kann hier nicht gegeben werden. Sie muss einer weiteren Arbeit vorbehalten bleiben.

Evelyn Dölling
Technische Universität Berlin
evelyn.doelling@tu-berlin.de

Literatur

Dölling, Evelyn (1998), „On Alexius Meinong's Theory of Signs". In: Roberto Poli (ed.), *The Puzzle of Brentano*. Aldershot & Brookfield: Ashgate: 199-215.

Dölling, Evelyn (1998a), „Zeichen und Annahmen. Alexius Meinongs zeichenphilosophische Untersuchungen". *Kodikas 2, 3-4*: 305-319.

Dölling, Evelyn (1998b), „Mallys Logik ohne Existenzvoraussetzungen". In: Alexander Hieke (ed.), *Ernst Mally. Versuch einer Neubewertung"*. Sankt Augustin: Academia: 51-70.

Dölling, Evelyn (1999), *„Wahrheit suchen und Wahrheit bekennen." Alexius Meinong: Skizze seines Lebens*. Amsterdam und Atlanta GA: Rodopi.

Dölling, Evelyn (2001), „Alexius Meinong's Life and Work". In: Liliana Albertazzi, Dale Jacquette & Roberto Poli (eds.), *The School of Alexius Meinong*. Aldershot & Burlington: Ashgate: 49-76.

Gätschenberger, Richard (1901), *Grundzüge einer Psychologie des Zeichens*. Nachdruck mit einem Vorwort von Achim Eschbach, Amsterdam & Philadelphia: John Benjamins Publishing Company 1987.

Haller, Rudolf (1972), „Über Annahmen". In: Haller, Rudolf (ed.), *Jenseits von Sein und Nichtsein. Beiträge zur Meinong-Forschung*. Graz: Akademische Druck- und Verlagsanstalt: 223-228.

Haller, Rudolf (1959), „Das ‚Zeichen' und die ‚Zeichenlehre' in der Philosophie der Neuzeit". *Archiv für Begriffsgeschichte*. Bonn: Bouvier: 113-157.

Jacquette, Dale (1996), *Meinongian Logic. The Semantics of Existence and Nonexistence*. Berlin & New York: de Gruyter.

Lambert, Karel (1983), *Meinong and the Principle of Independence. Its Place in Meinong's Theory of Objects and its Significance in Contemporary Philosophical Logic*. Cambridge: University Press.

Marek, Johann Ch. (1995), „Zwei Gegenstände und ein Inhalt. Zur Intentionalität bei Meinong". *Grazer Philosophische Studien 50*: 341-364.

Martinak, Eduard (1901), *Psychologische Untersuchungen zur Bedeutungslehre*. Leipzig: Barth.

Meinong, Alexius (1899), „Über Gegenstände höherer Ordnung und deren Verhältnis zur inneren Wahrnehmung". Nachdruck in: *Alexius Meinong Gesamtausgabe*. Bd. II, Graz: Akademische Druck- und Verlagsanstalt 1971: 377-471 (abgekürzt: *GhO*).

Meinong, Alexius (1902[1], 1910[2]), *Über Annahmen*. Nachdruck in: *Alexius Meinong Gesamtausgabe*. Bd. IV, Graz: Akademische Druck- und Verlagsanstalt 1977 (abgekürzt: *Ann*).

Meinong, Alexius (1904), „Über Gegenstandstheorie". Nachdruck in: *Alexius Meinong Gesamtausgabe*. Bd. II, Graz: Akademische Druck- und Verlagsanstalt 1971: 481-530 (abgekürzt: *ÜG*).

Meinong, Alexius (1906), „Über die Stellung der Gegenstandstheorie im System der Wissenschaften". Nachdruck in: *Alexius Meinong Gesamtausgabe*. Bd. V, Graz: Akademische Druck- und Verlagsanstalt 1973: 197-365 (abgekürzt: *Stell*).

Meinong, Alexius (1917), *Über emotionale Präsentation*. Nachdruck in: *Alexius Meinong Gesamtausgabe*. Bd. IV, Graz: Akademische Druck- und Verlagsanstalt 1968: 283-476 (abgekürzt: *Präs*).

Meinong, Alexius (1921), „Selbstdarstellung". Nachdruck in: *Alexius Meinong Gesamtausgabe*. Bd. VII, Graz: Akademische Druck- und Verlagsanstalt 1978: 1-62 (abgekürzt: *Selbst*).

Morscher, Edgar (1973), „Meinongs Bedeutungslehre". *Revue Internationale de Philosophie 27*: 178-206.

Nöth, Winfried (1985), *Handbuch der Semiotik*. 2. Aufl. Stuttgart: Metzler 2000.

Parsons, Terence (1980), *Nonexistent Objects*. New Haven & London: Yale University Press.

Poli, Roberto (2001), „Assumptions". In: Liliana Albertazzi, Dale Jacquette & Roberto Poli (eds.), *The School of Alexius Meinong*. Aldershot & Burlington: Ashgate: 287-295.

Raspa, Venanzio (2001), „Zeichen, ‚schattenhafte' Ausdrücke und fiktionale Gegenstände: Meinongsche Überlegungen zu einer Semiotik des Fiktiven". *Zeitschrift für Semiotik 23, 1*: 57-77.

Rollinger, Robin D. (1996), „Meinong and Husserl on Assumptions". *Axiomathes VII, 1-2*: 89-102.

Routley, Richard (1980), *Exploring Meinong's Jungle and Beyond*. Canberra: Australian National University.

Russell, Bertrand (1904), „Meinong's Theory of Complexes and Assumptions". *Mind 13*: 204-219, 336-354, 509-524.

Simons, Peter (1986), „Alexius Meinong: Gegenstände, die es nicht gibt". In: Josef Speck (ed.), *Grundprobleme der großen Philosophen. Philosophie der Neuzeit IV*. Göttingen: Vandenhoeck & Ruprecht: 91-127.

Simons, Peter (1995), „Meinong's Theory of Sense and Reference". *Grazer Philosophische Studien 50*: 171-186.

Simons, Peter & Edgar Morscher (2001), „Meinong's Theory of Meaning". In: Liliana Albertazzi, Dale Jacquette & Roberto Poli (eds.), *The School of Alexius Meinong*. Aldershot & Burlington: Ashgate: 427-455.

Stepanians, Markus S. (1995), „Russells Kritik an Meinongs Begriff des Annahmeschlusses." *Grazer Philosophische Studien 50*: 414-432.

Twardowski, Kasimierz (1894), *Zur Lehre vom Inhalt und Gegenstand der Vorstellungen. Eine psychologische Untersuchung*. Wien: Tempsky.

Weinberger, Christiane (1976), *Zur Logik der Annahmen*. Wien: VWGÖ.

MEINONG AND BRENTANO

Robin D. Rollinger

Summary

Meinong, like other noteworthy philosophers from central Europe, began his career in philosophy under the guidance of Franz Brentano. Though Meinong's philosophical investigations from early on were very Brentanian in character, he came to develop views that diverged from certain doctrines of his mentor. In epistemology Meinong introduced the notion of immediate evidence of surmise in his views on memory and perception, whereas Brentano found this notion unacceptable. In descriptive psychology Meinong regarded feelings and desires as two distinct classes and introduced an additional class of mental phenomena called "assumptions". Thus he opposed Brentano's classification of mental phenomena into presentations, judgments, and acts of love and hate. In ontology Meinong allowed for non-real objects. In value theory he even introduced the notion of special *irrealia* corresponding to feelings and desires. Brentano, however, came to reject *irrealia* altogether. Such differences are discussed here, but attention is also given to the underlying and enduring philosophical affinity between Meinong and Brentano, namely their commitment to the ideal of scientific philosophy as attainable through descriptive psychology (what might be called "descriptive phenomenology"), which is concerned with intentionally directed consciousness as its subject matter and does not in any way differ methodologically from natural science.

1. Introduction

When Franz Brentano arrived in Vienna in 1874 to take the position of professor in philosophy, Meinong had already finished his studies in history with a doctorate from the same university. It was nonetheless philosophy that attracted the young Meinong. Thus he sought guidance from the new professor who had already been extremely influential as a teacher in Würzburg.[1] Meinong immediately began attending Brentano's lectures and seminars.[2] The two also took long walks together, immersed in "scientific discussions".[3] It was moreover Brentano's suggestion that Meinong should write a *Habilitationsschrift* on Hume, which was published in 1877 as *Hume Studies I*. This fact is significant not only because it illustrates how important Hume and British empiricism in general were in the school of Brentano or because Meinong's occupation with Hume resulted in a second contribution in 1882, namely *Hume Studies II*,[4] which was the basis for the object theory that he was to develop later more fully,[5] but also because Brentano may have had his eye on Meinong as a potential historian of philosophy for his school.[6] After Meinong had joined the philosophical faculty in Vienna, he and Brentano were colleagues.[7] Though Brentano continued to exert considerable influence on students, Meinong's influence as a teacher in Vienna was in some cases, e.g., in those of Christian von Ehrenfels[8] and Alois Höfler,[9] equal or even greater.

In 1882 Meinong left Vienna for Graz, where he took the position of *professor extraordinarius*. In 1889 he was promoted to the position of *professor ordinarius* and was thereby enabled to have considerable impact, including the establishment of the first psychological laboratory in

---

[1]   Stumpf (1919).

[2]   See Rollinger (1999), pp. 155 f.

[3]   Dölling (1994), p. 30.

[4]   For a discussion of both of Meinong (1877) and Meinong (1882) and their connections with British empiricism, see Rollinger (1993), pp. 34–64.

[5]   Meinong (1907), p. 3.

[6]   In much the same way Anton Marty became the Brentanian philosopher of language and Edmund Husserl was to become the Brentanian philosopher of mathematics, though the latter eventually took a very different direction.

[7]   In 1880 Brentano got married and for this reason could not, as an ex-priest, keep his professorship. Thus he took the position of *Privatdozent* and was an academic equal of Meinong in Vienna.

[8]   See von Ehrenfels (1990), pp. 426–429, and Zimmer (2001).

[9]   See Blackmore (2001).

Austria in 1894. In this regard he achieved something that Brentano, in spite of his persuasive talent, was unable to do in Vienna. By the early twentieth century there was indeed a "Graz School", of which Meinong was the leader. Though Meinong thus founded a school in a stricter sense than Brentano or any of the other Brentanists had done, he nonetheless remained remarkably open to the accomplishments and innovations of both his male and female students and stands in contrast in this regard to other Austrian philosophers, such as Husserl and Brentano himself.[10] The psychology and "object theory" that were advocated in this school competed with the most prominent psychological and philosophical movements in Germany and Austria, including the school of Wilhelm Wundt, Neo-Kantianism, phenomenology (as primarily represented by Husserl), and orthodox Brentanism, the most outstanding academic representative of which was Anton Marty in Prague together with his circle of students, including Oskar Kraus and Alfred Kastil. It is moreover a well known fact that Meinong received considerable attention in the English speaking world during his lifetime. Though his influence and originality could hardly be doubted, he found it vexing that he was often identified as little more than a student of Brentano.[11]

While other Brentanists – even Husserl, whose *Logical Investigations* were regarded by Brentano as highly objectionable[12] – maintained contact with their mentor on some level of cordiality, Meinong and Brentano lost contact with each other after the student had conspicuously begun to develop his own philosophical views. Moreover, Meinong was convinced, apparently with justification, that Brentano discouraged others from referring to him in their writings.[13] Shortly before Meinong died, however, he wrote the following about Brentano: "... before the inner eye of my memory, there stands once again, as a treasure I shall never lose, my admired

---

[10] See Simons (2004), pp. 20 f. In the preface of Meinong (1902), p. vii, Meinong gives credit to Mila Radaković for being the one who first drew his attention to assumptions. The book is also dedicated to her.

[11] See Meinong (1902), pp. xi ff.

[12] See Rollinger (1999), pp. 13–67. See also Rollinger (2004a).

[13] For this reason Meinong was displeased by the fact that in Husserl (1891) Meinongian influences can be found without reference to the relevant writings. See Ierna (forthcoming).

teacher, a figure of spiritual beauty, bathed in the golden sunshine of the summer of his own and my youth".[14] The conciliatory nature of these words is most appropriate particularly when one considers that, in spite of all the points of divergence to be considered here, there is a highly significant undercurrent of affinity between Brentano and Meinong which established itself at the outset of the latter's philosophical career and endured to the end. This affinity will be emphasized in the closing section, after the points of divergence are discussed.

2. Points of Divergence

The matters under consideration in this section are in many cases ones that involve extremely complex arguments on both sides, especially in those cases where others have entered into the discussion on either Brentano's or Meinong's behalf. Accordingly, a full-length study of such arguments would require at least an entire monograph. Here, however, a sketch of the issues which divided Brentano and Meinong should suffice. Especially the attempts of others to defend the position of either Brentano or Meinong cannot be examined in detail, but only mentioned in passing.

2.1 Immediate Evidence of Surmise

In 1886 Meinong published *On the Epistemological Evaluation of Memory*,[15] which was to drive a wedge between him and Brentano. The point of contention here is whether there is such a thing as immediate evidence of surmise (*unmittelbare Vermutungsevidenz*). Meinong argued in the article on memory that there is indeed such evidence. Brentano vehemently contended in opposition to Meinong that there is not. Before we elaborate on Meinong's position on this matter and Brentano's opposition to it, let us consider what Brentano's view of evidence was.

---

[14]   As translated in Grossmann (1974), p. 231.
[15]   Meinong (1886).

According to Brentano, there is a distinction to be drawn between two types of judgments: the blind and the evident. Evidence is for him thus a property that belongs to some judgments, though certainly not to all.[16] Moreover, he maintains that there are two different kinds of evidence, namely immediate and mediate.[17] While the evidence of our judgments that are made through inference from immediately evident ones is mediate, there are cases in which no such inference is made and yet the judgment in question is evident. In such cases the evidence is immediate. Furthermore, Brentano maintains that there are two classes of immediate evidence. One of these classes consists of our inner perceptions. In this case the judgments in question are factual and affirmative. The other class consists of judgments in which axiomatic truths are given. The relevant judgments in this case are conceptual rather than factual, and they are negative rather than affirmative.[18]

Whether or not axiomatic judgments are fallible or not, it is clear that Brentano thinks that the other instances of immediate evidence involves infallibility.[19] If, for instance, the judgment under consideration is my perception of a feeling that I now have, this cannot be erroneous. While Meinong did not raise any doubts about the infallibility of inner perception in his 1886 article on memory, he did call into question the view that all immediate evidence that is factual and affirmative is also infallible. A surmise (*Vermutung*) is a judgment that is not fully certain. A memory, according to Meinong, is a surmise and as such lacks the infallibility that Brentano attributes to inner perception. Yet, a memory is not merely a judgment devoid of evidence. Nor is this evidence, on Meinong's view, an inference from immediate judgment. A memory is, to be sure, based on an earlier experience or perception, but it is certainly not inferred from this earlier experience or perception. Accordingly, Meinong sees no other option but to conclude that the evidence of memories is immediate evidence of surmise.

---

[16] Brentano (1889), p. 79.

[17] Brentano (1978), pp. 3 f.

[18] All universal judgments, according to Brentano, are negative. See the subsection below on judgment.

[19] Brentano (1874), pp. 118 ff.

In a letter of 15 February 1886 to Meinong Brentano expresses his
misgivings about ascribing immediate evidence of surmise to memory as
follows: "I certainly do not ignore the fact that the justification of our
trust in memory has its special difficulties. I have thought about it much,
but I don't recall ever having discussed the question in detail in a lecture.
The history of philosophy shows that man has a tendency in such cases to
assume a special mode of cognition in order to cut the knot he cannot un-
tie with the given means. In this way Reid arrived at common sense and
Kant at his synthetic *a priori*. You will be convinced with me that every-
one must say of himself *nil humani a me alienum puto*, and you will not
take it as mean-spirited when my initial view (for certainly I shall take a
more careful look) is that something similar has happened to you".[20]
Though Brentano expresses his disagreement here in a rather friendly
manner, the association of Meinong with Reid and Kant is a grave criticism from Brentano's perspective.[21] Moreover, he later conveys his rejection of the Meinongian concept of immediate evidence of surmise with an
apparent willingness to embrace scepticism with regard to memory.[22]

2.2 Feeling and Desire

According to Brentano, mental acts are to be divided into three basic
classes: presentations, judgments, and acts of love and hate.[23] Brentano
did not see feelings and volitions as belonging to two distinct classes.[24]
Rather, he maintained that they both belong to the third class, namely acts
of love and hate. One of Meinong's earliest philosophical developments,

---

[20]   Kindinger (ed.) (1965), p. 23.
[21]   Brentano (1889), p. 84. Cf. Brentano (1930), p. 69. See Textor (2004). Brentano
       also says that "lectures of mine from the time when I still regarded degrees of
       conviction as intensities of judgment seem to have given rise to such errors [as
       Meinong's theory of immediate evidence of surmise]" (Brentano (1962), p. 69).
       This remark is apparently related to the criticism of Meinong (1890) expressed
       in Brentano (1970), p. 251.
[22]   See Brentano (1970), pp. 167 f., 176 f.; Brentano (1968), pp. 4 f.
[23]   Brentano (1874), pp. 256–265.
[24]   Brentano (1874), pp. 306–311.

however, was his rejection of this point and the affirmation of the view that feelings and volitions do in fact make up two distinct classes.[25] Meinong developed his early value theory precisely under the presupposition that there is a distinction between two classes.[26] Interestingly his ethics puts the weight on the class of feeling, whereas von Ehrenfels, who also adopted the same distinction and applied it in value theory, puts the weight on volition, more particularly on desire.[27] There will be more about value theory below.

2.3 Content and Object

In *Psychology from an Empirical Standpoint* Brentano used the terms "content" and "object" interchangeably.[28] Though he later came to characterize intentional reference (*intentionale Beziehung*) in a different way,[29] Meinong had certainly learned from Brentano that every mental phenomenon has an object in the sense that it somehow "contains" this object (the so-called "immanent object" in contrast with the "real object") and for more than two decades spoke of objects as if they were contents. In 1899, however, Meinong published *On Objects of Higher Order and their Relation to Inner Perception*, in which he opens his discussion with a distinction between content and object.[30] Very briefly, the content is that part of the act whereby it refers to this or that object, whereas the object itself need not at all be part of the act. While the content is in all cases something real and mental, the object can be physical or even something that has no place at all in reality. This distinction, which has already been

---

[25]   This distinction can be found in Meinong (1888), pp. 479 ff. It had already been treated at length, however, in Ehrenfels (1887). It should of course be remembered that von Ehrenfels had attended Meinong's lectures on value theory by the time he wrote this article.

[26]   Meinong (1894a).

[27]   See Schuhmann, (2001).

[28]   Brentano (1874), pp. 115 f.

[29]   Brentano (1971), pp. 133–138.

[30]   Meinong (1899), pp. 185 ff. A similar distinction had already been made in Höfler and Meinong (1890), p. 7, and again in Twardowski (1894).

thoroughly discussed elsewhere,[31] was yet another way in which Meinong diverged from the doctrines of Brentano.[32]

2.4 Judgments

It was Brentano's view that all judgments are existential.[33] Those judgments which have traditionally been regarded as predicative, e.g., "All men are mortal", can be expressed more accurately as judgments about the existence or non-existence of their subject, e.g., "There are no men who are not mortal" or "No men who are not mortal exist". As all universal judgments are thus conceived of as negative existential ones, particular judgments are conceived of as affirmative existential ones, e.g., "Some men are mortal" as "There is a man which is mortal".

Meinong, however, maintained that a distinction is to be made between existential and relational judgments. This distinction is to be found in the logic textbook that Alois Höfler wrote in collaboration with Meinong.[34] The disagreement here is of great importance, for Brentano had proposed a reform in logic that was based on his thesis that all judgments are concerned with existence or non-existence.[35] Meinong's advancement of an opposing theory of judgment in a widely used logic textbook was not merely an instance of a student going his own way, but an action that thwarted one of Brentano's greatest ambitions.[36] Moreover, the Meinongian theory of judgment was having impact within Brentano's own

---

31 See Findlay (1963), pp. 1–41.

32 Though it is no doubt correct to see Meinong's distinction between content and object as a move towards some sort of "realism", it is interesting to note that one of his earliest attempts to apply this distinction in Meinong (1900) was a defense of his early nominalism.

33 Brentano (1874), pp. 283–289.

34 Höfler and Meinong (1890), pp. 103 ff. See Rollinger (2004b), pp. 270 ff.

35 In Brentano (1874), pp. 302–305, a brief indication of this reform is to be found. This was first met with criticism from outside of the school of Brentano in Land (1876a) and Land (1876b).

36 Cf. Rollinger (2004), pp. 270–275. Brentano met with further disappointment in Husserl's approach to logic, which was very heavily influenced by Bernard Bol-

circle, as this can be seen from the lectures that Twardowski held in Vienna (1894/95) on logic.[37] In these lectures relational judgments are distinguished from existential ones, just as this had been done in the logic textbook of Höfler and Meinong. It is accordingly understandable why this textbook received disapproval on Brentano's behalf from Marty, aptly described as "one of the most stubborn opponents of Meinong".[38]

Marty's sharp disapproval was not the only reaction on Brentano's behalf to Meinong's alternative theory of judgment and concomitant logic. In 1891 Brentano's reform of logic was presented by one of his students, Franz Hillebrand, in *The New Theories of Categorical Inferences*,[39] a small book which Meinong himself reviewed.[40] Since this book was no doubt written as a reaction to the logic textbook of Höfler and Meinong, and particularly since Hillebrand wrote his logic book under the supervision of Brentano, Meinong's review of it was an indirect confrontation with his mentor. From what has already been said, it is no surprise that Meinong's review of Hillebrand's was by no means a positive one, particularly regarding the theory of judgment, which was central in Hillebrand's exposition of Brentanian logic.

If we look at later developments of Meinong's theory of judgment, his principle of independence (*Prinzip der Unabhängigkeit*), first suggested to him by one of his students, namely Ernst Mally, is also relevant here.[41] According to this principle, being-thus (*Sosein*) can obtain independently of being (*Sein*) or, in terms of the theory of judgment, a predicative judgment, e.g., "The golden mountain is golden", can be true without requiring the existence of the subject. Here again, Meinong contradicts Brentano's theory of judgment. Moreover, this principle is crucial to

---

zano. See Rollinger (2003).

[37] Betti and van der Schaar (2004).

[38] Dölling (1994), p. 27.

[39] Hillebrand (1891). Hillebrand's notes from lectures of Brentano on logic were utilized in Brentano (1956), though mixed in with Brentano's own notes. Concerning Brentano (1956), see Simons (2004), p. 48.

[40] Meinong (1892).

[41] Meinong (1904), pp. 7 ff.

Meinong's object theory, which is plainly at odds with Brentano's later ontology and will be further discussed below.

2.5 Presentations

Thus far we have considered Meinong's divergence from Brentano regarding two of the main classes of mental phenomena according to the Brentanian schema, namely judgments and acts of love and hate. Yet to be considered is Meinong's viewpoint with respect to presentations (*Vorstellungen*), which Brentano held to be the most fundamental class of mental phenomena.[42] In the occurrence of any other mental phenomenon, according to Brentano, there must be a presentation on which this phenomenon is founded. Thus one cannot judge unless one presents what one accepts or rejects in the judgment. Nor can one love or hate unless one presents what one loves or hates. Meinong comes to the view that presentations only actually have objects when other acts are founded on them and that otherwise their reference to objects is merely potential.[43] Not only this aspect of Meinong's theory of presentations diverges from Brentano's, but also developments in Meinong's views on assumptions and emotions as well as inner perceptions culminated in the conclusion that not every mental phenomenon requires a presentation as its foundation.[44]

2.6 Time-Consciousness

Though Brentano put forward different theories of time-consciousness during different phases of his philosophical development,[45] the one that he favored in his years in Vienna and thus the one that Meinong was taught was the doctrine of "original association". According to this doc-

---

[42] Brentano (1874), pp. 104–111.

[43] Meinong (1910), pp. 285 f.

[44] Meinong (1912), pp. 10 ff. In this connection Meinong introduces the notion of *Präsentation* which is further elaborated on in Meinong (1916).

[45] See Kraus (1930). See also Huemer (2002/2003).

trine, changes and other temporally extended objects (e.g., melodies) are not perceived, but are presented by means of both perception and imagination.[46] On this view a melody, for instance, is presented insofar as the content of perception at each moment is "originally associated" with what has preceded it, as the latter is presented in imagination.[47]

Though in 1894 Meinong offered a theory that is very similar to the doctrine of original association,[48] he returned to the same topic in 1899,[49] only to advocate a theory that calls into question Brentano's thesis that only the present can be perceived.[50] The present is indeed only an ideal limit for Meinong. The perception of the present therefore becomes an ideal that can only be approached and never fully realized, whereas any concrete perception must to some extent encompass the past within its object. If we bear in mind that for Meinong memory has immediate evidence of surmise, it is no wonder that he also ascribes this type of evidence to perception, even to inner perception.[51] In this regard Meinong cannot accept the Brentanian theory of the infallibility of inner perception, without of course retracting the view that inner perception has immediate evidence.[52]

---

[46] See Rollinger (1999), pp. 29 f.

[47] The doctrine of original association, like so many other Brentanian views, was elaborated on in Brentano's lectures, but never in his publications. Expositions of the doctrine in question, however, can be found in the following publications of Brentano's students: Marty (1879), pp. 41 ff.; Stumpf (1890), p. 277; Husserl (1928), pp. 374–382. The latter contains a critique as well as an exposition.

[48] Meinong (1894b), pp. 435–444.

[49] Meinong (1899), pp. 243–266.

[50] See Rollinger (forthcoming).

[51] Meinong (1906a), pp. 64–75.

[52] A response on Brentano's behalf to Meinong's theory of inner perception can be found in Bergmann (1908), pp. 73–82. Bergmann, however, was not working directly under Brentano's supervision as Hillebrand was. Marty, to whom Bergmann (1908) is dedicated, was the key figure behind this work.

2.7 Causality

It was Brentano's view that our concept of causality and other closely related concepts are derived from inner perception,[53] as Locke had maintained.[54] Meinong, however, was more Humean in this regard in that he maintained that such relations were altogether imperceivable.[55] Nonetheless, Meinong did not fully succumb to Humean scepticism concerning causality, for he did attempt to prove the universal law of causality.[56]

2.8 Assumptions

As we have seen, Meinong challenged the Brentanian division of mental phenomena in various ways. In *On Assumptions*, first published in 1902 and extensively revised for a second edition in 1910, Meinong posed the greatest challenge of all to this division by making room for a whole new class of such phenomena. This class is one that he found situated "between" the class of presentations and that of judgments and consists of assumptions (*Annahmen*), which are like judgments insofar as they are either affirmative or negative and like presentations insofar as they are devoid of conviction.[57] If, for example, one hears or reads a statement with understanding and does not believe what is thereby said, the mental act in question is an assumption. There are, however, other instances in which Meinong speaks of assumptions. Sometimes something is assumed,

---

[53] Brentano (1889), p. 51; Brentano (1968), p. 13. For more on Brentano's view of causality, incuding his approach to the universal law of causality, see Rogge (1935).

[54] Locke (1975), II.xxi.4: "... Bodies, by our Senses, do not afford us so clear and distinct an *Idea of active Power*, as we have from reflection on the Operation of our Mind".

[55] Meinong (1882), p. 117; Meinong (1918), p. 11. Closer to Brentano in this connection was Stumpf, though other aspects of the theory of causality in Stumpf (1939/40) diverge from Brentano's. See Rollinger (2001b).

[56] It would take us too far afield to discuss the details of this proof as this is found in Meinong (1918).

[57] Meinong (1910), pp. 1 ff.

for example, in order to see what consequences follow from it.[58] Also, playing and art involve assumptions.[59]

Though Meinong's theory of assumptions resonated among some of his non-Brentanian contemporaries, such as James Baldwin and Wilbur Urban,[60] it was not at all well received in the school of Brentano. Husserl, to be sure, was willing to concede that some of the phenomena that Meinong classifies as assumptions are propositional in nature and also devoid of conviction. Such "mere presentations", however, had already been explored to some extent in his *Logical Investigations* and earlier unpublished writings.[61] In his *Ideas pertaining to a Pure Phenomenology and to a Phenomenological Philosophy* (1913) Husserl even bluntly says that *On Assumptions* in fact did not make any progress at all in terms of substance or method beyond the *Logical Investigations*, though it is the first edition of *On Assumptions* that he cites in this regard.[62] Yet, of greater interest to us here is the fact that Meinong's theory of assumptions was vehemently rejected by Marty.[63]

Marty upholds the Brentanian view that there are three distinct classes of mental phenomena and makes use of this classification in order to distinguish the "autosemantic" expressions from the "synsemantic" ones.[64] He thus sees no room for a new class of such phenomena situated

---

[58] Meinong (1910), pp. 191 ff.

[59] Meinong (1910), pp. 110–116.

[60] Meinong (1910), pp. xii f.

[61] See Rollinger (1999), pp. 186–199. In Rollinger (1999), Appendix One (pp. 251–284) there is an English translation of one of Husserl's early attempts to work out a theory of assumptions. Husserl sent this text (together with another one that has not yet been published) to Meinong in 1902, but Meinong sent it back due to Husserl's apparent hyper-anxiety about plagiarism. See the exchange between Meinong and Husserl in Schuhmann and Schuhmann (eds.) (1994), pp. 139–147.

[62] Husserl (1975), p. 254 n. Cf. Meinong (1915), pp. xix f. Husserl's copy of Meinong (1902) is heavily marked and annotated, whereas his copy of Meinong (1910) shows almost no signs of being touched. Both copies are to be found in the Husserl-Archives, Leuven.

[63] See Marty (1905). The rejection of Meinongian assumptions is also expressed in Brentano (1971), p. 149.

[64] Marty's final project, only the first volume of which appeared as Marty (1908),

"between" presentations and judgments. The very notion of one class being between two others is unacceptable to Marty. Moreover, he argues
that Meinong's view of assumptions breaks the rules of classification,
whether assumptions are conceived of as a genus that shares affirmation
and negation with another species, i.e., judgments, or they are conceived
as a species that belongs to the same genus, i.e., thinking, to which judgments also belong. The alleged examples of assumptions, according to
Marty, could easily be seen as instances of presentations or judgments,
depending of course on the particular case. Needless to say, Meinong
found none of Marty's arguments against the theory of assumptions con-
vincing, as is evident from the article Meinong published in response to
Marty.[65] Meinong thought that the identification of assumptions as distinct from other mental phenomena, especially judgments and presentations, was simply a matter of sound empirical investigation. If the results
of such an empirical approach broke any rules of classification, so much
the worse for these rules.

2.9 Object Theory

In Vienna Brentano went through a phase in which non-real objects, so-
called *irrealia*, became inceasingly central to his philosophical position
due to his conception of "immanent objects".[66] This went on until he began early in the twentieth century to formulate his celebrated reism, according to which we can only present real objects (or, more simply,
things) and all our talk about states of affairs, propositions, possibilities,
impossibilities, and other candidates of non-real objectivities belongs to
the realm of linguistic fiction.[67] Like other students of Brentano, Meinong

---

was meant to develop this Brentanian philosophy of language in great detail.
See Rollinger (1998).

[65]   Meinong (1906b).

[66]   Here I mean the "ontology of intentionality" as this is described in
Chrudzismski and Smith (2004), pp. 204–211. For a more elaborate treatment of
this phase of Brentanian ontology, see Chrudzismski (2004), pp. 123–175.

[67]   The most thorough-going philosophical discussion of Meinong's object theory
in comparison with Brentano's later ontology is to be found in Bergmann

made his start with Brentano's Viennese ontology, though he tended to go much farther into the jungle of *irrealia* than Marty, Stumpf, Twardowski, or Husserl. Accordingly Meinong (sometimes together with Husserl) becomes a target of criticism in Brentano's attempt to formulate and defend his later reism.[68]

In 1904 Meinong published his article *On Object Theory* in which he attempted to formulate his notion of a discipline that is concerned with objects purely as such, whether they be real or non-real, whether they exist or not. Again, in 1907 he defended this notion more elaborately in *On Object Theory and its Place in the System of the Sciences* against certain critics.[69] In this latter work he begins by giving us examples of objects which would be left "homeless" if there were no theory of objects in which they would receive the scientific attention they deserve. Here Meinong gives the examples of objects of sensation,[70] objectives,[71] and impossible objects[72] as such objects in danger of being left without a home among the sciences. First of all, he regards the objects of sensation, such as colors and sounds, as belonging to the domain of a special branch of object theory, for there is much that can be said *a priori* of such objects and yet they have no place in natural science (which is concerned with light waves or particles, for example, rather than colors as such) and psychology (which is concerned with mental acts rather than their objects).[73] Secondly, Meinong identifies a class of objects as "objectives" and contrasts them with objects in the narrow sense (*Objekte*) or what can be called "objecta". Objectives, on his view, are particularly conspicuous as the correlates of judgments and assumptions and are comparable to the states of affairs (*Sachverhalte*) which Stumpf and Husserl had discussed.[74] Finally, impossible objects, such as round squares, are to find

---

(1962). Bergmann's concerns, however, are strictly limited to ontology and primarily of a systematic nature, whereas the present study is a historical one concerned with a much fuller range of issue.

[68] Brentano (1968), p. 29.
[69] Meinong (1907).
[70] Meinong (1907), pp. 8–14.
[71] Meinong (1907), pp. 14–20.
[72] Meinong (1907), pp. 20–27.
[73] See Rollinger (2001a).

cussed.[74] Finally, impossible objects, such as round squares, are to find their home in object theory. It is important to note very emphatically that impossible objects, as well as other non-existent ones, such as the golden mountain, are never assigned a "subsistence" or indeed a being of any kind.[75]

What Meinong meant by "object" must thus be radically dissociated from the ordinary usage of the term. This is made especially clear in his posthumously published *On Content and Object* of 1908, where he says, "Only in its very broadest sense can the word 'object' satisfy the intentions underlying object theory. It is recommended that this sense be determined by the sphere of application of the word or by the extension of the concept 'object' because starting from the meaning of the word closest at hand here, however close at hand it is, leads, according to experience, to a restriction of the realm of application which cannot be brought into harmony with those intentions. Let us thus at first remember that already in everyday life there is talk, for example, of objects of 'furnishing' or objects of 'use'. It will of course presumably always be *things* which one calls 'objects' in this sense; mere properties, such as color or shape, will not easily be counted among objects. And though one may, on the other hand, regard a tree, a church tower, or a hill as an object, this will no longer go for a golden mountain or a *perptuum mobile* insofar as these are not in reality. For us the consideration of the thing-character or existence is not to be the standard. But [there is] also no other restrictive consideration: a constitution of state and a church community, happiness and fatality, a boundary and infinity, wooden iron, and absolute relativism, being and becoming, something and nothing are also objects, and even 'something that is not an object' will ultimately in fact also have to be an object, albeit one to which an intrinsic contradiction adheres by its nature".[76] What became particularly objectionable to Brentano was not the disregard of existence in the formulation of the concept of an object, but rather the disregard of the "thing-character". In this respect his rejection of Mei-

---

[74]   Yet, Meinong prefers not to refer to objectives as "states of affairs", as he explains in Meinong (1910), pp. 101 f.

[75]   Findlay (1963), pp. 42–50.

[76]   Meinong (1978), p. 147.

nongian object theory was very different from those put forward by Husserl,[77] Stumpf,[78] Russell,[79] and a host of others whose rejection thereof had more to do with the doubts concerning the concept of a non-existent object.

It is indeed for good reasons that the notion of non-existent objects is not the focus of Brentano's attack against Meinong's object theory, for Brentano is apparently left with this notion in his view of sensory things. In *Psychology from an Empirical Standpoint* he had maintained that physical phenomena, e.g., colors and sounds, exist phenomenally, but not in reality.[80] These phenomena, it must be stressed, are not sensations (*Empfindungen*). Sensations for Brentano are acts which have physical phenomena as their contents. If, for instance, one sees a color, the sensation is the act of seeing and the content or indeed the object[81] is the color itself. While he later altered his way of referring to such phenomena, in order to accommodate his reism, by speaking, for instance, of something red (*Rotes*) instead of red or redness (*Röte*) or of something extended (*Ausgedehntes*) instead of extension (*Ausdehnung*),[82] he did not abandon his view that such things have only a phenomenal existence. To say that something exists phenomenally, however, only means that the thing in question appears. Accordingly Brentano thought that the objects of sensation as such do not exist at all. This of course does not involve the acceptance of their non-being as an additional object which itself has being. Such an acceptance, according to Brentano, would involve an infinite regress.[83]

---

[77] Rollinger (1999), pp. 200–206.

[78] Stumpf (1907b), pp. 40 ff.; Stumpf (1939/40), Vol. I, p. 184 f.

[79] Russell (1956), pp. 41–56. This is no doubt the most widely received critique of Meinong's object theory. For an excellent defence of Meinong against Russell's attack see Chisholm (1982), pp. 53–67.

[80] Brentano (1874), pp. 120 ff.

[81] Brentano (1907), p. 5: "The matter of concern is green in the proper sense, in which it is grasped only as an object of our visual intuition, not as obtaining in reality". This quotation passage is taken from a lecture that Brentano held in 1893 at a meeting of the Viennese Philosophical Association.

[82] Brentano (1966), p. 317.

[83] Brentano (1971), p. 160.

From Brentano's viewpoint there is only one proper way in which something can be said to be. Meinong, by contrast, made a distinction between those objects which exist temporally and those which obtain in a non-temporal way.[84] While the objects of sensation, for example, have being in the former sense ("existence"), a non-temporal being ("subsistence") is ascribed to various relations, complexes, objectives, and other objects of higher order. Just as Brentano was opposed to the concept of non-things, he was also opposed to the distinction between these two types of being.[85] His strategy for dealing with the verb "to be" is rather to identify various meanings, which are either proper (*eigentlich*) or improper (*uneigentlich*).[86] The proper meaning of "to be", according to Brentano, is to be found in the temporal mode of the present as this pertains to things, such as physical bodies as well as mental (i.e., presenting, hating, loving and hating) things, whereas he maintains that all the others, such as possibilities or impossibilities, are somehow derived from the proper one. This approach to the concept of being is of course related to the thesis that only a thing can be presented. It is nonetheless to be distinguished from that thesis.

---

[84] Meinong (1902), pp. 189.

[85] Bergmann (1946/47), pp. 125 f. Brentano's suggestion that Meinong's distinction between "being" in two different senses stems from Bolzano, just like his inclination generally to ascribe heresies of his rebellious students to Bolzano is altogether without support. In Brentano (1978), p. 29, the distinction in question is again attributed to Bolzano, but this is historically inaccurate. Bolzano speaks of presentations in themselves (*Vorstellungen an sich*) and propositions in themselves (*Sätze an sich*) and maintains that these do not have existence. Yet, he does not say that they have another kind of being. See Bolzano (1837), Vol. I, p. 78. Of course, it is understandable why Brentano and others attribute this view to him, especially in view of Husserl's assimilation of the Bolzanian notion of a proposition.

[86] Here I speak of Brentano dealing with the *verb* "to be" rather than with being because what concerns him in this regard and indeed throughout his efforts to argue in favor of reism is first and foremost (though not exclusively) a type of linguistic analysis which has unfortunately been under-appreciated among analytic philosophers. The results of Brentano's analysis of "to be", moreover, will not allow for any sort of "ontological difference" between Being and beings such as the one that has gained notoriety through Heidegger's writings.

In sum, it can be said that Brentano rejects Meinong's object theory for two reasons: 1) because it allows for objects of presentation which are not things, and 2) because it distinguishes between two types of being, whereas only things can be said to be in the strict and proper sense.

Before closing this discussion of Meinong's object theory and Brentano's rejection thereof, two more points should be made. One of these is that for Brentano ontology belongs to metaphysics in the traditional sense, whereas this cannot be said of Meinong's object theory. Brentano's metaphysics indeed remains Aristotelian in the sense that it is concerned with being *qua* being (or what can as such be said to be), identifies substance as what is as such,[87] and even culminates in theistic proofs.[88] There is almost none of this in Meinong's object theory or any other aspect of his philosophical orientation. Yet, Meinong also finds a place for metaphysics as distinct from object theory. While he characterizes object theory as the *a priori* discipline concerning objects as such, he maintains that metaphysics is concerned particularly with reality (*Wirklichkeit*), characterized in terms of temporality and determinable *a posteriori*.[89] The resulting notion of a metaphysics is certainly comparable to others that can be found in the school of Brentano.[90] In this regard Meinong welcomes Stumpf's notion of "experiential metaphysics" (*Erfahrungsmetaphysik*) in particular.[91]

---

[87] Brentano's concept of a substance is of course different from the Aristotelian one in important respects. On this point, see Smith (1994), pp. 61–82. There is indeed almost no aspect of Aristotelianism which Brentano adopts without somehow revising it. See George (2004).

[88] Brentano (1929a). The fact that Meinong shows little or no interest in theism indicates a fundamental difference in both philosophy and temperament. In this regard Meinong differs again from other students of Brentano, particularly Husserl, who had lectured on the existence of God in Halle and continued to have theological interests.

[89] Meinong (1904), pp. 40 ff.

[90] In Husserl (1975), p. 27. metaphysics is characterized as a discipline concerning reality without any consideration of ideal objects. Husserl was apparently under the influence of Hermann Lotze, either directly or via Stumpf (who had written his dissertation under Lotze), in his conception of metaphysics. See Lotze (1879), pp. 3 ff.

[91] Meinong (1978), p. 142. See Stumpf (1907b), pp. 42 ff.

The remaining point concerns Brentano's tendency to sweep aside Meinong's object theory together with Husserl's "pure logic", as if they were essentially the same. This is not entirely justified. While Meinong and Husserl were well aware of their affinity in this regard, the fact that Husserl's pure logic involves the Bolzanian notion of propositions in themselves (*Sätze an sich*), as bearers of truth and falsehood and as distinct from states of affairs that make propositions true or false,[92] stands in contrast with Meinong's view of objectives as both truth bearers and truth makers.[93] As far as Meinong is concerned, a proposition is to be understood as nothing else but a grammatical sentence.[94] To be sure, besides Husserl's pure logic in the sense of a theory of propositions and the other "elements" of logic (i.e., concepts and inferences), there is also Husserl's general theory of objects which runs parallel to elementary logic and is equated with formal ontology.[95] Meinong, however, has misgivings about Husserl's distinction between the material and the formal and was not inclined to characterize his general theory of objects as formal.[96] Moreover, Husserl's formal ontology lacks not only the above-mentioned principle of independence of being-thus from being, but also the closely related and more fundamental notion of *Außersein* as well.

2.10   Value Theory

Though we have already touched on value theory, it must be stressed that Meinong insisted that his value theory "set out on a path that has nothing at all in common with Brentano's conception of related matters".[97] The

---

92   See Rollinger (2003).

93   Simons (1986), p. 103.

94   Meinong (1904), pp. 21 ff.

95   Husserl (1984), p. 228.

96   Meinong (1978), pp. 291 ff.

97   Kindinger (ed.) (1965), p. 141. The letter quoted in the text (dated 17 November 1899) is from Meinong to Max Heinze, the editor of Friedrich Überweg's *Grundriss der Geschichte der Philosophie*. Meinong protests in general that in Heinze's entry on him he is much too closely associated with Brentano and other Brentanists.

differences are not only that Meinong distinguished between feeling and desire in his value theory and also that Brentano makes the notion of good rather than value thematic in his ethics, but also that Meinong's early value theory is not objectivistic whereas Brentano's is. According to Brentano, it is possible to distinguish between correct and incorrect love or hate.[98] There is no such distinction in Meinong's early views on feeling and desire, which are thus subjectivistic in character.

Though Meinong later developed a rather objectivistic value theory, this was done by introducing special classes of objects. For quite a few years Meinong was content to divide objects in the broadest sense conceivable into two distinct main classes: objecta and objectives. As he continued to develop his object theory, particularly in the domain of value theory, he arrived at a fourfold division: objecta, objectives, dignitatives, and disideratives.[99] He regards the latter two as the correlates of feeling and desire respectively. Thus, he set himself apart from Brentano not only by regarding feeling and desire as two basic classes of mental phenomena, but also by acknowledging two corresponding classes of non-thinglike objects.[100] In this regard it can be said that Brentano and Meinong moved in opposite ontological directions. While Meinong found it necessary to expand the number of classes of objects more and more, Brentano was compelled in the final phase of his philosophical development to narrow them down to a single class, the class of things or substances. Brentano found it necessary, to be sure, to distinguish between mental and physical things (though not in the Cartesian sense). However, he still maintained that both the mental and the physical belong to the class of things, whereas the highest genus "object" in the Meinongian sense encompasses qualities, properties, relations, possibilities, impossibilities, boundaries, and absolutely any thing or non-thing that one could dream of or not dream of, all of which can be subdivided into the four classes mentioned above.

---

[98]   Brentano (1889), pp. 20 ff.
[99]   Grossmann (1974), p. 225.
[100] See Meinong (1978), pp. 398 ff.

2.11   Phenomena and Consciousness

Though Meinong comfortably spoke the language of Brentano in his early writings, he came to develop his own peculiar and often difficult terminology, which may well have stood in the way of his reception. In his posthumously published glossary for logic and epistemology (1888–1903)[101] he takes issue with Brentano on various points, most notably regarding the terms "consciousness" (*Bewusstsein*) and "phenomenon" (*Phänomen*). Regarding consciousness, the only meaning that Meinong indicates is the Kantian "I think" and notes, "Brentano calls the mental facts themselves 'consciousness'. Certainly [it is] a task of epistemology to fight against such an unnatural conception".[102] The entry, however, is incomplete. It is therefore difficult to say why anything other than a terminological matter is at stake here. As regards phenomena, Meinong is again attached to a Kantian meaning and therefore sees the usage of the term justified only in cases where there is an opposition between phenomena and noumena, i.e., the appearances and that of which they are appearances. Concerning Brentano's contrast between mental and physical phenomena Meinong notes that it "is for the main matter, the so-called mental phenomena, unnatural and misleading".[103] All phenomena, according to Meinong, are actually mental, though one can speak of phenomena *of* the physical as well as *of* the mental.

3.   Philosophical Affinity

In spite of the disagreements between Brentano and Meinong, one must not lose sight of the fact that these arose from a context of very important agreements. The most important of these is their view that philosophy is to be scientific. In order to secure the scientific status of philosophy they were very much concerned with the rejection of scepticism. This is particularly evident in their respective attempts to come to grips with Hume

---

[101]   Meinong (1978), pp. 25–159.
[102]   Meinong (1978), p. 39.

on the issues of induction, probability,[104] and the already-mentioned universal law of causality. In this connection one is of course reminded of Brentano's famous thesis that the true method of philosophy is no different than that of natural science.[105] While Husserl eventually took a different route by advocating a *novum organum* beyond the method of natural science, this can hardly be said of Meinong. In this regard Meinong and Brentano of course have something in common with the Vienna Circle as well as many subsequent positivistically inclined philosophers.[106] Meinong and Brentano, however, differ from most others who believe that philosophy should be scientific insofar as these two, as well other students of Brentano, regard the most prominent subject matter of philosophy as phenomena of the mind, whereas the positivists and their successors are as a rule unwilling to assign any special subject matter to philosophy at all.

In one of his early writings Meinong expressed the Brentanian conception of philosophy in the following way: "Philosophy is not psychology, for its name, upon closer inspection, does not designate one science, but rather a whole group of sciences; what keeps these together, however, is the fact that they share the realm of mental phenomena, as this comes to light in the circumstance that either only mental phenomena are the object under investigation in these disciplines or the latter have posed such far-reaching problems that both mental and physical facts are included within the purview of these problems".[107] Such a formulation fits Brentano's view of the division of labor in philosophy, in which psychology is

---

[103]   Meinong (1978), p. 94.

[104]   According to Stumpf (1939/40), Vol. II, p. 539, Brentano based the theory of induction on calculation of probability in lectures since 1868 "from which, however, only fragments were later published"). There is still very much a need to have this material available in a properly edited form. Meinong's concern with probability and induction is of course to be found in Meinong (1915).

[105]   Brentano (1929b), p. 135.

[106]   See, for instance, Reichenbach (1951).

[107]   Meinong (1885), p. 5. Cf. Brentano (1887), p. 77: "If we look at the common feature [of the various philosophical disciplines], the philosopher treats either very general questions or ones concerned with mental phenomena". The same is essentially said in Marty (1897).

the theoretical tool in practical philosophy (logic, ethics, and aesthetics) whereas metaphysics encompasses both the mental and the physical within its subject matter.

There is, however, something troubling about attaching such "psychologism" to Meinong when we consider that he was the one who advocated object theory which was to be no more psychological than Husserl's pure logic.[108] Yet, one must bear in mind that in Meinong's attempt to defend the rights of object theory and to give it a place in the system of the sciences, he also insists that the rejection of psychologism by no means entails the rejection of psychology.[109] Moreover, the philosophical significance of psychology is again asserted in his final summary statement of his conception of what the philosophical disciplines have in common: "that they all have inner experiences exclusively or inner experiences *in addition* as their subject matter".[110] In view of the development of object theory as well as that of experimental psychology as a science in its own right, independently of philosophy, Meinong concedes that it is desirable to characterize philosophy in a new way. Nonetheless, until this can be done, he insists that his old formulation will have to suffice.[111] Here one may of course reply that, if it is indeed the case that all such disciplines are somehow concerned with inner experiences, Meinong's overriding concern in his later years, i.e., object theory, cannot be construed as a philosophical discipline. Yet, it must be stressed that Meinong classifies objects into four classes on the basis of a fourfold division in the domain of the mental: presenting, thinking (which includes both judging and assuming), feeling, and desiring.[112] The objecta are thus the correlates of presenting, the objectives the correlates of thinking, the dignitatives the correlates of feeling, and the desideratives the correlates of desire. The ob-

---

[108]   Meinong (1904), pp 13–17.

[109]   Meinong (1907), p. v.

[110]   Meinong (1921), p. 11. The term "inner experiences" (*innere Erlebnisse*) is merely Meinong's replacement of Brentano's "mental phenomena" and must not be taken to mean the same as "inner perception". What Meinong means here certainly includes outer perceptions as well as inner ones and indeed all presentations, judgments, assumptions, desires, and feelings.

[111]   Meinong (1921), p. 12.

[112]   Grossmann (1974), p. 225.

jects under consideration in object theory, in spite of their alleged independence from consciousness, remain intentional objects (though not immanent ones).[113] As regards Brentano's later philosophical views, it is not at all problematic to see their relation to psychology. Among the things to be accounted for his reistic metaphysics are mental ones, which are simply things which present, judge, and love or hate various objects (which are of course also things).[114]

Though the conception of philosophy as psychological in character was no doubt shared by many in the late nineteenth and early twentieth century, the Brentanist version thereof is distinguished from the others primarily by the emphasis it puts on intentionality. In this regard Meinong is again a Brentanian. Though Meinong hardly finds it necessary even to assert that mental phenomena refer to objects, this is mainly because this is obvious to him. Nonetheless, he does make it very clear at the outset of *On Object Theory*, in which he plainly says that judgments, assumptions, feelings, and desires are all directed towards objects.[115] The only class of mental phenomena that is missing from this list is that of presentations. As we have seen, Meinong came to the think that these in isolation from other acts have objects only potentially. While this view of presentations may be seen as a qualification regarding the role of intentionality in mental life, it is clearly only a minor one. In short, intentionality remains indispensable in Meinong's analysis of consciousness.[116]

---

[113] While Chisholm is no doubt right in asserting, "Whatever is unthinkable, after all, at least has the property of *being* unthinkable" (Chisholm (1982), p. 55), we may add that by grasping this sentence one is thinking of such objects. Hence, thinkable objects are thinkable and therefore impossible just as round squares are. This of course does not in any way deprive them of their status as objects from a Meinongian perspective.

[114] In Kastil (1951), pp. 45–99 one can find the main points of Brentano's descriptive descriptive psychology reformulated in accordance with reism.

[115] Meinong (1904), pp. 1 f.

[116] What is argued here stands in opposition to the following remark in Spiegelberg (1982), p. 91: "There is in Meinong a decided preference for ontological questions, and less interest in the 'presentations' through which such entities are given. Specifically, Meinong shows no interest in the key phenomenon of intentionality, which remained the the main link between Brentano and Husserl". In spite of this failure to appreciate the phenomenological aspect of Meinong's phi-

The psychology which unites the philosophical disciplines for Brentano and Meinong is different from others not only insofar as its subject matter consists of intentional phenomena, but also insofar as its method is a purely descriptive one. Brentano contrasts this descriptive psychology with genetic psychology, in which one attempts to explain the phenomena under consideration by discerning their causes.[117] In descriptive psychology, however, one forgoes explanatory endeavors and restricts oneself to the analysis of consciousness into its elements and a characterization of their various connections with each other. Though Brentano had not made the distinction between descriptive and genetic psychology as explicitly at the time when Meinong was his student as he did in later years, the psychology that Meinong learned from him was a descriptive one, just as the psychological investigations that Meinong himself conducted throughout his career were descriptive. To be sure, there is a difference between their two views regarding what the elements of consciousness are, as is evident in their divergent classification of mental phenomena. Nonetheless, they were in agreement about the type of psychological investigations which were necessary for the various philosophical disciplines.

At present it is of course very difficult to defend such a conception of philosophy, even if we stress the nature of the subject matter as intentional phenomena and the method of investigating them as descriptive. This is of course in large measure because the prevailing fashions in philosophy are, at least *prima facie*, opposed to this conception,[118] in spite of the many parallels that can be found in matters of substance between the concerns of analytic philosophy and Brentanism.[119] Analytic philosophers

---

losophy, Spiegelberg (1982) nonetheless remains by far the best treatment of the phenomenological movement as a whole.

[117]   Brentano (1980), pp. 1 ff.

[118]   This is no doubt one of the main reasons why Brentano remains "invisible". As regards this invisibility in the sphere of analytic philosophy, see Willard (1998).

[119]   Poli (2004), pp. 285 f.: "Unfortunately, he [Brentano] presented his theories from a viewpoint that most contemporary philosophers, especially those of an analytic bent, are unable to recognize as any different from psychologism". While this is no doubt true, this situation would best be rectified if contemporary philosophers learned to distinguish between the psychology in the school of Brentano and psychologism.

who see philosophy as essentially semantics or logic and certainly those of a materialistic persuasion will not be sympathetic to characterizing philosophy as a science in which mental phenomena are the central subject matter.[120] Nor will most "continental" philosophers, who are more inclined to see philosophy as an interpretation of "texts". Yet another reason why the Brentanian conception of philosophy is unlikely to be accepted nowadays lies in the fact that the term "psychology" is now much more remote from anything that involves the traditional concerns of philosophy. With very few exceptions, mental phenomena are no longer regarded as the subject matter of psychology. For a good part of the twentieth century it was, after all, far more fashionable to say that psychology is concerned with behavior.[121] Moreover, the use of the term "psychology" in philosophical contexts easily suggests psychologism, which many have seen as pernicious since the publication of the first volume of Husserl's *Logical Investigations* (1900). Though neither Brentano nor Meinong succumbed to psychologism in the sense in which Husserl rejected it, with relativism as its consequence,[122] the power of association nevertheless remains almost insurmountable. Hence, many will dismiss a psychologically oriented philosophy as psychologism without the slightest hesitation. Philosophers and scholars, after all, are no less prone to clichés and stereotypes than the rest of mankind is.

It is thus to be recommended to anyone who wishes to defend the Brentanian conception of philosophy that another term besides "psychology" should be introduced in order to characterize the common concern of philosophical disciplines. It seems to me that "phenomenology" is the best candidate in this regard. This term is of course not without its problems. One such problem is to be found in the fact that the later Husserl made every effort to advocate a "transcendental" phenomenology which was for him both the properly philosophical endeavor and distinguished

---

[120] Perhaps the growth of cognitive science in recent decades constitutes a noteworthy exception in this regard.

[121] Even a psychologist who stands as close to the school of Brentano as Kurt Koffka, a pupil of Stumpf, says, "Although psychology was reared as the science of consciousness or mind, we shall choose behaviour as our keystone" (Koffka, p. 25).

sharply from psychology. Moreover, many of the phenomenologists who have rejected Husserl's transcendental orientation still do not see mental phenomena as the subject matter of their discipline and, more alarmingly, become dangerously anti-scientific in their musings. Nonetheless, there is still enough flexibility in the understanding of the term to allow for it to be used to designate descriptive psychology in the Brentanian sense, as long as one bears in mind that the phenomenology in question is no less "analytic" than much of the non-phenomenological philosophy that is widespread today in English speaking countries, but also in others. Finally, there is the problem that "phenomenology" suggests a discipline in which all phenomena, not only intentional ones, but also colors, sounds, and the like, are to be investigated.[123] In this regard Gilbert Ryle recommended the unsightly "psycho-phenomenology" in order to designate the inquiry into mental phenomena.[124] This problem need not trouble us, however, for there has been no significant attempt to develop a phenomenology to cover both mental and physical phenomena.

Another reason why "phenomenology" may seem unacceptable for the descriptive psychology practiced in the school of Brentano may be found in the fact that this term may easily be associated with a grotesquely ambitious rationalism which simply will not fit together with "psychology from an empirical standpoint". Though Husserl's preference for such terms as *Wesenserschauung*[125] certainly encourages such an association, it must be borne in mind that Husserl spoke in this manner only after he had broken away from the descriptive psychological orientation and embraced transcendentalism.[126] Moreover, it must be made clear that

---

[122] Husserl (1975), pp. 118–158.

[123] In Stumpf (1907a) the term "phenomena" is restricted to the physical ones. Hence, in Stumpf (1907a) the term "phenomenology" is restricted to the discipline that is concerned with physical phenomena, i.e. sensory contents and their correlates in imagination. See Rollinger (2000/01) for a discussion of this concept of phenomenology, which is of course comparable to the branch of object theory discussed in Rollinger (2001a).

[124] Ryle (1971), p. 201.

[125] Husserl (1976), pp. 13–17.

[126] In order to dissociate the phenomenology that we find in Brentano, Meinong, and the early Husserl from transcendental as well "hermeneutic" and "existential"

the phenomenology of the school of Brentano is empirical in a sense that does not preclude a sort of "ideal intuition".[127] The thesis that mental phenomena are intentionally directed, for instance, is corroborated by precisely such an intuition. By virtue of having the concept of mental phenomena and being able to identify examples of it, one knows that this is the case. Nonetheless, the thesis remains an empirical one in the sense that the relevant concepts are drawn from experience.[128] Here we must be cautious about saying that *all* the theses of phenomenology are known via an ideal intuition. The point is rather that even the ones that are so are empirical in the sense just indicated.

While there thus seems to be no insurmountable terminological objection to calling the descriptive psychology of the school of Brentano "phenomenology", the question of course remains whether philosophy is best characterized as the descriptive investigation of mental phenomena. It lies outside the scope of the present discussion to provide a systematic defense of such a conception of philosophy. Yet, it should be pointed out in conclusion that the issue of the subject matter of philosophy is by no means settled, certainly not as much as philosophers who work in the mainstream would like to think. In the nineteenth century many thought that logic was something of the past, and yet logic has since then emerged as one of the greatest concerns of philosophy. It seems that the prevalence of certain conceptions of philosophy at different times is indeed more a matter of fashion than anything else. There is thus no reason why the current fashions could not give way to others. However, philosophy as the science of consciousness, if it can be established in the way that Brentano and his students had envisioned it, should ultimately prove to be more than a fashion.

Robin D. Rollinger
Husserl-Archives

---

phenomenology, it is perhaps advisable to speak of the former as "descriptive phenomenology", in accordance with Brentano's lecture of 1888/89. See Brentano (1980), pp. 129–33.

[127] Brentano (1874), p. v.

[128] See Meinong (1906a), pp. 5–13, where an argument is made in defense the possibility of *a priori* knowledge based on empirical concepts.

Leuven
robin.rollinger@hiw.kuleuven.ac.be

Bibliography

Albertazzi, Liliana et al. (eds.) (2001), *The School of Alexius Meinong*, Aldershot / Burlington USA / Singapore / Sydney: Ashgate.

Bergmann, Gustav (1967), *Realism: A Critique of Brentano and Meinong*, Madison, Milwaukee / London: University of Wisconsin Press.

Bergmann, Hugo (1908), *Untersuchungen zum Problem der Evidenz der inneren Wahrnehmung*, Halle a.s., Maxniemeyer.

Bergmann, Hugo (ed.) (1946/47), "Briefe Franz Bentanos an Hugo Bergmann", *Philosophy and Phenomenological Research* 7, pp. 83–158.

Betti, Arianna and van der Schaar, Maria (2004), "The Road from Vienna to Lvov: Twardowski's Theory of Judgement between 1894 and 1897", *Grazer philosophische Studien* 67, 1–20.

Blackmore, Thomas (2001), "Alois Höfler (1853–1922)", in Albertazzi, Jacquette, and Poli (2001), pp. 157–190.

Bolzano, Bernard (1837), *Wissenschaftslehre. Versuch einer ausführlichen und größtenteils neuen Darstellung der Logik mit steter Rücksicht auf deren bisherige Bearbeiter*, 4 vols., Sulzbach: J. C. von Seidel.

Brentano, Franz (1874), *Psychologie vom empirischen Standpunkte*, Leipzig: Duncker & Humblot.

Brentano, Franz (1889), *Vom Ursprung sittlicher Erkenntnis*, Leipzig: Duncker & Humblot.

Brentano, Franz (1907), *Untersuchungen zur Sinnespsychologie*, Leipzig: Duncker & Hublot.

Brentano, Franz (1929a), *Vom Dasein Gottes*, edited by Alfred Kastil, Leipzig: Felix Meiner.

Brentano, Franz (1929b), *Über die Zukunft der Philosophie*, edited by Oskar Kraus, Leipzig: Felix Meiner.

Brentano, Franz (1930), *Wahrheit und Evidenz*, edited by Oskar Kraus, Leipzig: Felix Meiner.

Brentano, Franz (1956), *Die Lehre vom richtigen Urteil*, edited by Franziska Mayer-Hillebrand, Bern: Francke Verlag.

Bretnano, Franz (1962), *Wahrheit und Evidenz*, edited by Oskar Kraus, Hamburg: Felix Meiner.

Brentano, Franz (1966), *Die Abkehr vom Irrealen. Nur Dinge sind vorstellbar und können existieren. Briefe und Abhandlungen aus dem Nachlaß*, edited by Franziska Mayer-Hillebrand, Bern: Franke Verlag.

Brentano, Franz (1968), *Psychologie vom empirischen Standpunkt. Dritter Band: Vom sinnlichen und noetischen Bewußtsein. Äußere und innere Wahrnehmung, Begriffe*, edited by Oskar Kraus, revised by Franziska Mayer-Hillebrand, Hamburg: Felix Meiner.

Brentano, Franz (1970), *Versuch über die Erkenntnis*, edited by Franziska Mayer-Hillebrand, Hamburg: Meiner.

Brentano, Franz (1971), *Psychologie vom empirischen Standpunkt. Zweiter Band: Von der Klassifikation der psychischen Phänomene*, edited by Oskar Kraus, Hamburg: Felix Meiner.

Brentano, Franz (1978), *Kategorienlehre*, edited by Alfred Kastil, Hamburg: Felix Meiner.

Brentano, Franz (1980), *Deskriptive Psychologie*, edited by Wilhelm Baumgartner and Roderick Chisholm, Hamburg: Felix Meiner.

Brentano, Franz (1987), *Geschichte der Philosophie der Neuzeit*, edited by Klaus Hedwig, Hamburg: Felix Meiner.

Chisholm, Roderick M. (1982), *Brentano and Meinong Studies*, Amsterdam / Atlanta: Rodopi.

Chrudzismski, Arkadiusz (2004), *Die Ontologie Franz Brentanos*, Dordrecht / Boston / London: Kluwer Academic Publishers.

Chrudzimski, Arkadiusz and Smith, Barry (2004), "Brentano's Ontology: From Conceptualism to Reism" in Jacquette (2004), pp. 197–219.

Chrudzimski, Arkadiusz and Huemer, Wolfgang (eds.) (2004), *Phenomenology and Analysis: Essays on Central European Philosophy*, Frankfurt: Ontos-Verlag, 2004.

Dölling, Evelyn (1994), *"Wahrheit Suchen und Wahrheit Bekennen."* *Alexius Meinong: Skizze seines Lebens*, Amsterdam / Atlanta: Rodopi.

Ehrenfels, Christian von (1887), "Fühlen und Wollen. Eine psychologische Studie", *Sitzungsberichte der Kaiserlichen Akademie der Wissenschaften* (Wien), phil.-hist. Klasse 114, pp. 523–636.

Ehrenfels, Christian von (1990), *Philosophische Schriften*, Vol. IV: *Metaphysik*, edited by Reinhard Fabian, Munich / Hamden / Vienna: Philosophia.

Findlay, J. N. (1963), *Meinong's Theory of Objects and Values*, Oxford: Clarendon Press.

Findlay, J. N. (1973), "Meinong the Phenomenologist", *Revue Internationale de la Philosophie* 27, pp. 161–177.

George, Rolf (2004), "Brentano's Relation to Aristotle", in Jacquette (2004), pp. 20–44.

Grossmann, Reinhardt (1974), *Meinong*, London / Boston: Routledge & Kegan Paul.

Hillebrand, Franz (1891), *Die neuen Theorien der kategorischen Schlüsse*, Vienna: Alfred Hölder.

Höfler, Alois, in collaboration with Meinong, Alexius (1890), *Logik*, Prague: F. Tempsky / Vienna: F. Tempsky / Leipzig: G. Freytag.

Huemer, Wolfgang (2002/03), "Die Entwicklung von Brentanos Theorie des Zeitbewußtseins", *Brentano Studien*, pp. 193–220.

Husserl, Edmund (1891), *Philosophie der Arithmetik. Psychologische und Logische Untersuchungen*, Vol. I, Halle: C.E.M. Pfeffer (Robert Stricker), 1891.

Husserl, Edmund (1928), "Vorlesungen zur Phänomenologie des inneren Bewusstsein", edited by Martin Heidegger, *Jahrbuch für Philosophie und phänomenologische Forschung* 9, pp. 367–496.

Husserl, Edmund (1975), *Husserliana XVIII: Logische Untersuchungen. Erster Band: Prolegomena zur reinen Logik. Text der 1. und 2. Auflage.*, edited by Elmar Holenstein, The Hague: Martinus Nijhoff.

Husserl, Edmund (1976), *Husserliana III/1: Ideen zu einer reinen Phänomenologie und phänomenologischen Philosophie. Erstes Buch: allgemeine Einführung in die reine Phänomenologie*, edited by Karl Schuhmann, The Hague: Martinus Nijhoff.

Husserl, Edmund (1984), *Husserliana XIX/1: Logische Untersuchungen. Zweiter Band. I. Teil: Untersuchungen zur Phänomenologie und Theorie der Erkenntnis. Text der 1. und der 2. Auflage ergänzt durch Annotationen und Beiblätter aus dem Handexemplar*, edited by Ursula Panzer, The Hague / Boston / Lancaster: Martinus Nijhoff.

Ierna, Carlo (forthcoming), "The Beginnings of Husserl's Philosophy: From *Über den Begriff der Zahl* (1887) to *Philosophie der Arithmetik* (1891)", *The New Yearbook for Phenomenology and Phenomenological Philosophy* (forthcoming).

Jacquette, Dale (2003), "Meinong on the Phenomenology of Assumptions", *Studia Phaenomenologica* 3, pp. 155–177.

Jacquette, Dale (ed.) (2004), *The Cambridge Companion to Brentano*, Cambridge: Cambridge University Press.

Kastil, Alfred (1951), *Die Philosophie Franz Brentanos. Eine Einführung in seine Lehre*, Bern: A. Francke.

Kindinger, Rudolf (ed.) (1965), *Philosopenbriefe aus der wissenschaftlichen Korrespondenz von Alexius Meinong*, Graz: Akademische Druck- und Verlagsanstalt.

Koffka, Kurt (1935), *Principles of Gestalt Psychology*, London: Routledge & Kegan Paul.

Kraus, Oskar (1919), *Franz Brentano. Zur Kenntnis seines Lebens und seiner Lehre*. Mit Beiträgen von Carl Stumpf und Edmund Husserl, Munich, C.H. Beck'sche Verlagsbeuchhandlung.

Kraus, Oskar (1930), "Zur Phänomenognosie des Zeitbewußtseins", *Archiv für die gesamte Psychologie* 75 (1930), pp. 1–22.

Land, J. P. N. (1876a), "On a Supposed Improvement in Formal Logic", *Verslagen en Mededelingen der Koninklijke Akademie von Wetenschappen*, Afdeeling Letterkunde, 2de Reeks, Deel V.

Land, J. P. N. (1876b), "Brentano's Logical Innovations", *Mind* 1, pp. 289–292.

Locke, John (1975), *Essay concerning Human Understanding*, edited by Peter H. Nidditch, Oxford: Clarendon Press.

Lotze, Hermann (1879), *Metaphysik. Drei Bücher der Ontologie, Kosmologie und Psychologie*, Leipzig: S. Hirzel.

Marty, Anton (1879) *Die Frage nach der geschichtlichen Entwicklung der Farbensinne*, Vienna: Carl Gerold's Sohn.

Marty, Anton (1897), *Was ist Philosophie?*, Prag: J. G. Calvesche K. u. K. Hof- und Universitätsbuchhandlung.

Marty, Anton (1905), "Über Annahmen. (Ein Beitrag zur Pyschologie, namentlich der deskriptiven.)", *Zeitschrift für Psychologie und Physiologie der Sinnesorgane* 40, pp. 1–54.

Marty, Anton (1908), *Untersuchungen zur Grundlegung der allgemeinen Grammatik und Sprachphilosophie*, Vol. I, Halle a.S.: Max Niemeyer.

Meinong, Alexius (1877), *Hume-Studien I. Zur Geschichte und Kritik des modernen Nominalismus*, Vienna: Karl Gerrold's Sohn.

Meinong, Alexius (1882), *Hume-Studien II. Zur Relationstheorie*, Vienna: Karl Gerrold's Sohn.

Meinong, Alexius (1885), *Über philosophische Wissenschaft und ihre Propädeutik*, Vienna: Alfred Hölder.

Meinong, Alexius (1886), "Zur erkenntnistheoretischen Würdigung des Gedächtnisses", *Vierteljahrsschrift für wissenschaftliche Philosophie* 10, pp. 7–33.

Meinong, Alexius (1888), "Über Begriff und Eigenschaften der Empfindungen", *Vierteljahrsschrift für wissenschaftliche Philosophie* 12, pp. 324–354, 477–502.

Meinong, Alexius (1890), Review of Johannes von Kries, *Die Principien der Wahrscheinlichkeitsrechnung*, Freiburg: J. C. B. Mohr, 1886, *Göttingsche gelehrte Anzeigen* 2, pp. 56–75.

Meinong, Alexius (1892), Review of Hillebrand (1891), *Göttingische gelehrte Anzeigen* 11, pp. 443–446.

Meinong, Alexisus (1894a), *Psychologisch-ethische Untersuchungen zur Werth-Theorie*, Graz: Leuschner & Lubensky.

Meinong, Alexius (1894b), "Beiträge zur Theorie der psychischen Analyse", *Zeitschrift für Psychologie und Physiologie der Sinnesorgane* 6 (1894), pp. 340–385, 417–455.

Meinong, Alexius (1899), "Über Gegenstände höherer Ordnung und deren Verhältnis zur inneren Wahrnehmung", *Zeitschrift für Psychologie und Psychologie der Sinnesorndung* 21, pp. 181–271.

Meinong, Alexius (1900), "Abstrahieren und Vergleichen", *Zeitschrift für Psychologie und Physiologie der Sinnesorgane* 24, pp. 34–82.

Meinong, Alexius (1902), *Über Annahmen*, 1st ed., Leipzig: Johann Ambrosius Barth.

Meinong, Alexius (1904), "Über Gegenstandstheorie", in Meinong, Alexius (ed.) (1904), *Untersuchungen zur Gegenstandstheorie und Psychologie*, Leipzig: Johann Ambrosius Barth, pp. 1–49.

Meinong, Alexius (1906a), *Über die Erfahrungsgrundlagen des Wissens*, Berlin: Julius Springer.

Meinong, Alexius (1906b), "In Sachen der Annahmen", *Zeitschrift für Psychologie und Physiologie der Sinnesorgane* 41, pp. 1–14.

Meinong, Alexius (1907), *Über die Stellung der Gegenstandstheorie im System der Wissenschaften*, Leipzig: R. Voigtländer.

Meinong, Alexius (1910), *Über Annahmen*, 2st ed., Leipzig: Johann Ambrosius Barth.

Meinong, Alexius (1912), "Für die Psychologie und gegen den Psychologismus in der allgemeinen Werttheorie", *Logos* 3, pp. 1–14.

Meinong, Alexius (1915), *Über Möglichkeit und Wahrscheinlichkeit. Beiträge zur Gegenstandstheorie und Erkenntnistheorie*, Leipzig: Ambrosius Barth.

Meinong, Alexius (1917), *Über emotionale Präsentation*, Vienna: Alfred Hölder.

Meinong, Alexius (1918), "Zum Erweise des allgemeinen Kausalgesetz", in *Sitzungsberichte der philosophisch-historischen Klasse der Kaiserlichen Akademie der Wissenschaften in Wien*, 189. Band, 4.

Meinong, Alexius (1921), (Selbstdarstellung), *Die deutsche Philosophie der Gegenwart in Selbstdarstellungen*, Vol. I, edited by Raymund Schmidt, Leipzig: Felix Meiner, pp. 91–150.

Meinong, Alexius (1978), *Kolleghefte und Fragmente. Schriften aus dem Nachlaß*, edited by Reinhard Fabian and Rudolf Haller, Graz: Akademische Druck- und Verlagsanstalt, 1978.

Poli, Roberto (ed.) (1998), *The Brentano Puzzle*, Aldershot / Brookfield USA / Sydney: Ashgate.

Poli, Roberto (2004), "Approaching Brentano's Theory of Categories", in Chrudzimski and Huemer (eds.) (2004), pp. 285–321.

Reichenbach, Hans (1951), *The Rise of Scientific Philosophy*, Berkeley: The University of California Press.

Rogge, Eberhard (1935), *Das Kausalproblem bei Franz Brentano*, Stuttgart / Berlin: W. Kohlhammer.

Rollinger, Robin D. (1993), *Meinong and Husserl on Abstraction and Universals: From* Hume Studies I *to* Logical Investigations II, Amsterdam / Atlanta: Rodopi.

Rollinger, Robin D. (1995), "Meinong on Perception: Two Questions concerning Propositional Seeing", *Grazer philosophische Studien* 50, pp. 445–455.

Rollinger, Robin D. (1998), "Linguistic Expressions and Acts of Meaning: Comments on Marty's Philosophy of Language", in Poli (1998), pp. 215–226.

Rollinger, Robin D. (1999), *Husserl's Position in the School of Brentano*, Dordrecht / Boston / London: Kluwer Academic Publishers.

Rollinger, Robin D. (2000/01), "Stumpf on Phenomena and Phenomenology", *Brentano Studien* 9, pp. 149–165.

Rollinger, Robin D. (2001a), "Meinong on the Objects of Sensation", in Albertazzi, Jacquette, and Poli (2001), pp. 297–320.

Rollinger, Robin D. (2001b), "La causalità nella *Erkenntnislehre* di Stumpf", in Stefano Besoli and Riccardo Marinelli (eds.), *Carl Stumpf e la fenomenologia dell' esperienza immediate*, Marcerata: Quodlibet.

Rollinger, Robin D. (2003), "Husserl's Elementary Logic: His 1896 Lectures in their Nineteenth Century Context", *Studia Phaenomenologica* 3, pp. 195–213.

Rollinger, Robin D. (2004a), "Brentano and Husserl" in Dale Jacquette (2004), pp. 255–276.

Rollinger, Robin D. (2004b), "Austrian Theories of Judgment: Bolzano, Brentano, Meinong, and Husserl", in Chrudzimski and Huemer (2004), pp. 257–275.

Rollinger, Robin D. (forthcoming), "Brentano and Meinong on Time-Consciousness", in Hans-Rainer Sepp and Toru Tani (eds.), *Zeit in der Phänomenologie* (forthcoming).

Russell, Bertrand (1956), *Logic and Knowledge: Essays 1901–1950*, edited by Robert Charles Marsh, London: George Allen Unwin LTD.

Ryle, Glibert (1971), *Collected Papers*. Volume I: *Critical Essays*, London: Hutchinson.

Schuhmann, Karl (2001) "Value Theory in Ehrenfels and Meinong", in Albertazzi, Jacquette, and Poli (2001), pp. 541–570.

Schuhmann, Karl (ed.) (1994), in collaboration with Elisabeth Schuhmann (ed.), *Edmund Husserl. Briefwechsel*, Vol. I, Dordrecht / Boston / London: Kluwer.

Simons, Peter (1986), "A. Meinong: Gegenstände, die es nicht gibt", in Josef Speck (ed.), *Grundprobleme der großen Philosophen. Philosophie der Neuzeit* IV, Göttingen: Vandenhoeck & Rupecht, pp. 91–127.

Simons, Peter (2004), "Open and Closed Culture: A New Way to Divide Austrians", in Chrudzimski and Huemer (2004), pp. 11–32.

Smith, Barry (1995), *Austrian Philosophy: The Legacy of Franz Brentano*, Chicago / La Salle: Open Court.

Spiegelberg, Herbert (1982), *The Phenomenological Movement: A Historical Introduction*, The Hague: Martinus Nijhoff.

Stumpf, Carl (1890), *Tonpsychologie*, Vol. II, Leipzig: S. Hirzel.

Stumpf, Carl (1907a), *Erscheinungen und psychische Funktionen*, Berlin: Verlag der königlichen Akademie der Wissenschaften.

Stumpf, Carl (1907b), *Zur Einteilung der Wissenschaften*, Berlin: Verlag der königlichen Akademie der Wissenschaften.

Stumpf, Carl (1919), "Erinnerungen an Franz Brentano", in Kraus (1919).

Stumpf, Carl (1939/40), *Erkenntnislehre*, 2 vols., Leipzig: Johannes Ambrosius Barth.

Textor, Mark (2004), "What Brentano criticizes in Reid", *British Journal for the History of Philosophy* 12, pp. 75–92.

Twardowski, Kasimir (1894), *Zur Lehre vom Inhalt und Gegenstand der Vorstellungen. Eine Psychologische Studie*, Vienna: Hölder.

Willard, Dallas (1998), "Who needs Brentano?", in Poli (1998), pp. 15–43

Zimmer, Alfred (2001), "Christian von Ehrenfels (1859–1932)", in Albertazzi, Jacquette, Poli (2001), pp. 135–144.

BEING AND NOTHINGNESS, NICHTSEIN AND AUSSERSEIN, FACTS AND NEGATION: MEINONGIAN REFLECTIONS IN SARTRE AND RUSSELL

Herbert Hochberg

Summary

The paper explores connections among and problems related to (1) Sartre's notions of *Being* and *Nothingness*, (2) Meinong's concerns with non-being, *Aussersein*, objectives and negation, (3) Russell's diverse views of negative facts, and (4) the respective rejections (and sometimes purported refutations) of idealism stemming from considerations of the act-object distinction and the focus on "intentionality" that characterized the Brentanist turn in philosophy. Alternative ontological analyses of negation and their connections to the "relations" of *diversity* and *identity* are also considered, along with Sartre's attempt to place consciousness outside of any causal framework and to found an "ethic of existentialism" on his accounts of *consciousness, being* and *negation*.

Realism: A Critique of Brentano and Meinong opens with the book's dedication "To the glorious memory of Alexius Meinong". The book closes with Bergmann's explanation that during the last three hundred years in which "the blight of representationalism" has been upon philosophy Meinong came "closer to an articulate realism than anyone else".[1] In "The Pursuit of Being", the preface to *Being and Nothingness*, Sartre reiterates a basic theme from his earlier *The Transcendence of the Ego*. Objects are synthetic unities of aspects, and thus their real essence or nature is not something hidden, something other than what appears. This suppos-

---

[1] Bergmann (1967), p. 441.

edly overcomes the traditional dichotomy between appearance and reality
that fosters idealism and representationalism. Yet, the essence of the object is no more than "the concatenation of appearances; that is, itself an
appearance". Aside from the phrasing, the claim is familiar. In grasping
instances of a color, the blue of the blotter, in one of his examples, one
makes a "trip to infinity" – that is, one grasps the connection tying all
"tropes" – quality instances along the lines of Meinong and Stout – of that
shade of blue. Such "connected" instances comprise the synthetic unity
that is the "essence" or particular shade of blue. That is one reason for
calling such an object, as well as all objects – whether colors or cabbages,
"transcendent". In a sentence, the familiar theme supposedly overcomes
the duality of appearance and reality since the "phenomenal being" manifests its "essence as well as its existence". That supposedly "explains how
it is possible to have an intuition of essences (the *Wesensschau* of Husserl,
for example)" that allows one to

> ... seize Red through his impression of red. By Red is meant the prin-
> ciple of the series – the electric current through the electrolysis,
> etc. ... in order to be grasped as an appearance-of-that-which-appears,
> it requires that it be surpassed toward infinity.[2]

This is said to be the "infinite in the finite" that replaces the duality of appearance and reality (being). At the very outset of the massive tome that is
Being and Nothingness Sartre moves to apply this theme in such a way
that the ground is prepared for what will become the ethics of responsibil-
ity and freedom. As the "real" object is nothing hidden behind the appearances or aspects, so the genius of Proust is "neither the work considered
in isolation nor the subjective ability to produce it; it is the work considered as the totality of the manifestations of the person". That genius "even
when reduced to the works produced ... is no less equivalent to the infinity of possible points of view which can take on that work ... ".[3] This single "dualism" of finite-infinite is taken to replace a variety of traditional
philosophical dualisms. Yet, it poses the basic problem for the book's
"point of departure" – that of "*the being of this appearing*". And this leads

---

[2]   Sartre (1956), p. xlvii.
[3]   Sartre (1956), p. xlvii.

to a consideration of the *phenomenon* of *being* – or in plain words, the experience of *existence*.

Existence is said to be disclosed to us in various ways in which it appears – "boredom, nausea, etc." – and ontology is the "description of the phenomenon of being as it manifests itself ... ". But, he wonders, does this experience, this "phenomenon of being", present us with being as it really is, with the "being of the phenomenon"? In one way it can in that, following Husserl, we can pass via phenomenological reduction from the experience of a particular phenomenon, from the direct apprehension of the phenomenon of existence, to the transcendent essence of existence. In an intricate verbal display, Sartre simply applies the pattern he applied to various *things* – the color Red, an onion, the ego – to *existence* itself. As in the case of a transcendent object, like Red, which is contrasted with the immediate apprehensions of the instances (tropes, unit qualities) of color, the phenomena, that "exist only in so far" as they reveal themselves, so too for *existence*.[4] There are the immediate phenomena, the experiences of existence, as distinct from the transcendent, infinite object, *being*, which is "trans-phenomenal" and which surpasses the knowledge we have of it, for it does not simply exist only in so far as it reveals itself. But he does not stop to dwell, at this point, on a consequence of what he has said. Existence is itself an essence that exists. Moreover, as such, it is the *foundation* of all the particular instances of existence that do exist only in so far as they reveal themselves. There is, in short, an ultimate object – *Being* itself – which "surpasses the knowledge we have of it and provides the basis for such knowledge".[5]

---

[4]   Unlike Meinong, Sartre does not take the color Red (a color shade) in terms of an *equality* relation between quality instances, but as a "synthetic unity" of all actual and possible such instances. A "synthetic unity", a notion never explained, is a "transcendent" object. As such it is somewhat like Meinong's objects of higher order (which are basically objects founded on others), with links provided by the connection between complexes and objects of higher order in Meinong and his related discussions of the dependence of complexes on their constituents. Both Sartre and Meinong have tropist accounts of properties and ordinary objects, like an inkwell, are taken by Meinong as a complex of temporal slices, that are themselves complexes of properties, while for Sartre such an object is a complex of complexes of "aspects".

[5]   Sartre (1956), p. 1.

Sartre immediately proceeds to use this discovery of *Being*, as an *object*, to reject the idealism of Berkeley, which he takes the later Husserl "and his followers" to have adopted when "after having effected the phenomenological reduction, they treat the *noema* as unreal and declare that its *esse* is *percepi*". This happens since one takes the "being" of an appearance to be "its appearing" – for, not distinguishing *being* from *appearing*, one identifies the "being of the appearance" with its "appearing". But neither Berkeley's idealism nor the later Husserl's variant of it will do. They will not do for two basic reasons, one having to do with the perceiver – the other with that of what is perceived.

The first argument is simple and echoes, in complex terms, G. E. Moore's 1903 classic *The Refutation of Idealism*. In one of the several arguments Moore set out in that paper, he posed the following problem for the idealist who maintains that "*esse* is *percipi*". Assuming, in the familiar pattern of Brentano, the distinction between *act* and *object* as a prerequisite for considering the perception of an object, whether the blue color of a flower or the flower, Moore argued that considering the formula "*esse* is *percipi*". in terms of the act-object distinction revealed that the idealist's view was hopeless. For an idealist must hold that the existence of the object presupposed the existence of an act of apprehension of the object. But then, one must further hold that the existence of the act of apprehension (or of a perceiving self) presupposes the existence of another act (or of a self) that "perceives" the initial act (self). Thus an infinite regress begins. Hence one must abandon the formula "*esse* is *percipi*".

The often used retort by defenders of Berkeleyian-style idealism that Berkeley's formula is not "*esse* is *percipi*" but "*esse* is *percipi* or *percipere*", misses the point of Moore's argument. For the full formula simply presupposes, or declares, that the perceiving object is exempt from the condition "*esse* is *percipi*" and does not argue for it. In *The Transcendence of the Ego* Sartre took up the basic problem posed in another context. Given his attempt to ground his analysis on "the given" in experience, he faced the problem of avoiding taking conscious acts, intentionally directed at objects, to be hypothetical entities, like the substantial mind of Descartes, the unconscious of Freud and the transcendental Ego of Husserl. Thus, following Brentano, he took a conscious act to be, in his own terms, a *non-positional* consciousness of itself, hence to be self-apprehended without taking itself as an object, and thereby blocked the threatening regress before it could start without introducing a "hypothetical" entity. Now he takes another way of looking at the basic pattern of his earlier analysis to reject idealism.

By the idealist pattern, given an object as a *being*, there must be that which apprehends the object. But then, that which apprehends the object must itself be a *being* – an existent. Unlike Moore, Sartre does not focus on the apprehending "subject" but on the act as an instance of *Being* – an existent upon which the existence of the apprehended object depends. However, that essence, *Being*, which the apprehending act instantiates, must always elude the immediate apprehension by any act (or self). For, if it did not, then *Being*, the transcendent essence, would be reduced "to the knowledge which we have of it". This would turn *Being* itself into an appearance, and the idealist formula into gibberish. For idealism to make sense, for the formula "*esse* is *percipi*" to be meaningful, *Being* itself must escape the idealist's net. But then, idealism fails.

> Thus the being of knowledge cannot be measured by knowledge; it is not subject to the *percipi*. Therefore the foundation-of-being for the *percipere* and the *percipi* can not itself be subject to the *percipi*; it must be transphenomenal. ... Thus the *percipi* would refer to the *percipiens* – the known to knowledge and knowledge to the being who knows (in his capacity as being, and not as being known); that is, knowledge refers to consciousness.[6]

This is one part of Sartre's "refutation of idealism". For the rest, he virtually duplicates Moore's argument:

> The reduction of consciousness to knowledge in fact involves our introducing into consciousness the subject-object dualism which is typical of knowledge. But if we accept the law of the knower-known dyad, then a third term will be necessary in order for the knower to become known in turn, and we will be faced with this dilemma: Either we stop at any one term of the series – the known, the knower known, ... etc. In this case the totality of the phenomenon falls into

---

6   Sartre (1956), p. li.

the unknown; that is, we always bump up against a non-self-conscious reflection and a final term. Or else we affirm the necessity of an infinite regress ... which is absurd.[7]

This pattern of argument he had used earlier in *The Transcendence of the Ego*. But in *Being and Nothingness* the non-positional self-consciousness of every consciousness (intentional act) is misleadingly rendered in terms of a "non-cognitive relation of the self to itself" – for the self is a transcendent object, a constructed complex as is a physical object for Sartre, Russell and Meinong.

Convinced that he has "reduced things to the united totality of their appearances" and established "that these appearances lay claim to a being" which is not itself appearance, Sartre feels he has also established that while every phenomenon is relative to consciousness – which is "subjectivity itself" and not Kant's subject – idealism has been escaped, since "being is not measured by knowledge". Even though an object, a table say, is a "united totality of ... appearances" such "appearances lay claim to a being which is no longer itself appearance" – for the table is a transcendent object, an infinite totality.

> Even if I wished to reduce this table to a synthesis of subjective impressions, I must at least remark that it reveals itself *qua table* through this synthesis, that it is the transcendent limit of the synthesis, the reason for it and its end. The table is before knowledge and cannot be identified with the knowledge which we have of it: otherwise it would be consciousness – i.e., pure immanence – and it would disappear as table.[8]

Moreover, consciousness itself is a translucent absolute that apprehends the perceived being, which, while relative to consciousness, is before it and cannot enter into consciousness. Thus consciousness does not depend on being perceived and as the objects of consciousness cannot either enter into consciousness nor be "reached by" consciousness, they exist "cut off from consciousness". That is, consciousness can neither enter into its objects nor create them, for an act of consciousness cannot "act" on any

---

7   Sartre (1956), p. lii.
8   Sartre (1956), p. lvii.

other entity, and in that sense conscious acts are not "active" but passive. Such an object is also "cut off from its own existence". That means, first, that each being is distinct from its *Being*, hence there is *Being* as such that, as we have already noted, is apprehended as an essence; and, second, that the object before consciousness can be either real or unreal, since "even as unreal it must exist".

Thus Sartre, aside from recognizing *Being* as such, as an essence, via saying that what is "unreal" *must exist*, arrives at the "pure object", in a way the *Aussersein* of Meinong, without introducing a special term or mentioning Meinong. The theme is simple – the relativity of the object, which determines a mode of being, cannot be applied to *Being* itself – taken as the ultimate pure object. Reminiscent of Meinong's *Aussersein* and resultant theory of objects, Sartre's *Being,* is independent of being "real" and thus one has "real" as well as "unreal" objects of apprehension. Perceptual objects are fundamentally pure objects of Being, and hence *beings* independently of being perceived. The perceiver cannot bring about the existence of what is perceived, for in order for the latter to be affected in any way it must already be a pure object that can "exist before having received being". The act of perception does not and cannot *confer being.* Idealism thus fails, given *pure objects of Being – Aussersein.*

> Thus the *esse est percipi* would require that consciousness, pure spon-taneity which cannot act upon anything, give being to a transcendent nothingness, at the same time keeping it in its state of nothingness. So much nonsense![9]

Sartre's remarks on phenomenalism, in the preface help to unpack the elaborate terminology.

> The *esse* of the phenomenon cannot be its *percipi.* The trans-phenomenal being of consciousness cannot provide a basis for the trans-phenomenal being of the phenomenon. Here we see the error of the phenomenalists: having justifiably reduced the object to the con-nected series of its appearances, they believed they had reduced its being to the succession of its modes of being. That is why they have explained it by concepts which can be applied only to the modes of

---

9   Sartre (1956), p. lix.

being, for they are pointing out the relations between a plurality of already existing beings.[10]

In simpler language, the mode of being of the phenomena is that of "appearance". But the *existence* of a phenomenal entity is not to be confused with its mode of existence – thus its *existence* (being) and its *being an* appearance are two "things" and not one. Hence the *being*, or existence, of a phenomenal object or of a physical object, taken as a "connected series" of phenomena, is not to be understood in terms of *being perceived*. To put it even more simply, as Moore actually did, the concept of existence does not involve that of perception. But one line of argument that the Berkeleyian idealist employs is that it does involve perception, since what exists is what is perceived or what perceives. Sartre's alternative line is reminiscent of the pattern one finds in both Moore and Russell in the first two decades of the twentieth century, where, as opposed to idealistic phenomenalists, they took the "data of sense experience" to exist whether sensed or not – and hence spoke of "unsensed sensa". For Moore, not surprisingly, this was a consequence of his separation of the act of awareness (consciousness) from the object of the awareness (the blue of a flower) in the fashion of Brentano. Having separated the two – act (or "consciousness", as Moore, like Sartre later, says) and object, it was thus logically possible to have the object without the act. [In 1903 Moore did not consider the logical possibility of the act without any object, but it was clearly, and trivially, possible to have an act without that particular object.] In Russell, the pattern led, at times, to the physical objects being construed as complexes of phenomena, in two senses – as bundles of compresent sense qualities and as complex temporal sequences of such bundles. Moore, in more "realistic" fashion, took physical objects, in 1910-11, to be "indirectly apprehended" particulars that were connected to the "directly apprehended" sense-data that were "manifestations" of such physical objects.

One crucial claim of classical phenomenalistic empiricism is that knowledge of concepts (properties, relations) is based on experience. Consequently, the terms that express concepts derive their "meaning"

---

[10]   Sartre (1956), p. lx.

from experience. Hence, if one construes causation in Humean fashion (as based on experience, constant correlations), one can meaningfully speak of objects of kind F causing objects of kind G where both F's and G's are experienceable. But one cannot meaningfully speak of an object of kind H causing an object of kind F where objects of kind H are not objects that have been or can be experienced. This line of thought was applied to the concept of existence by phenomenalistically oriented idealists who held that we cannot meaningfully claim that objects of kind H exist, for one can only make meaningful existential claims about objects, qualities, and relations that are or can be experienced or can be described in terms of experienced qualities and relations.

Another argument in Moore's *The Refutation of Idealism* is that the concept of existence can be sensibly asserted of non-experienced objects, and even of objects not possible to experience, since the concept of being experienced is not a concept that is involved in the meaning of 'existence'. Moore's argument is that existence is a simple concept, hence un-analyzable. Thus objects beyond the realm of what may be directly experienced may sensibly be said to exist, and an extreme form of idealism, taking a physical realist's view as meaningless or contradictory, is refuted. There is an aspect of Moore's argument that is often overlooked. We may apply concepts like existence and causation to what is not experienced or even capable of being experienced, even if our obtaining such concepts is dependent upon experience. Since concepts, whether obtained from experience or not, are applicable beyond the realm of experienced objects, we can accept one theme of classical empiricism – that only phenomenal objects, properties, and relations are objects of direct experience in perceptual situations – without adopting a second claim – that in order to speak meaningfully of the existence of physical objects and their properties and relations, such objects, properties and relations must be analyzable in terms of, or reducible to, phenomenal objects, properties and relations. Such a claim, at the heart of some forms of idealism, denies that one can project empirical concepts onto a domain of objects that are not experienced. Like Moore, Sartre rejects "phenomenalistic" idealism in that *to be* does not involve being experienced or, in the latter's more picturesque way of phrasing matters, *Being* escapes being dependent on acts of consciousness, for such acts of consciousness, for such acts themselves must *Be* (though they are not objects or things – they are *no-things* or *nothings*).

This leads Sartre to a consideration of "being-in-itself" and the contrast between 'it" and consciousness. An existent appears before consciousness, but does not "reveal itself completely to consciousness". In order to reveal itself, it must have a foundation of "being" that is never grasped by consciousness, which can only grasp the "meaning of this being" which is the "phenomenon of being". Being and the phenomenon of being are not the same. The point seems to be, as Sartre illustrates by a reference to a scholastic argument, that every judgment about being "already implies being". Hence it is presupposed but not grasped by any conscious act. This is reminiscent of Frege's argument against attempts to explicate or define "truth". To specify "'x is true' means 'x is ...'" presupposes that we know that claim is true and hence what "truth" means. Hence no specification of the meaning of "truth" or of what truth *is* can be viable – it can be said to *elude* or *escape* any conscious act of comprehension. For Sartre we cannot grasp or elucidate, being, but we can grasp "the meaning of being", which is to say, being as it appears to consciousness in various modes – the being of the phenomenon. Thus we can distinguish two "regions of being" – the being of the pre-reflective consciousness and the being of "the phenomenon" (meaning, here, the object of such a consciousness). And, we have supposedly established, that the latter cannot "act" upon the former, for conscious acts are spontaneous absolutes and objects are "passive". Likewise, non-reflective conscious acts cannot act upon transcendent objects and thus not constitute them – for not only would the latter then not be transcendent (which implies being beyond any specific conscious act – recalling their "infinite" opacity) but the conscious act would have to contain an immanent "passive" element in order to constitute a "passive" object. Thus, idealism is contradictory. The familiar traditional philosophical claim is that the cause and effect cannot be so diverse in nature as are active spontaneous conscious acts and passive opaque transcendent objects. Thus neither idealism nor any form of naturalistic materialism are viable philosophical views. This invites an obvious comment on the traditional theological view of creation *ex nihilo* and Sartre obliges by a brief discussion which we need not get into. The conclusion is simply that even with such a creation, the being of things would be "inexplicable in terms of creation; for it assumes its being beyond the creation".[11] So being is not created, but it is not "self-creating" as conscious acts are, being is simply itself – it is what it is, simply being. What all this talk of "being" amounts to appears to be no more than what Plato said about Existence, as one of the five basic forms, in *The Sophist*. It characterizes all existents, and is not analyzable. One can only say, of it, that it is the same as itself and different from other forms. Yet there is the further Meinongian theme – that non-existent objects of thought are intentional or "presented" objects, hence "beings".

For Sartre, as *being* simply "is", it is neither passive nor active:

Both of these notions are human and designate human conduct or the instruments of human conduct. ... In a word man is active and the means which he employs are called passive. ... being is not active; in order for there to be an end and means, there must be being. ... it cannot be passive, for in order to be passive it must be.[12]

Being, it turns out, is "one" and "undifferentiated", but as the "undifferentiation of the in-itself is beyond" the infinity of modes or ways of affirming what it is, we may simply say "being is in itself". It is what it is so completely that it "is dissolved in an identity" – being is what it is. This is not a mere tautology, but marks off a realm or region of being – for the being of consciousness, the for-itself in *Being and Nothingness*, is being what it is not and not being what it is. (A conscious act is a consciousness of a transcendent object, and yet is not that, as it is a "non-positional" consciousness of itself being conscious of such an object, hence a self-consciousness. So it is simply a consciousness of an object and yet not that.) Hence being-in-itself, being what it is, admits no negation – it is full "positivity". This contrasts objects with conscious acts, since the latter are intimately linked to the concept of negation.

Finally, being-in-itself does not involve possibility, or impossibility, it simply *is*. That is why consciousness cannot "derive being from anything". Uncreated and without reason – without any connection to any-

---

[11]   Sartre (1956), p. lxiv.

[12]   Sartre (1956), p. lxv.

thing – being simply is – or, in Sartre's three summary formulae: Being is. Being is in-itself. Being is what it is. But we have noted there are two kinds of being – the in-itself and the for-itself. Sartre's long book supposedly will deal with their "ultimate meaning" and their relations to each other and to Being itself. For both idealism and realism fail to explain those connections.

The intentional relation – the connection between consciousness and the objects of consciousness becomes, for Sartre, the situation of "man-in-the-world". This shift of terminology is accompanied by a familiar theme. In speaking of the two terms of a relation, one "abstracts" from the "concrete" situation, which is man-in-the-world or consciousness intending an object. So, to focus on the relation, one must deal with the totality. This leads to the question about what the relation is and the very Kantian sounding question about what the terms, man (consciousness) and the world (object), must be in order for a relation between them to be possible. And that will lead directly to Sartre's preoccupation with "nothingness".

Bradley and Bosanquet believed, as Plato had, that negative concepts were problematic, they sought to treat negated predicates in terms of *incompatibility* by taking "¬Fx" in terms of "There is a property Ø such that Øx & Ø is incompatible with F)". In a similar, but different, vein, R. Demos sought to avoid negative facts by taking "¬p" in terms of "There is a proposition q that is true and is incompatible with (in opposition to) p". In the logical atomism essays Russell argued that such views simply employ another form of negative fact – incompatibility facts. A year later he took Demos's view to generate an unending series by considering how to state "p and q are not both true"[13] Russell's point was that Demos must hold that propositions in "opposition" could not both be true, but yet he could not take that as an explication of "opposition", since it involved using "not". Hence, Demos must apply his analysis, in terms of "opposition", to that use of "not".

Though Russell argued for negative facts in 1918 and 1919, in the second edition of *Principia* he proposed an alternative in 1925.

---

[13]   Russell (1956), pp. 288-289.

Given all true atomic propositions, together with the fact that they are all, every other true proposition can theoretically be deduced by logical methods. That is to say, the apparatus of crude fact required in proofs can all be condensed into true propositions together with the fact that every true atomic proposition is one of the following: (here the list should follow). If used this method would presumably involve an infinite enumeration ... [14]

Taking this in a context where atomic facts are the truth grounds for atomic propositions, one can take him to claim that "a is not-F" is true since no atomic fact is the fact that a is F. But Russell does not attempt to "define" negation or replace negations by universal generalizations: he employs a basic (Scheffer) stroke function in the second edition of *Principia Mathematica*. What he says can be understood as an attempt to avoid molecular facts, including negative facts, by appeal to atomic facts and a general fact that the atomic facts are all the atomic facts, even though he speaks of a general fact about a set (list) of all true atomic propositions. For he had taken atomic facts to ground the truth of true atomic propositions and negative facts to ground the truth of true negations of atomic propositions in 1918 and 1919. This can also be inferred from what is said in the first edition and from other works at the time. [15] But Russell's move, as it stands and has been repeated by others in recent times, is problematic. Before turning to such matters it is worth noting an earlier move Russell considered regarding negation.

Earlier, in 1903, Russell had suggested *defining* "negation" in *The Principles of Mathematics*:

Hence we proceed to the definition of negation: not-*p* is equivalent to the assertion that *p* implies all propositions, i.e. that "*r* implies *r*" implies "*p* implies *r*" whatever *r* may be. [16]

A footnote makes it clear that he is using "implies" for the "material" conditional – if ... then. Thus, what is expressed is "For any proposition q if p is true then q is" – reminiscent of the current use of "If p then *f*" –

---

[14]   Whitehead and Russell (1950), p. xv.

[15]   Whitehead and Russell (1950), p. 43; Russell (1956b), p. 223.

[16]   Russell (1956), p. 18. To say that *r* implies *r* is to say that *r* is a proposition.

where "*f*" represents the "absurd" or "false" element – by some modern logicians. However, Russell went on to say, regarding the equivalence used in the definition being a "significant proposition" and "... not mere indications of the way in which symbols are going to be used".

> Such an objection is, I think, well-founded, if the above account is advocated as giving the true philosophic analysis of the matter. But where a purely formal purpose is to be served, any equivalence in which a certain notion appears on one side but not on the other will do for a definition.[17]

Whether one seeks to employ a "definition" or simply avoid negative facts, an obvious issue that arises is whether negated atomic statements like "not-Fa" can be taken to be true in virtue of the "list" of atomic facts together with a general claim – a claim that the items on "the list" are all the atomic facts. In short, a question arises as to whether the negative statement can be derived from statements not involving a negation. A second issue that arises concerns what is to count as a negation. A third issue is whether true negative atomic statements require a "ground of truth" at all or whether they can be held to be true in virtue of the absence or non-existence of "positive" facts.

Consider the claim that "not-Fa" is "made true", to use Russell's phrase, by the fact: Every state of affairs is different from a's being F. Let us limit discussion to a small world or "model" with two atomic facts: that a is G and that b is F. Russell's notion of a list of "atomic" (or elementary) facts comprising the totality of all such facts can then be expressed by the universal generalization that every fact is either a being G or b being F. Such a generalization reveals an obvious problem. The claim that there are only two objects (particulars) can be stated as "there is a particular x and a particular y diverse from x and every particular is either x or is y", just as the claim that the diverse particulars a and b are the only particulars can be expressed by "every particular is identical with a or with b & a≠b". The latter statement entails, with an additional name "c", that "c exists" implies that c=a or that c=b." But "every particular is iden-

---

17   Russell (1956), p. 18. This recalls Tarski's later comments about the definition
      of a truth predicate.

tical with a or with b & a≠b" does not imply that "c does not exist". Likewise, "every (atomic) fact is either Fb or Ga" does not entail either that "Fa does not exist" or that "not-Fa" is true. All, of relevance, that follows is that if there is the fact that-Fa that fact is either Ga or Fb. But this amounts to: "Fa ≠ Ga & Fa ≠ Fb" implies that "the fact that a is F does not exist". Thus, stating that the truth ground for "not-Fa" is the non-existence of the fact that a is F can be seen as involving the two claims expressed by "Fa ≠ Ga" and "Fa ≠ Fb". That means that we face the odd situation of claiming that the fact that a is F is diverse from the facts that a is G and b is F, while recognizing that the fact that a is F does not exist. One thus apparently avoids negative facts by accepting not only facts of diversity but by allowing for denoting expressions for non-existent facts.

There is an issue about whether the truth grounds or truth makers for true statements of difference can simply be the diverse terms, without there being a relation of difference and facts of diversity. To claim they can is problematic, as Plato knew long ago when he took difference as a basic form. For it is the existence of a *and* of b, where the "and" carries the sense that a is diverse from b. "a ≠ b" does not follow from "a exists and b exists" or "a is identical with something & b is identical with something" without an additional premise or interpretation rule that rules out "a=b". To speak of a *and* b being what makes "a ≠ b" true assumes their diversity, which can be expressed by "a exists and b exists and a is not b" or by presupposing that diverse names name diverse things.

If "≠" is construed in terms of "not" and "=", it is clear that facts of diversity are construed as negative facts. Yet, such facts would differ from purported facts like a is not-F. Thus the proponents and opponents of negative facts each have a point. If, however, ≠ (difference) is a basic relation, there is a clear sense in which negative facts avoided and, hence, a sense in which Plato was right to attempt to construe negation in terms of *difference*. Phenomenologically speaking it is clear that diversity, not identity, is basic. One is presented with or directly aware of such facts of diversity – that this is diverse from that – but never with facts of identity – that this is self-identical. Meinong reinforced the point by denying that there was a relation of identity. For the expression of identity was simply used to express that one dealt with "one thing and not two". This follows from his general "tropist" view of relations as requiring a "foundation" in their terms. In the case of identity there could only be one foundation, hence there would be no relation.[18]

Meinong proceeded to set out a two-pronged attack on the attempt to construe negative facts – negative objectives, negative assumptions – in terms of diversity. One argument was simply that a negative assumption could not be found to contain diversity. Considering, first, whether "differentness" could be construed in terms of negation, he observed:

> ...one immediately meets with the difficulty that in differentness there are degrees, whereas there are none in negation – the latter being by its very nature quite incapable of gradation.[19]

While acknowledging that one could appeal to a various forms of "differentness", including one of zero degree, he found the phenomenology did not support the claim and focused on the proposed construal of negation in terms of diversity. Here he took his general view of the internal foundation of relations in the terms to be decisive. For relations, as founded objects, were connected with their *fundamenta* by *necessity*. But, a *negativum*, or purported negated object(ive), could not be construed in such terms, for where it is not raining, for example, that is a contingent state of affairs, and not a matter of necessity. And, in virtually direct opposition to Russell's suggestion, Meinong writes:

> But what if one attempted to conclude ... that denying is at bottom merely the representing (and naturally affirming) of such a "differentness"? One need only think of an existential negation to be aware of the utter untenability of this interpretation. Who would even feel tempted to see a judgment of differentness in the assertion, say, that there is no perpetual motion machine?

---

[18] Meinong (1914), p. 132. The issue about identity became a major dispute between Russell and Bradley. Bradley attacked the existence of a relation with only one term while Russell, having acknowledged a problem in *The Principles of Mathematics*, insisted that distinguishing between the "places" *in*, and the *terms of*, a dyadic relation sufficed to resolve the apparent puzzle about a relation with only one relatum.

[19] Meinong (1983), p. 17.

Probably no express stand need be taken against such an unnatural interpretation as, say, "Everything that exists is different from the perpetual motion machine".[20]

Meinong's own positive analysis of negation is another matter and one that is far from clear, as he appears to shift between considering the "negativum" of the objective and locating "the negativity" in the negating act. Bergmann offers a Baroquely complex reconstruction that gives Meinong a variant of recognizing "negative facts" that are "outside of minds", in keeping with Meinong's realism and his fundamental principle of presentation – the recognition of the *Aussersein* of objects presented to consciousness – that, simply put, is a variant of recognizing a pair of fundamental connections – one positive one negative – to form complex objects. But Bergmann acknowledges that "you will find very little, if anything, of all this in Meinong".[21]

The consideration of negation in *Being and Nothingness*, by contrast, seems quite straightforward. It begins with a simple theme. A conscious being "stands before being in an attitude of interrogation". (p. 4) In asking what reveals the relation between consciousness (man) and the world, one poses a question that reveals that we presuppose a being that questions and one that is questioned. So one questions "being about its being". This questioning will result in a "revelation" of its being, a "yes", or a failure to apprehend, a "no". A line of conduct will or will not reveal what is sought by the question. In this way we come across "negation". The possibility of such a "reply" reveals "negation" to Sartre, for there exists for the questioner "the non-being of knowing" and there is the possibility of the "non-being of being in transcendent being". (p. 5) The latter twisting phrase simply repeats that what is raised as a question, and is hence the object of thought or transcendent being (as transcending the act of consciousness) – in the present example the nature of the relation of con-

---

[20] Meinong (1983), pp. 17, 285. This "unnatural" suggestion of Russell's has been rediscovered and resurrected almost one hundred years later, see Hochberg (2002).

[21] Bergmann (1967), p. 369. See also comments by Meinong's translator, in Meinong (1983), p. xxxv, that locates it in the "logical quality" of a "judgment or assumption".

sciousness to its object – is possibly not answered and hence is a "non-being" or negation. Yet that negation, the non-being of a positive answer, is what is grasped, and hence a "being". So we have the tortured phrasing "the non-being of being" that is, as what consciousness is directed at, a "transcendent being".

This leads Sartre to discourse on the objective existence of a "non-being", the familiar non-existent objects that have occupied philosophers from Plato to Meinong and are currently involved in the contemporary focus on "possible worlds" and "counterpart" objects. In that sense, there is no difference between Pegasus and the negation one considers in the case of the judgment that a is not F when a is in fact F – between Meinong's non-existent objects and his non-susbsistent objectives. In a series of further tortured statements, Sartre simply claims that without recognizing such non-existent objects, whether non-subsistent objectives or pure objects of being, one causes "the reality of the reply to disappear". That is, there is no possibility of a negative judgment or a thought of what does not exist without the recognition of the reality or the objective existence of the non-existent object of thought – hence, of non-being. Moreover, a new "component of the real" appears as when we judge what [a] *being* is, we also judge that *it* is "nothing" outside of that which we take it to be. Thus the investigation of the relation of consciousness (human being) to being-in-itself imposes on us the investigation of the relations of being to non-being and of the relations of human non-being (not-knowing and facing the possibility of a negative reply to questioning) with transcendent being (the being of the object).

Sartre, in one way, rejects the pattern of taking negation to characterize the relation between consciousness and its object or to be a quality of consciousness. Meinong had early been concerned with characterizing negation in terms of affirmation and denial, somewhat like Bradley's focusing on the relation between thought and a content – the rejecting or accepting of such a content. He came to recognize what we can call a two-fold aspect to negation: there can be the "affirmation" (or "negation") – the "antithesis of yes and no" with respect to a judgment – but there is also, even when we "merely surmise" the "affirmative or negative character" of *what* is judged – the "assumption".[22] This leads to a consideration of whether there is a "negative object" – a "negativum" – involved in the objective itself.

> ...one who thinks of the cross that is not red is quite directly aware of the negation involved in this thought.[23]

Yet Meinong rejects both a negative object and, consequently, the presentation of "negation". For if it were an object, say "not red", it would have to be a higher order object founded on a positive object, red or a perceptual object. It cannot be a perceptual object since to think of the purported object "not-red" would require thinking of red – hence founding it on red. But it cannot be a founded object either since such objects are necessarily connected to their foundations – yet some negations are contingent. Rejecting "negation" as an object leads to the taking of negation in terms of, and as a modifier of, "objectives" and assumptions (*the cross is red*) rather than "objects" (*red*) – propositional contents rather than standard "predicates" or copulas (to put it "linguistically"). Thus his discussion of negation has been seen as an argument supporting the recognition of assumptions and objectives. But it is not clear just what negation is in Meinong's ontology. We shall return to this below.

Like Meinong, Sartre clearly focuses on what is judged about, and not the form of judging, in his discussion of negation.

> First it is not true that negation is only a quality of judgment. ... if I expect a disclosure of being, I am prepared ... for a disclosure of non-being. ... Thus my question by its nature envelops a certain prejudicative comprehension of non-being; it is in itself a relation of being with non-being ...[24]

Sartre notes that one can act positively or "negatively" – creatively or destructively, with respect to "beings" – but;

> ... it is necessary to acknowledge that destruction supposes a pre-

---

[22]   Meinong (1983), p. 10.
[23]   Meinong (1983), p. 187.
[24]   Sartre (1956), pp. 7-8.

judicative comprehension of nothingness as such and a conduct in the face of nothingness ...

But if we wish to decide with certainty, we need only to consider an example of a negative judgment and to ask ourselves whether it causes non-being to appear at the heart of being or merely limits itself to determining a prior revelation.[25]

He answers the question he raises in what has become one of the most well known passages of the book:

I have an appointment with Pierre at four o'clock. I arrive at the café a quarter of an hour late. Pierre is always punctual. Will he have waited for me? I look at the room, the patrons, and I say, "He is not here". Is there an intuition of Pierre's absence, or does negation indeed enter only with judgment? At first sight it seems absurd to speak here of intuition, since to be exact there could not be an intuition of *nothing* and since the absence of Pierre is this nothing. Popular consciousness, however, bears witness to this intuition. Do we not say, for example, "I suddenly saw that he was not there".

... When I enter the café to search for Pierre, there is formed a synthetic organization of all the objects in the café, on the ground of which Pierre is given as about to appear. This organization of the café as the ground is an original nihilation. ... This figure ... is Pierre raising himself as nothingness on the ground of the nihilation of the café. So that what is offered to intuition is a flickering of nothingness; it is the nothingness of the ground ... and it is the figure – the nothingness which slips as a *nothing* to the surface of the ground: It serves as foundation for the judgment – "Pierre is not here".[26]

In short, we apprehend negations – negative facts – in experience, but to do so we must have what some psychologists have called a "mental set" – looking for Pierre, in this case. But that expectation of seeing Pierre is not only is a necessary condition for the apprehension of the negative fact – the "intuition" of Pierre's not being there – but a cause of it.

... I myself expected to see Pierre, and my expectation has caused the

---

[25]   Sartre (1956), p. 9.

[26]   Sartre (1956), pp. 9-10.

absence of Pierre to happen as a real event concerning this cafe. It is an objective fact at present that I have discovered this absence, and it presents itself as a synthetic relation between Pierre and the setting in which I am looking for him. Pierre absent haunts this café ... non-being does not come to things by a negative judgment; it is the negative judgment, on the contrary, which is conditioned and supported by non-being ... Consciousness moreover cannot produce a negation except in the form of consciousness of negation. ... The *not*, as an abrupt intuitive discovery, appears as consciousness (of being), consciousness of the not. In a word, if being is everywhere, it is not only Nothingness which, as Bergson maintains, is inconceivable; for negation will never be derived from being. The necessary condition for our saying *not* is that non-being be a perpetual presence in us and outside of us, that nothingness haunt being.[27]

Speaking of "cause" in this way simply reflects another Sartrean theme, one that will have significant consequences for his ethics of existentialism and one which reflects a strong vein combining holism with idealism that runs thru his thought. For Sartre a natural disaster is a disaster because we have the concept of a disaster and it is a disaster for people – just as a mountain is only an obstacle in that one wishes to get to the other side and sees it as an obstacle to fulfilling that goal. Without *minds*, so to speak, there are neither disasters nor obstacles. The same is the case with negation. Thus while negation is not to be located, ontologically, as a characteristic of judgment, without consciousness there would be no negative facts – no "nothings". But the key claims are (1) one cannot analyze or "define" the concept of negation – "not" – in "positive" terms, and (2) there is an "ontological ground" for true negative judgments – negative facts – irrespective of how Sartre will ultimately analyze, in his picturesque terms, such "beings" that are "nothings".

Sartre proceeds to expound his view of *negation* – the concept of "nothingness". Two themes emerge early. First, he develops the idea that we determine, in cases like that of obstacles and disasters, that things and events are of a certain determinate kind. Second, he joins that theme to an earlier one employed in his "refutation of idealism and phenomenalism" –

---

[27]   Sartre (1956), pp. 10-11.

that being could not be, as such, dependent on consciousness since there must be the being of both consciousness and the supposedly dependent object, as well as the relation between them, and, recall, that "being" would escape such a dependency. Hence, he concludes that there is, simply, Being without determinations, that is independent of consciousness. That is his realistic anti-idealism. But all determinations come from us (consciousness) – our system of concepts, to put it as he does not – and that can be construed as a variant of both idealism and contextualist holism (things and concepts are what they are in virtue of the context of concepts and things they belong to – are related to). The latter theme leads him to consider negation in terms we discussed earlier. In arguing for the "priority" of being, over negation (nothingness) – thus we must never "posit nothingness as an original abyss from which being arose" – Sartre not only repeats the point that one must have something to negate, in a negative judgment for example, but moves to the idea that negating involves reference to a collection of beings. Thus, to use his example, when one says "Touch nothing!" one refers to *no thing* of a certain collection – such as the objects on a table. This, of course, is reminiscent of Plato's attempt to construe "not" in terms of difference and Russell's subsequent use of that theme. There the idea was that what one meant by "not-F" could be explained in terms of "difference" with respect to a certain collection – of properties of an object, of all atomic facts, etc. But for Sartre there is a crucial difference. He does not seek to explain away "not" in terms of "all" and "difference". It is as if he recognizes that *diversity* is a form of negation. His point is not to analyze "not" but to insist that where there is negation there is something, a collection in the present case, that is the "ground" presupposed by the negation – as in the case of a negated judgment there is the positive "content" that is negated. This, of course, is reminiscent of Meinong's discussion of the complexity of the idea of "not-red" or "non-A" –

> In the idea of the "non-A" is contained surely not only the idea of A but also – nay, really to begin with – precisely that which is not the A.[28]

---

[28]   Meinong (1983), p. 16.

But while Meinong, as we noted, argues that there are no negative *objects*, he leaves the ontological status of negation unclear. This led Bergmann to "reconstruct" his view as taking "connections", say between two objects, such as a pair of musical tones, to have a positive and negative "half". Then, given any two particulars, they are connected either by a particularized instance (trope) of the positive (plus) or of the negative (minus) half.[29] This, aside from the complexity of Bergmann's "diagnosis", takes Meinong to place negation squarely in the objective – as Bergmann believes his commitment to realism forces him to do, and, as noted earlier, is what leads to his attributing to Meinong the complicated variant of the view that facts are composed in two ways – via negative or positive *exemplification* – and not in the type of apprehending (or judging) act. Bergmann's attempt brushes aside a fundamental feature of Meinong's discussions of negation – his taking a negative assumption to be dependent on and derived from what is negated.[30] (Think of Frege's "The True" and "The False" as objects on a par, and not such that one would be somehow formed from – and thus "founded on" – the other by a "basic" negation operator.)

The "dependent" feature of *Nothingness* is clear in Sartre:

> ... he may reply, "I know nothing". And this nothing includes the totality of the facts on which we questioned him. Even Socrates with his famous statement, "I know that I know nothing", designates by this nothing the totality of being considered as Truth.[31]

Thus Being has a logical "precedence" over Nothingness, and one cannot even conceive of what some have termed an "empty universe" or the generation of Being from Nothingness. Negation requires something to be negated. Thus Being can be conceived without the supposed correlate of nothing, while it is from Being that Nothingness derives and thus "haunts being".

---

29   Bergmann (1967), p. 368.
30   Bergmann characterizes the view as both "bizarre" and "a mess"—Bergmann (1967), pp 368-369.
31   Sartre (1956), p. 15.

Sartre has rightly focused on the unique quality of negation among the logical connectives. One can of course construct standard logic using the truth function joint denial that Wittgenstein employs in the *Tractatus*. If one thinks in such terms, one does not need a sign for negation in the system. But Russell's argument would be that such truth *functions* are really negation functions and by employing the truth tables we use two truth values, truth and falsity, with certain understood rules relating them – involving negation. Thus the truth table that specifies the function of joint denial can be said to embody a concept of negation. So understood, Russell's point is clearly correct. Thus one need not argue that joint denial involves negation in that "neither p nor q" is simply another way of stating "not-p & not- q".

Given the earlier discussion of negation and difference, it is interesting to find Sartre, like Meinong, separating diversity from negation and holding that while "nothingness provides a ground for negation", it does not provide that ground as "a disguised otherness". Rather, it "stands at the origin of the negative judgment because it is itself negation". In short, there is, or exists, an ontological correlate of the concept of negation – the term "not" refers to an aspect of Sartre's world. Thus he divides *Reality* into *Being* and *Nothingness*, where *Being* is determined and classified by our concepts – concepts like those of obstacles, catastrophes, mountains and hurricanes – in fact any that "determine" and "differentiate" undifferentiated *Being*.

One cannot be misled by statements like "Heidegger ... never falls into the error which Hegel made; he does not preserve a being for Non-Being ... ".[32] For what Sartre means by that is two-fold. First, Sartre does not take *Nothingness* – the ground of negation – as a part of, or an aspect of, that undifferentiated *Being* – as a determination of it, as a catastrophe and a hurricane are taken. *Being* and *Nothingness* both "are": but neither is an aspect of the other – as the Golden Mountain and the Round-Square *are* "objects" apprehended in thought – but *Nichtsein* and *Sein* do not "overlap", as it were. As negation presupposes what is negated (recall Meinong's A and non-A or X and not-X), so:

---

[32]	Sartre (1956), p. 17.

> Nothingness ... can be nothingness only ... as nothingness of the
> world; that is ... it must direct itself expressly toward this world ...
> Nothingness carries being in its heart. ... In this sense Hegel is right
> rather than Heidegger, when he states that Mind is the negative.[33]

This points to the second thing he means. He speaks in the unfortunate
terms of "Nothingness being "nihilated" but not "nihilating" itself since it
is nothing – using coined English terms to match his coined French terms.
It results from a "nihilating" act and so is brought about, as something
other than Being. For, if it were not so, we would simply have Being –
what is there to start with. Nothingness must "arise" or "come about"
somehow. But it cannot come from Being (what is "the" in-itself) – for
then it would be a being, and not "nothingness". So how does it come
about? This is where consciousness (or Mind) comes to play a role. It is
the being (kind of entity) by which nothingness comes to be, so to speak.
That (kind of) being, consciousness, must already then contain or be its
own "nothingness" – its *being* must be such that "in its Being, the Nothingness of its Being is in question". If it did not, it could not give rise to
nothingness. Here Sartre adopts an ancient philosophical theme – for x to
bring about y, y must already "be in" x in some sense (potentially or "in
potency", or in its nature – i.e. it must be in the nature of x that x is the
sort of thing that brings about y). That is, of course, the classic, pre-
Humean, notion of "causality". It then becomes a matter of specifying
how it is that consciousness (Mind) gives rise to nothingness – specifying
the "nihilating" activity of consciousness. Sartre first emphasizes the importance of consciousness being "active" – for if were not, if it were a
"passive" being, then it would have to "receive" Nothingness from another being and this would give rise to an infinite regress. Also, what pro-
duces Nothingness cannot remain "indifferent to that production". It must
be altered by the production – so it must "nihilate Nothingness in its Being". Hence three themes are declared: (a) Nothingness must be produced;
(b) It must be produced by a "nihilating" activity; (c) That nihilating activity must nihilate (remove) the Nothingness within itself – "That being
by which Nothingness comes to the world must be its own Nothingness".

---

[33] Sartre (1956), pp. 18-19.

(p. 23) This latter, the Nothingness of consciousness, is not merely a nihi-lating activity but "an ontological characteristic" of consciousness – that is what it means to be its own Nothingness.

What, one may ask, lies behind this incredible verbal construction? Sartre is in the classic pattern of holistic idealism, except for the recogni-tion of what he takes to be undifferentiated *Being* that is Mind independ-ent. This is a fundamental way the pattern of Brentano and Meinong – with the stress on the act-independent intentional object – plays a role. But every determination – every characterized thing – is such in virtue of consciousness or Mind determining it or classifying it. Thus things are the kinds of things they are in virtue of their relation(s) to apprehending con-sciousnesses. The same is true for *Nothingness*, though it is not a deter-mination or "formed" aspect of *Being* – for it is *Nothingness*, and hence not an aspect of *Being*. But it comes about as a determination – a charac-terized object does, as a result of the activity of consciousness. The ques-tion then is: "What is that form of activity, since it is not a determination or characterizing of *Being*?" And the answer – It is the opposite of deter-mining or characterizing *Being* – It is *questioning Being*. Every question raises the possibility of a negative reply, and in a question "we question a being about its being or its way of being". Thus by the activity of ques-tioning – "Does the Golden Mountain exist?"; "Is it hot today in Paris?" – we reveal the possibility that a being may be revealed as a Nothingness – that the Golden Mountain is a non-existent, that its being hot today in Paris is non-existent. This indicates "a nihilating withdrawl" in relation to what is given – the Golden Mountain as an imaginary object, its being hot today in Paris as a non-existent fact. (or its not being hot today in Paris as one of Sartre's "*négatités*"). Thus the object of the intentional act "fluctu-ates between being and Nothingness".[34] So we, as questioners, introduce *Nothingness* and reveal that since questioning is essential to conscious-ness (to thought) we are *beings* that are our own *nothingness*. For all the complex, and convoluted language, this is essentially an old and familiar story. The mind is distinctive in that it can think what is not, and thus without minds there would be no negations – no negative facts. There

---

[34]   Sartre (1956), p. 23.

would only be what *Is – Being*. Where Russell, in the logical atomism essays, and Meinong earlier, located a form of negation on the side of the objective, Sartre ultimately finds it founded on the activity of consciousness. This has a consequence for the development of his views.

Some have used the idea that there are negative facts and that they are mind dependent, in the sense that a world without minds would not contain them, to argue that the mental cannot be reduced to he physical – that materialism is false. Sartre has a more far reaching version of the theme. Returning to an idea he set out earlier in *The Transcendence of the Ego*, he declares that a questioner has the "permanent possibility of dissociating himself from the causal series which constitutes being and which can produce only being". Causes and effects can only be talked about in positive terms – they are "wholly engaged ... in positivity". Nothingness cannot enter into such a scheme – not "the tiniest germ of nothingness". Thus the questioner, in effecting a nihilating withdrawl from being, "is not subject to the causal order of the world" ... and thereby detaches "himself from being". [35] By raising a question, one nihilates what is in question by introducing the possibility of a non-being and, with it, "a certain negative element is introduced into the world".

This "negative element" provides the foundation for existential "freedom" and opens the road to the ethics of existentialism. To question or doubt, and thus possibly negate, an aspect of being is for a human consciousness to put itself out of reach of the "mass of being which it posits" – to modify it by putting oneself "out of circuit in relation to that existent". In doing so one is then "not subject to it ... it cannot act on him".

> Descartes following the Stoics has given a name to this possibility which human reality has to secrete a nothingness which isolates it – it is freedom.[36]

So freedom becomes, in Kantian fashion, a *condition* for the possibility of the "nihilation of nothingness". However, such freedom is not, for Sartre, the essence of the human being, since it must precede and make possible any such essence – if there is such an essence – it is simply the being of

---

[35]   Sartre (1956), p. 23.

"human reality". Man's being is being-free. Yet, the real point behind this theme is that consciousness is freedom, since consciousness is taken by Sartre as more basic than the self – which is a construction and a transcendent object. As he will elaborate his view, freedom belongs to consciousness – conscious acts or states are outside the causal chain of events that make up the world – for they are "spontaneous absolutes". Since the "transcendental field" of conscious acts is the foundation for the construction of the ego – the **I** – we will eventually arrive at the oft-cited declaration that "Man is freedom". The pattern makes totally incoherent the claim by some that Sartre is a materialist.

So the line of argument is that humans – conscious beings – can "detach" themselves from "the world" and do so when they question or doubt. They can only do so if that "possibility" of detachment is in their "nature". Otherwise that possibility would have to be "caused" by something external, and hence conscious acts – of thought, doubt, questioning, etc. – would not be the spontaneous absolutes that they are. Again Sartre's language is excessive. For the way he puts the denial that conscious acts (or consciousness) belong(s) to a causal sequence is by saying that to so take consciousness – as belonging to such a causal sequence – is to "return it to the unlimited totality of being – as is so well illustrated by the futility of the efforts to dissociate psychological determinism from universal determinism and to constitute it as a separate series". Negation is, for him, what clearly establishes that conscious acts do not so belong. He recalls his earlier writings about images and imagination since images involve negation – the "nihilation of the world" as the imagined object is not an actual object of perception and it is not, in being imagined, "posited" as being actual – imagining Pierre walking in Rome is not taking him to be actually doing that. He concludes, in rather straightforward and clear language:

> ... Pierre's absence, in order to be established or realized, requires a negative moment for which consciousness in the absence of all prior determination, constitutes itself as negation. If in terms of my perceptions of the room, I conceive of the former inhabitant who is no

---

[36]   Sartre (1956), p. 24.

longer in the room, I am of necessity forced to produce an act of thought which no prior state can determine nor motivate, in short to effect in myself a break with being. And in so far as I continue to use négatités to isolate and determine existents – i.e. to think them – the succession of my states of consciousness is a perpetual separation of effect from cause, since every nihilating process must derive its source only from itself.[37]

In short, conscious states that have negative contents or objects – the Golden Mountain's non-existence; Pierre's not being in the café – cannot be effects caused by prior entities (things, events, states of affairs) that do exist – that belong to a causal series of existents – a "positive" process that lies within Being. Every such conscious act thus implies "a cleavage" between the immediate psychic past and the present – and that "cleavage is precisely nothingness, for nothing separates the present "negative" state from the immediately prior past state. As Sartre takes conscious acts to be "self-consciousnesses" to avoid the threatened infinite regress facing empiricists, and which Moore raised in his refutation of idealism, he sees a threatened regress in his discussion of such negative states. Thus he complicates his "argument" to reject the infinite divisibility of time (which would allow for an intervening state or at least a temporal point separating the two) and the existence of temporal points as "inadmissible". Meinong, by contrast, in taking temporal and spatial relations to be "founded" on terms, recognized both temporal moments and places.

Since Sartre systematically denies that mental states can be construed in terms of neuro-physiological correlates, a purportedly parallel neuro-physiological (or, simply, physical) causal chain would be irrelevant to his concerns about freedom. In his earlier works his analysis of imagination and images precluded such mental states and objects from being taken as elements in a deterministic causal network or with their being construed in terms of physical states of the body. In *Being and Nothingness* negation plays a supporting role:

> Every psychic process of nihilation implies then a cleavage between the immediate psychic past and the present. This cleavage is precisely

---

[37]   Sartre (1956), p. 27.

nothingness. ... It remains to explain what this separation is, this disengaging of consciousness which conditions every negation.[38]

Here Sartre confronts a classic problem. The flux of experience, of consciousness, appears as "continuous", for there is "no break in continuity within the flux of temporal development" that would "force us to return" to "the inadmissible concept of the infinite divisibility of time and of the temporal point or instant as the limit of the division". Yet conscious states in succession are distinct states without their being "an abrupt interpolation of an opaque element to separate prior from subsequent in the way that a knife blade cuts a piece of fruit in two". Thus, there is *nothing* that separates them – neither a temporal moment nor a gap nor a "border". What separates them, the prior and the subsequent states, is "exactly nothing".

A second problem Sartre believes he resolves is to provide an account that grounds both the possibility of negative judgments and negation – *Nothingness* itself. This ground is found in the very structure of consciousness – for a present consciousness is separated by "nothingness" from the preceding past consciousness. Consciousness supposedly "constitutes itself in relation to its past as separated from this past by a nothingness". Moreover, it must be aware of this separation or "cleavage" as a "structure of consciousness". It is, in other words, of the very nature of consciousness (of consciousness as a present state) to be aware of its separation from past states by nothingness: "... consciousness continually experiences itself as the nihilation of its past being". This introduces *freedom*, which is simply the human being putting "his past out of play by secreting his own nothingness". This gives rise to an additional excursion into expressions on the fringe of coherence. "In freedom the human being is his own past (as also his own future) in the form of nihilation". But since this requires a grounding in the data yielded to phenomenological investigation, we must find how one stands in opposition to one's past and future while "being both this past and this future and as not being them". For it is one's past and one's future that we speak of, and yet one is "nihiliating" them – standing "opposite to them" – for one is conscious

---

[38]   Sartre (1956), p. 27.

of there not being any causal connections to the present state of con-sciousness. The answer is furnished by the experience of the existential-ist's celebrated "anguish".

Anguish, as opposed to fear, is reflective – a soldier is afraid of the coming bombardment, but feels anguish in considering how he will act when it comes. In the case of anguish one deals with the possibilities of one's future actions. In contemplating such actions I am aware that noth-ing "can compel me to adopt" a certain mode of conduct.

> Yet I am indeed already there in the future; it is for the sake of that being which I will be ... that I now exert all my strength, and in this sense there is already a relation between my future being and my pre-sent being. But a nothingness has slipped into the heart of this rela-tion; I am not the self which I will be. First I am not that self because time separates me from it. Secondly, I am not that self because what I am is not the foundation of what I will be. Finally I am not that self because no actual existent can determine strictly what I am going to be. Yet I am already what I will be (otherwise I would not be inter-ested in any one being more than another), I am the self which I will be, in the mode of not being it. ... Anguish is precisely my conscious-ness of being my own future , in the mode of not-being. ... The deci-sive conduct will emanate from a self which I am not yet.[39]

Beyond the flamboyant language, there is nothing new here. We simply have a "Humean" bundle theory of the self along lines Russell has made familiar. Then we have a temporal series of conscious states, S – from the start, so to speak, to the present, **p**. Given such a series, we can think in terms of the sub-series, S', up to a certain point, **p***, prior to **p**. In one sense one can speak of the self up to **p** as S'; in another sense it is S; and in a third sense it is the present conscious state **c**. [We can here ignore the complexity of Sartre's views about actions, states and qualities as con-stituents of the ego. All that would amount to is considering, besides the history of conscious states, the more complete "history" of the complexes they enter into, including the actions, states and qualities, up to **p**, **p***, etc.] Since we deal with such series with respect to a particular person,

---

[39]   Sartre (1956), p. 32.

Pierre say, and are attempting to give an account of Pierre's "self" or "ego" – we deal with the same consciousness. Thus one can speak, in a sense, of S, S' and c as the "same" consciousness – or as belonging to the same consciousness – while also recognizing they are not literally one and the same entity. Moreover, S' neither determines what S will comprise, in addition to S', nor that c, as a particular conscious state, will occur. All Sartre does is play with the language to say that in the awareness of alternative future possibilities, and the anguish posed by our choosing (freely) our future self, for nothing can compel us to adopt a certain conduct, we apprehend freedom as well as the being we are not yet, but which we will be. In doing so we also apprehend that "nothingness" which has "slipped in" – which separates the same self which is S from itself as S'. So one goes from the 1938 *Nausea* of one's existence as a contingent being to the anguish of being what one is not (yet) – as one's future self, what one will be, is contingent.

Sartre thinks that he has come upon two ways that consciousness "nihilates", hence grounds, negation that must be "elucidated". One is that a conscious act, being itself empty of content while also being a pre-reflective consciousness of itself, is essentially a "nihilating structure". (That is the basis of his often cited statement that pre-reflective consciousness "is what it is not".) The other is that a consciousness is and is not its future and past selves, which supposedly reveals a "nihilating structure of temporality". The two senses of "nihilation" join in reflecting "freedom" and being outside a deterministic causal network. Thus one's possibilities reflect one's freedom.

> The alarm which rings in the morning refers to the possibility of my going to work, which is my possibility. ... it is I who confer on the alarm clock its exigency – I and I alone ...
>
> It follows that my freedom is the unique foundation of values and that nothing, absolutely nothing, justifies me in adopting this or that particular value, this or that particular scale of values. As a being by whom values exist, I am unjustifiable. My freedom is anguished at being the foundation of values while itself without foundation.[40]

---

[40]   Sartre (1956), p. 38.

As I turn the alarm clock into a "summons" so I confer values. Thus emerges the ethics of existentialism as we create values with no other foundation but their being chosen.

Herbert Hochberg
University of Texas, Austin
hochberg@mail.utexas.edu

References

Bergmann Gustav (1967), Realism: A Critique of Brentano and Meinong, Madison, Wis.

Hochberg Herbert (2002), "From Logic to Ontology: Some Problems of Predication, Negation and Possibility", in *A Companion to Philosophical Logic*, (ed. D. Jacquette), Oxford.

Meinong Alexius (1914), *Gesammelte Abhandlungen*, vol. 2, Leipzig.

Meinong Alexius (1983), *On Assumptions*, 2nd edition, (trans. J. Heanue), Berkeley.

Moore, George Edward (1925), "The Refutation of Idealism", in *Philosophical Studies*, London.

Russell Bertrand Arthur William (1956), *The Principles of Mathematics*, London.

Russell Bertrand Arthur William (1956a), "The Philosophy of Logical Atomism", in *Logic and Knowledge* (ed. R. Marsh), London.

Russell Bertrand Arthur William (1956b) "Propositions: What They are and How They Mean", in *Logic and Knowledge* (ed. R. Marsh), London.

Sartre Jean-Paul (1956), *Being and Nothingness*, (trans. H. E. Barnes) New York.

Sartre Jean-Paul (1988) The Transcendence of the Ego: An Existentialist Theory of Consciousness, (trans. F. Williams & R. Kirkpatrick) New York.

Whitehead Alfred North & Russell Bertrand Arthur William (1950), *Principia Mathematica*, vol. 1, 2nd edition, Cambridge.

MEINONG, CONSISTENCY, AND THE ABSOLUTE TOTALITY

Peter Simons

"Alles ist Gegenstand."
Alexius Meinong

"The totality of all logical objects, or of all propositions, involves, it would seem, a fundamental logical difficulty."
Bertrand Russell

Summary

Since Russell, Meinong's ontology has often been accused of inconsistency. By accepting impossible objects, Meinong appears to play into the hands of his opponents. But his distinction between nuclear and extra-nuclear properties enables him to avoid Russell's criticism, and can be employed to deflect other charges of inconsistency. Meinong accepts a single, absolute totality of objects, including a totality of all truths. This seems also to commit him to paradoxical conclusions, but I show he can avoid these. Within the absolute totality, there should be numerous subcollections constituting alternative possible worlds. The problem is that we can have no way to construct or evaluate the consistency of such collections, which means we have at best inductive assurance that Meinong's ontology is consistent.

1. Introduction

Meinong's ontology[1] is well known to differ from those of most other philosophers in accepting non-existent objects, in particular, it has objects

---

[1]   Meinong prefers the expression 'theory of objects' because he thinks the term

which are impossible, having contrary properties, and also objects which are incomplete, lacking the fully determinate set of properties that normal objects have. The round square has the two contrary properties of roundness and squareness, while the golden mountain lacks all other properties than goldennness and mountainhood, for example it lacks any determinate shape, height or location. It is also well known that Russell attempted on the basis of this fact to convict Meinong's theory of inconsistency. He thought he had done so, but Meinong was able to find the resources to avoid Russell's criticisms, though this was not apparent to Russell. So on this count it looks as though Meinong is not badly off. In this paper I raise again the question of the consistency of Meinong's theory, in ways additional to that of Russell, considering whether we can convict Meinong of inconsistency, and concluding that the case is not yet proven. Because of the peculiarities of Meinong's theory, we must consider consistency without making the commonplace detour via possible worlds. I suggest that Meinong's acceptance of an absolute totality of all objects, including non-existent ones, and including objectives,[2] means that we have no hope of demonstrating or even making plausible the consistency of Meinong's position. While this also falls short of proving that his view is inconsistent, paradoxically, the very plethora of objects in the absolute totality may make it easier for Meinong than some more limited theories to avoid inconsistency.

2. Some Distinctive Features of Meinong's Ontology

Meinong's ontology starts from the notion of an object. Everything is an object,[3] though not all objects exist, whether really, in spacetime, or ide-

---

'ontology' is confined to objects with being. I shall use the term 'ontology' more widely, to cover Meinongian *Außersein* as well: this is the general trend in commenting on Meinong.

[2] Meinong prefers this term to 'state of affairs' and I here follow him.

[3] 'Was zunächst *Gegenstand* ist, formgerecht zu definieren, dazu fehlt es an genus wie an differentia; denn alles ist Gegenstand.' Meinong (1978a), 12.

ally.[4] Among objects are two broad kinds relevant for cognition.[5] The first are *objecta*, that is, objects which are the objects of presentation, are designable by names, and with some care, correspond also to adjectives and verbs. These are relatively straightforward and familiar. The second are *objectives*, which are the potential objects of judgement and assumption, are expressible by declarative sentences, and which are true or false, or rather, as Meinong prefers to say, are factual or unfactual. Factual objectives, or facts, subsist (*bestehen*), which is a mode of being, whereas unfactual objectives (unfacts) do not, and are thus objects outside being. I shall call objects with being (whether spatiotemporal existence or ideal subsistence) *onta* and objects outside being *anonta*. The opposition between facts and unfacts is thus an ontological one – facts are onta, unfacts are anonta – whereas according to standard theories of propositions, false propositions exist just as much and in the same way as true ones. An objective is typically about some object or objects, for example the true objective that France is larger than England is about England and France. It is also, in a different way, concerned with the relation of being larger than. These three objecta, two geographic individuals and a relation, may be called the objective's *material*, and the objects putatively connected by the relation its *subjects*. The subjects of an objective are not its parts (in this Russell differs from Meinong), but in addition to the objective there is also when the objective is factual another objectum called the complex, which exists only when the subjects are related as the objective has them. No objective is an objectum, though objectives may themselves be the subjects of further of objectives, as in the objective that it is provable in arithmetic that $2 + 2 = 4$, or in that the objectives that France is bigger than England and that England is bigger than France are materially inconsistent with one another. There may also be objectives which have both

---

4   Meinong uses the term '*existieren*' only for spatiotemporal objects, whereas '*bestehen*', 'subsist' covers abstract or ideal objects as well as truths. I shall follow Quine and others in using the term 'exist' for the wider concept, and specifying where necessary.

5   I am ignoring Meinong's *dignitatives* and *desideratives* which are the objects of non-cognitive acts of valuing and wanting respectively.

objecta and objectives as subjects, as in the factual objective that George IV wondered whether Scott was the author of *Waverley*.

Objectives are rather different from propositions as standardly understood. Though like propositions they are the objects of judgement, they directly concern their material, they divide into onta (facts) and anonta (unfacts), and they are in no way symbolic of anything beyond themselves. They are wholly independent of intelligence and cognition: they would be what they are and have the ontological status they do whether or not there were any thought or language. Some thoughts do succeed in attaining objectives as their objects, and some sentences do succeed in meaning them, but both these facts are external and incidental to the objectives themselves. Objectives are part of the objective furniture of the universe, no less than planets, electrons and thunderstorms. This is Meinong's hearty realism, which so enthused the young Russell.

Disregarding the Meinongian distinction between existence and subsistence, Meinong allows objects one of only two ontological statuses: a given object either exists or does not: none fails to do either, and none manages to do both. The universe of objects thus divides exclusively and exhaustively into onta and anonta. Since for objectives to exist is to be true and not to exist is to be false,[6] this means that Meinong accepts classical logical bivalence: every objective is either true or false, and none is both.

Among all the objects, some necessarily exist, others necessarily do not exist, and some neither necessarily exist nor necessarily fail to exist. We may call these last the *contingent* objects. Of them, again some are onta and others are anonta. The line between the existent and the nonexistent runs through the contingent objects, and since they are contingent, this means that the line could have run differently, had things been different. Some objects that do exist might not have existed, and some that do not exist might have existed. For Meinong, the totality of all ob-

---

[6]   Meinong actually talks of existing objectives as *factual* and non-existing ones as *unfactual* and reserves the epithets 'true' and 'false' for factual (respectively unfactual) objectives which are actually apprehended by some subject. This seems to me unnecessarily fussy terminology, so I shall talk about true and false objectives without regard to whether they are apprehended or not.

jects would be the same no matter how things as a matter of contingent fact had turned out. We may thus consider this an *absolute* totality. Which objects there are (using 'there are' without ontological import, as Meinong had to) is not a matter of contingency. What is contingent is which of these objects *exist*. We know from experience that there are in fact numerous spatiotemporal objecta, and on the basis of our experience we reason that of these, many or all could have failed to exist, while others that do not exist could have done. This conclusion is independent of the issue whether causal determinism is true. Meinong happened to be a causal determinist,[7] and thought that every real objectum came into existence or was sustained in existence by other preceding objecta. However, even a causal determinist may reasonably adopt the view that different objecta might have existed in place of those that in fact exist, had the whole set-up been different. Causal determinism affects not whether the existing real objecta are contingent but whether some of them could have existed without others. For a determinist of the most radical stripe, either the whole lot exist or none do, whereas for less extreme determinists or for indeterminists, some of those that do exist might still have existed while others of those that exist did not. The question is one of the conditions linking contingent objects rather than contingency per se. In this, as in many other issues, Meinong's views are closely comparable to those of Leibniz. For Leibniz, God could have created any one of a swathe of possible worlds, but each world has its own complement of objects, each of which is exclusive to that world. A similar position was taken in our day by David Lewis.[8] Whether Meinong would have upheld similarly comprehensive and exclusive groupings of contingent objects is not clear and in any case is not at issue. What is relevant is that among the absolute totality of objects, others *could* have existed than those that in fact do: how they are grouped is a secondary matter.

Because of his conception of the absolute totality of objects, all of which must be the objects they are, and because what and how they are is independent of whether they exist or not, Meinong's approach to modality has to be very different from the now standard broadly Leibnizian con-

---

[7]   Meinong (1973).

ception of possible worlds. He does not define necessity as truth or occurrence in all possible worlds, but in terms of the inherence of a character in
an objective. Some objects are inherently (of their nature, or as Meinong
says, inhesively) in a certain way. Inherence is a primitive concept, not
definable in terms of possible worlds. Some objectives are inherently factual, and others are inherently unfactual. The former are the necessarily
existent or necessarily true objectives, the latter the necessarily non-
existent or necessarily false objectives. Likewise, to say an objective is
contingent is not to say it is true in some possible worlds and false in others, but to say that neither its factuality nor its unfactuality is inherent to
it.

3. Is Meinong's Theory Incoherent?

It has been argued at length by Patrick Grim,[9] using an argument inspired
by Cantor,[10] that the notion of a collection of all truths is incoherent. Suppose there is a collection T of all truths. Let t be any particular truth from
T. For any subcollection U of T, either t is one of the truths of U or it is
not. If it is, that is a truth. If it is not, that is a truth too. So for each collection U which is a subcollection of T, i.e. for each collection of truths,
there is a truth involving t and whether or not it is one of U. Thus there
are at least as many truths involving t as there are subcollections of T. But
Cantor showed by diagonalization that there are more subcollections of T
than members of T. Therefore if T contains all truths, including those involving t, there are more members of T than there are members of T,
which is a contradiction. Hence there can be no collection of all truths.
Grim makes plausible that this result can be obtained in any standard or
non-standard set theory. What Grim's arguments show however is not that
there is no collection of truths, but only what Cantor concluded in general

---

[8]   Lewis (1986).

[9]   Grim (1991), ch. 4.

[10]   A paradox close to Grim's argument and likewise inspired by Cantor is enunci-
       ated by Russell (1903), 526 ff. It concerns not the totality of all truths but the to-
       tality of all propositions. Our opening quote is taken from Russell's appraisal of
       its impact. Cf. also Parsons (1980), 233 ff.

about sufficiently large collections:[11] that they are absolutely infinite, that they completely elude the application of concepts such as *number* and *one–one correspondence*. Grim has other arguments avoiding the use of collections and focussing on propositional quantification and the idea of a proposition being about something. Just as *John is happy* is about John, so *All propositions are true or false* is about all propositions. Consider then the quasi-Russellian proposition *All propositions not about themselves are not about themselves*. Is this about itself or not? Grim assumes that each answer is equally plausible, but in this case it appears to me that the proposition is clearly about itself and it is therefore not a proposition which is not about itself.[12] In general however, the idea of aboutness when used in connection with quantification is far too vague and theoretically indeterminate to bear much weight.

If Grim's or similar arguments were right, then Meinong's theory of objects with its cavalier use of expressions such as 'everything', 'all objects', 'all objectives', 'all facts', is simply incoherent. However, it seems to me that the specific versions in which diagonalization arguments can be used to argue for the lack of closure of certain domains (such as sets, ordinal numbers and cardinal numbers) in mathematics do not bite in the wilder and woollier context of the absolute totality of all objects, most of which do not exist. Even the unrestricted expression 'the Universe', understood as designating distributively *all* objects, may be defensible.[13]

---

[11]   A collection here is what Cantor called a *Vielheit* and Russell a *class as many*, it is emphatically not a set, which is an abstract individual called a *Menge* by Cantor and a *class as one* by Russell. Cantor's and Russell's paradoxes show only, as both of them accepted, that not every collection corresponds to its own set.

[12]   Likewise in his formal argument that there can be no one–one correspondence *F* between propositions and themselves (121) Grim assumes there is a proposition *p* which its given correspondent *F(p)* is not about, and this assumption appears question-begging. There are propositions such as *John is happy* which *appear* not to be about themselves, but some proposed solutions of the Liar paradox such as that of Paul of Venice in effect make all propositions assert their own truth and thus be about themselves, so the case is far from proven. Cf. also the Meinongian solution to the Liar proposed below.

[13]   Cf. Simons (2003), and in a similar vein Williamson (2003).

4. Some Attempts to Show that Meinong's Theory of Objects is Inconsistent

Is Meinong's theory obviously or demonstrably inconsistent, as Russell thought it was? Here is Russell's argument.[14] Meinong admits both that the round square is round and that it is square, but he also accepts with common sense that no round square thing exists, hence the round square does not exist. But consider now the existent round square. This is not only round and square, it is also existent. But being round and square it is also not existent, and this is a contradiction. Meinong's response to Russell is interesting. He accepted everything except that Russell had proved a contradiction, and he avoided this conclusion by distinguishing between existing and being existent. Existing is a special kind of property, what Meinong called 'extra-constitutory' but which Findlay in his admirable commentary more felicitously termed an *extra-nuclear* property.[15] Whereas ordinary or nuclear properties such as being round or being square belong to the nature or constitution of a thing, or follow from this, existing does not. This is certainly in part what Hume and Kant had in mind in stating that existence is not something which adds to the nature of a thing. Existing is not the only extra-nuclear property: being simple, being complete and being possible are others, and, arguably, such relational intentional properties as being worshipped by the Ancient Greeks are also extra-nuclear.[16] Be that as it may, nuclear and extra-nuclear properties figure differently in cognition. We may, according to Meinong, unrestrictedly assume nuclear properties of objects and guarantee to "hit" an object in so doing, one which actually has the properties assumed of it. There is a green blue round square emerald sapphire that has twelve sides, twenty faces, fifty vertices and was set in a gold platinum engagement ring given by Adam to Eve. That such a thing is impossible on several counts is water off a duck's back to Meinong. But we cannot make unrestricted assumptions about an object's extra-nuclear properties and get away with it,

---

[14] For more detail on the controversy see Simons (1988).

[15] Findlay (1963), 176.

[16] Cf. Parsons (1980), 23.

i.e. assume something true. We cannot assume that such a stone *exists* and get away with it: it lies outside our cognitive capacity to correctly assume what we like in the case of extra-nuclear properties: they are assumption-resistant.[17] What we *can* do, according to Meinong, is to feign something like existence as a nuclear property. It is a pale ersatz shadow of real existence, *depotenziert*, or, as Findlay again nicely captures the idea, 'watered down'.[18] Being existent is the watered-down nuclear version of existing, and we *can* correctly assume that. A really existing object is also existent, but not necessarily vice versa. Hence the existent round square does not have to exist because it is existent. On the basis of his exposure to a single specimen of this family of extra-nuclear properties, Russell doubtless assumed the distinction was an ad hoc one designed simply to wriggle out of the dilemma, and claimed to see no difference between existing and being existent. With hindsight we can see Meinong's move is far from ad hoc: it is part of a more comprehensive theory of special properties; not one without problems, but certainly not amenable to a knockdown refutation as Russell thought.

But if Meinong was able to evade Russell's criticism, what about other, more threatening cases? Being round and being square are contrary properties but each is on the face of it something positive and nuclear, and their necessary exclusion of one another (in existing objects) is, while necessary, an analytic matter, not a matter of logic as such. Consider however the object which has just the two properties of being circular and of not being circular: the non-circular circle.[19] Of this it would appear to be true both that it is circular and also that it is not circular, and here we *do* have a contradiction following directly from the nature of the object itself. While Meinong does not to my knowledge pronounce on such cases, we may on his behalf avoid the problem by denying that the negation of a nuclear property is itself nuclear. To say of something that it is

---

[17] Cf. Routley (1980), 47: "an object cannot decide its own existence by describing itself as existing, any more than a person can change his height or status by describing himself as of a different height or status."

[18] Findlay (1963), 103.

[19] Such objects are considered by Karel Lambert: cf. Lambert (1983) and (1985–86). Lambert concludes that Meinong is in trouble if the negation in such exam-

circular is to tell us something about its nature, whereas to say that it is not circular tells us nothing about its nature, nothing that adds to it, but merely denies something about its nature. Of course this adds to our *information* about the object, but then so does a true predication of an extra-nuclear property such as existence. I learn something of considerable material advantage when I learn that my winning lottery draw of last week actually exists and is not merely the object of my wishful imagination. But to predicate of something that it is not circular, as in predicating existence, does not guarantee that I "hit" an object adequate to the predication, because the object in question might be already circular. The phrase may fail to be wholly adequate to the object, or vice versa. Hence, the expression 'the object which is both circular and not circular' either fails to denote anything at all,[20] or may denote a unique (nonexisting) object, which *is* both circular and non-circular, but only because the predicate 'non-circular' is nuclear, and may be considered the watered-down nuclear counterpart of the extra-nuclear 'not circular', and is true of the object without the object thereby failing to be circular. Meinong makes it clear in the notes for his 1913 university lectures on 'object-theoretic logic' that a distinction has to be made between a negative predicate as in '*A* is non-*M*' and the negation of an objective as in 'It is not the case that *A* is *M*'. The former is a first-order objective predicating a negative property of *A*, whereas the latter is a second-order objective denying the subsistence of the first-order objective that *A* is *M*.[21] In the case of an incomplete object such as the blue ball, it has only the properties of being a ball and being blue, and is therefore neither heavy nor not heavy. To avoid this being a contradiction, we have to say of the blue ball that it is *true* that it is not heavy, but also true that it is not non-heavy. This can be done consistently provided we distinguish inner predicate negation from outer objective (propositional) negation as Meinong does, and the lack of freedom

---

ples is classical. I do not share this conclusion, as will become apparent.

[20]   Prompted by Russell, Meinong worried about paradoxical objects, which he termed 'defective': cf. Meinong (1968), 304–310. But his treatment is vacillating and uncertain: are they even stranger objects than the impossible ones, or are they not objects at all? The way out of regarding the singular terms which apparently denote them as empty appears not to have occurred to him.

[21]   Meinong (1978b), 258 f.

of assumption about denying something already affirmed of an object gives us good reason to suppose that nuclearity is closed only under predicate-negation, not under propositional negation. Thus, while Meinong's theory is more closely pressed by such cases than Russell's, it still manages to escape contradiction on these terms.

Another fruitful source of contradiction are liar-type paradoxes. These were much on Russell's mind at the time of his controversy with Meinong but impinged only marginally on Meinong's own thought. We can transpose the Liar into Meinong's idiom by considering the objective that states of itself that it is false, or, since for objectives, to be true is to exist and to be false is not to exist, the objective that states of itself that it does not exist. Here is the argument that this leads to contradiction. If the objective that states of itself that it does not exist exists, then what is states is the case and it does not exist. If it does not exist, then what it states is the case so it is true and does exist. This is contradictory. What should be done? In this case I think Meinong, who in any case did not advocate a correspondence theory of truth, can happily say that the objective does not exist. The objective that states of itself that it does not exist does not exist. There the matter ends. We should not invoke the quotational (opposite of disquotational) principle that an objective that states of something that is the case that it is the case is automatically true and so exists. Precisely such problems as the Liar force us to make a compromise somewhere and here is where we make it.

The Strengthened Liar, which replaces 'is false' by 'is not true' and causes difficulty for attempts to escape the Liar via many-valued logic, can be put in Meinong's terms as the question whether the objective that states of itself that it is not true is true or not. But for an objective, being not true *is* not existing, so the case reduces here to the simple Liar: whether the objective that states of itself that it does not exist exists or not (it does not).

The Truth-Teller is the objective that states of itself that it exists. If it exists, what it states is true and it exists. If it does not exist, what it states of itself is false and it does not exist. So it appears that we have a free choice. But we recall that we cannot ascend to truth or falsity without further ado since existing and not existing are extra-nuclear. Here we can decide the issue by invoking the Meinongian principle that only complete objects can exist. The objective whose only properties are that it is an objective and that it states of itself that it exists (this being itself an extra-nuclear property) is, like its Liar equivalent, radically incomplete and therefore does not exist. Therefore neither the Liar nor the Truth-Teller is a paradox in Meinong's system: both are necessarily false.

Parsons has another paradox, modelled on Russell's, which ensues from the assumption that every extra-nuclear property is an object.[22] Consider the (reflexive) extra-nuclear property of not being identical with any extra-nuclear property it possesses. This, if it is an object, has itself if and only if it does not have itself, which is a contradiction. In this case it appears that the only sensible course is to deny the assumption that every extra-nuclear property is an object, which is what Parsons in fact does in his own theory. This is fairly plausible in any case: few would be inclined to say that existence or simplicity was an object. Nevertheless it underlines the point that we cannot blithely assume, even as a Meinongian, that every singular term we can form succeeds in denoting an object.

Fending off this or that attempt to derive a contradiction in Meinong's theory is of course no guarantee that a more subtle contradiction will not emerge later: history is replete with examples. But it does give *us* renewed confidence in the theory, whether or not that confidence will later turn out to have been misplaced.

5.   What Consistency Means in Meinong

It seems Meinong escapes the charge of inconsistency on the basis of easily constructed examples like those of Russell, Lambert and the Liar. A more intricate issue is whether consistency can be assured when we consider not just a single object but rather several objects. The most obvious way in which inconsistency could arise would be if both an objective O and its negation not-O were true. Since objectives are closed under conjunction, this would happen only if the single but contradictory objective O and not-O were true. Since Meinong aimed at consistency, it was his

---

[22]   Parsons (1980), 242 ff.

view that this does not occur. Objectives can form inconsistent triads, tetrads and so on. None of these inconsistent collections can have all members true, but again this reduces to the question of the truth of their various conjunctions. There are also inconsistent infinite collections of objectives, such as the following series: There is at least one quark, there are at least two quarks, there are at least three quarks, ... , there is a finite number of quarks. While in a normal human language we can form only small finite conjunctions, objectives presumably compound without regard to number, so there will be a conjunction of all these objectives and it will be necessarily false. Notice that all the subcollections of the earlier objectives excluding the last one (there is a finite number ...) are consistent. Adding one single objective can turn a consistent collection into an inconsistent one.

Given that we know there exist objects, and that there are some true and false objectives, it is natural to suppose that the system of true objectives is consistent and complete. That is, every objective is either true or false, none is both. As Meinong defines truth and falsity this follows more or less automatically from his definition and from the assumption that objectives divide into onta and anonta. Contrast this however with the frequently asked question whether a given *theory* or collection of *propositions* is consistent. A collection of propositions is consistent if they *can in principle* all be true together, and inconsistent otherwise. The consistency of theories is of considerable importance in logic, mathematics and to some extent in science generally, since, provided one accepts that no proposition can be both true and false at the same time in the same circumstances, no inconsistent theory can consist wholly of true propositions. Another reason is often given as to why inconsistent theories are bad. Assuming, as is usually done, that a theory is closed under logical consequence, and assuming, as again is usually done, that the logical consequence relation is classical, so that a contradiction logically entails any proposition, an inconsistent theory is a trivial theory, since it includes all propositions. Not all logicians accept these two assumptions however. Relevance logicians reject the classical theory of consequence and allow that a contradiction may fail to entail all propositions. For them, inconsistent theories are not trivial. Logics which allow this are *paraconsistent*.

Some logicians finally are willing for various reasons to accept propositions which are both true and false. Logics which allow this are *dialethic*.
While the opposition between classical and paraconsistent logics had not
yet emerged when Meinong was writing, it is not implausible to suppose
that he might have looked on relevance and paraconsistency with some
favour. However he most certainly would have rejected the idea of a
proposition that is both true and false, or, to speak in his terms, an objective that is both factual and unfactual. The question remains whether in
the light of his overall theory he was justified in doing so.

The standard way to show a theory inconsistent is to derive a contradiction from its assumptions. This relies on methods of proof or derivation. Because for any axiomatic theory with enough expressive resources
to express Peano arithmetic we know, following Gödel, that there are
propositions which are according to the theory intuitively true, or which
are valid, that is, are true on all interpretations verifying the assumptions,
we know that just because something is not provable from the assumptions, it follows neither that it is true nor that it is false. Gödel's Second
Incompleteness Theorem states that the consistency of a theory at least as
strong as Peano arithmetic can be proved only in a yet stronger theory,
whose own consistency is at least as much in doubt as that of the theory
whose consistency it is used to prove. Gentzen's consistency proof for
Peano arithmetic relies on transfinite induction up to the first epsilon ordinal, which is a much stronger resource than anything available in arithmetic itself. Thus while no one, or hardly anyone, thinks that Peano
arithmetic is inconsistent, this confidence is inductive and not based on
demonstration. We must assume that Meinong's absolute totality includes
the whole of mathematics, including (among the non-existent objectives)
false and contradictory mathematics, so there is no way in which we
could possibly demonstrate in a rigorous, mathematical way that Meinong's theory is consistent. The best we can do is to gather inductive evidence that attempts to show it inconsistent can be deflected, and that is
what we have been doing.

A theory is typically shown consistent by exhibiting a model, that is,
an existing structure in which the terms of the theory can be interpreted.
For example, the once dubious non-Euclidean elliptical geometry can be

given an interpretation on a sphere, and is consistent if Euclidean geometry is consistent. Provided we are willing to accept the existence of a sphere and the consistency of Euclidean geometry, which we can interpret on a plane, then we can be confident about the consistency of elliptical geometry. But this confidence is conditional on these assumptions. For very simple theories involving only a few terms, often a small finite model can be found from among objects of our acquaintance, and we are happy as we can be. But the larger and more comprehensive the theory, the more confidence in its consistency rests on both the lack of proofs to the contrary (which is an empirical fact) and on theoretical and existence assumptions whose truth is often no less uncertain than the uncertainty attaching to the original theory. Meinong's theory of objects assumes that there is such a collection as the collection of *all* true objectives. It is not limited in any way by subject matter. Its consistency is at the very limit of what is admissible: were a single further objective to be added to the collection of true ones, it would be false.

For a theory T consisting of linguistic items such as sentences, consistency exists when all the sentences of T can be interpreted so as to be true. In Meinongian terms this means that we can find a way of assigning meanings to the terms in the sentences of T so that every sentence of T so interpreted stands for an objective that actually *is* true, or else, if T is a theory which is radically different from any that is actually true, that every sentence of T stands for an objective such that all these objectives *could* be true together. An alternative modern way of putting the definition of consistency which allows for the fact that an interpretation among actual truths may be hard to come by (for example if the theory is about the size of the universe and says it is hugely bigger than in fact it is) would be to say that all the sentences of the theory T are true in some possible but non-actual world.

As we saw above, Meinong has nothing like possible worlds in his theory of objects, but if it is to be capable of dealing with modality in something approximating modern terms, it ought to be possible to come up with some alternative within his theory. In one version of what Lewis calls ersatzism, possible worlds are construed as maximal consistent collections of states of affairs.[23] This is clearly how Meinong would have to construct his Ersatz for possible worlds, as maximal consistent collections of objects. This means that we have to be able to define both consistency and maximality in his theory.

It is at this point that the difference between Meinong's views and others becomes crucial. Meinong does not need to envisage a collection of other possible worlds somehow alongside and like the actual one: he already has all the objects there can be in any possible world in his ontology. Indeed we need to be careful what we mean by 'possible world' in this connection. We probably tend to think of other possible worlds rather as David Lewis thought of them, as alternative collections of things in a single spacetime continuum, as alternative *kosmoi*. In a Meinongian context however it is better to start from Wittgenstein's alternative account of a world as a totality of things that is the case. A possible world in this sense is a collection of objectives, not of objecta. Since objectives have objecta as their material, the objecta will come for free. In particular, every true existential objective will tell us which objects exist, so we can consider Meinong's world to consist of all true objectives together with all objects whose existence is correctly affirmed by one of the true existential objectives (that will include the true objectives themselves, whose existence will be correctly asserted by an objective of next higher order). This collection of existing objects is the realm of being, but all objects that as a matter of necessity or contingent fact do not exist are left outside. The actual world is the collection of all actually existing objects, but which collections of objects *could* all exist and form a different possible world? What collections of all the objects there are (and are not) could form a realm of all being?

For each objective there is another objective, its contradictory *opposite*. The objective that Jacques Chirac is taller than George Bush has as its opposite the objective that it is not the case that Jacques Chirac is taller than George Bush. The latter is standardly described as the *negation* of the former, since it modifies it by propositional negation. But the negation of a negative proposition is another negative proposition, albeit a double

---

[23]   This version is associated with Plantinga (1974).

negative, whereas the original proposition was positive. The opposite of the negative objective is in fact the original positive objective: unlike propositions, which compound negation ever upwards, objectives come in contradictory pairs. The operation taking one to the other is not negation but *opposition*, which is a *toggle*, that is, flips the polarity of the objective back and forth.[24] Every Meinongian objective O has it unique opposite O^*, and $O^{**} = O$. Now we can state what we require of a collection of objectives for it to be consistent and complete. A collection of objectives S is *consistent* if no two objectives in S are one another's opposites, and it is *complete* if of any pair of objectives which are one another's opposites, precisely one of them is in S. This is what we *mean* by consistency and completeness, and it is not essentially different in Meinong's case from the standard definition except that we are dealing with a single totality of objectives.

In standard possible worlds theory we assume that a collection of propositions is possible if there is some possible world in which they are all true. We take it on trust that there are, in some sense of 'there are', possible worlds which allow this. In Meinong's case this cannot be assumed, indeed it has the cart before the horse. A possible world is given by a consistent and complete collection of true objectives, not the other way around.

Although, because of the scale of Meinong's absolute totality, we are never going to be in a position to demonstrate that any given collection of objectives constitutes a possible world, how might a hypothetical being endowed with cognitive capacities beyond our limitations go about such a task in principle? Suppose such a being – call it X – is tasked to produce a complete and consistent totality of true objectives. X will start with three subcollections of the collection of all objectives O: the necessarily true objectives L, the necessarily false objectives U, which together make up the necessary objectives N, and the remainder, the contingent objectives C. O also divides into the true or existing objectives T and the false or non-existing objectives F. It is X's task to construct an alternative partition of O into exclusive and exhaustive collections S containing L and E

---

24   See Simons (2002).

containing U such that $E = S^*$, that is, such that every member m of S has its opposite m^* in E, and every member of O is in exactly one of S or E. Furthermore, S cannot just be any old half of the objectives, but must be *closed under valid consequence*, that is, any objective which follows necessarily from some subcollection of objectives in S is itself in S. This consequence will be not merely logical consequence, which is the consequence relation dealing only with the inferential characteristics of the relatively small collection of concepts known as the logical constants: it will need to include all analytical consequences as well. As examples of valid analytic consequence which are not logical consequences we may consider the inference forms:

x is 20 kg in mass, and x exists; therefore x is not 30 kg in mass.

x is uniformly green, and x exists; therefore x is not uniformly red.

x is electrically positive, and x exists; therefore x is not electrically negative.

x and y are 150 million km apart at t, x and y both exist, therefore x and y are not 25 km apart at t.[25]

In fact, because non-logical concepts vastly outnumber logical ones, nearly all valid consequences are analytic rather than logical in character, a fact which most philosophers, obsessed with logic and overawed by Quine's rejection of analyticity, are wont to ignore. The hypercompetent archangelic being X on the other hand is expected to be able to handle valid analytic consequence in all subjects, not just in logic.

How, in principle, can X construct S? The algorithmic way would be this. X has three working collections, P, Q and R, which together exhaust O. Initially $P = L$, $Q = U$ and $R = C$. X takes some objective o from R, adds it to P, computes all the valid consequences of the larger collection, adds these to P and calls the result $P+$. It then checks whether $P+$ is consistent or not, i.e. whether or not it contains any objective p together with its opposite p^*. If $P+$ is consistent, X adds the opposites of the objectives

---

[25] Normally the existential conjunct would not be considered necessary, but in a Meinongian context it is, because of impossible objects.

added to P, that is $(P+ - P)^*$, to Q and subtracts the objectives in both $(P+ - P)$ and $(P+ - P)^*$ from R, sets P now equal to the old $P+$ and repeats. If $P+$ is inconsistent, X repeats the move adding o^* instead of o to P. This extension must be consistent for otherwise both P, o and P, o^* lead to a contradiction, which means P, $o \lor o^*$ leads to a contradiction, but P is supposed to be consistent and $o \lor o^*$ is in L and hence in P already. Then all X needs to do is to reiterate this procedure until R is empty, and set S equal to the final value of P. Then S, together with all the objects stated in S to exist, will constitute an alternative possible world.

The iterative procedure just outlined is in fact the standard way to construct consistent extensions, owed to Lindenbaum and Henkin. The problem comes with the details of the notion of iteration. For simple, that is, compact, logical systems, the procedure will work because any inconsistent collection has a finite inconsistent subcollection. But for more complicated and expressively powerful collections the methods of simple induction are inadequate and we must move to transfinite induction, using limit ordinals. In terms of the mythical being X, it requires X to be able to bring together in one step an infinite sequence of tests for consistency. In these circumstances we, with our lesser powers, are unable to do more than hope for the best.

Can we then reasonably assume that there *is* a consistent and complete collection of objectives in the absolute totality? Obviously *if* Meinong's theory is consistent, then the collection of actually true objectives is one such, and there are presumably very many others. We have not been able to convict Meinong's theory either of obvious inconsistency or of incoherence. On the other hand we have no positive assurances that the theory is consistent.[26]

There is an empirically given actual world, so from Meinong's perspective *some* collection of objectives describing this contingent world is consistent. It cannot, from his perspective, be complete. Firstly there are

---

[26] The consistency argument (relative to fourth-order predicate logic) employed in Parsons (1980), 90–92, interesting though it is, is no help to us here, because it relies on traditional assumptions about the language in which the theory is formulated containing countably many terms and sentences being finitely long. These are restrictions the analogues of which we have scant reason to suppose

all the necessarily true objectives, including the whole of true mathematics, which do not themselves figure directly in the description of the contingent world. Then there are all the Meinongian possible and impossible anonta, and all the objectives about them. Roughly speaking, the more objects an ontology takes there to be, the more things there are to say about them, the more objectives there are, and prima facie the more likely it is that the objectives will not form a consistent totality. A Platonist ontology is more comprehensive than a nominalist ontology, so the nominalist's theory is prima facie less likely to be inconsistent than the Platonist's.[27] If Meinong's is the most comprehensive of all ontologies, then it is not surely the most likely to be inconsistent? Paradoxically perhaps, this may not be so. One reason is that Meinong's objects do not have to exist in order to figure in his ontology. It may indeed give him the additional resources to avoid some of the problems of Platonism, by denying existence to Platonic objects.[28] Objects which another philosopher would struggle to accept because they are somehow "difficult", for example analytically inconsistent objects, incomplete and schematic objects, fictional objects, merely possible objects, objects of dreams and hallucinations, can all be found a home[29] within Meinong's absolute totality. Because there are thus no gaps in Meinong's ontology – everything that there is, and everything that there is not is there – all problems have to be solved internally: there is no recourse to pushing objects out somewhere else as someone else's problem. For other reasons than inconsistency, it may not be a credible ontology, but in its all-embracing scope it is unsurpassable.

Peter Simons
University of Leeds
p.m.simons@leeds.ac.uk

---

characterize Meinong's objectives.

[27] The metaphysical issue is not whether it is consistent but whether it is adequate.

[28] This is certainly the view of Routley (1980), 439 ff.

[29] Meinong significantly describes such objects as (up to then) homeless (*heimatlos*): vide Meinong (1973a), 214.

References

Findlay, J. N. (1963). *Meinong's Theory of Objects and Values*. Oxford: Clarendon.

Grim, P. (1991). The Incomplete Universe. Totality, Knowledge, and Truth. Cambridge: MIT Press.

Lambert, K. (1983). *Meinong and the Principle of Independence*. Cambridge, The University Press.

Lambert, K. (1985–86). Nonexistent Objects: Why Theories About Them are Important, *Grazer Philosophische Studien* **25-26**, 439-446.

Lewis, D. K. (1986). *On the Plurality of Worlds*. Oxford: Blackwell.

Meinong. A. (1968). Über emotionale Präsentation. In: *Alexius Meinong Gesamtsausgabe*, Band III. Graz: Akademische Druck- und Verlagsanstalt, 283–476. First published 1917.

Meinong. A. (1973a). Über die Stellung der Gegenstandstheorie im System der Wissenschaften. In: *Alexius Meinong Gesamtsausgabe*, Band V. Graz: Akademische Druck- und Verlagsanstalt, 197–365. First published 1906-07.

Meinong. A. (1973b). Zum Erweise des allgemeinen Kausalgesetzes. In: *Alexius Meinong Gesamtsausgabe*, Band V. Graz: Akademische Druck- und Verlagsanstalt, 483–602. First published 1918.

Meinong. A. (1978a). Selbstdarstellung. In: *Alexius Meinong Gesamtsausgabe*, Band VII. Graz: Akademische Druck- und Verlagsanstalt, 1–62.

Meinong. A. (1978b). Zweites Kolleg über gegenstandstheoretische Logik. In: *Alexius Meinong Gesamtsausgabe*, Ergänzungsband. Graz: Akademische Druck- und Verlagsanstalt, 237–272.

Parsons, T. (1980). *Nonexistent Objects*. New Haven: Yale U. P.

Plantinga, A. (1974). *The Nature of Necessity*. Oxford: Clarendon.

Routley, R. (1980). *Exploring Meinong's Jungle and Beyond*. Canberra: ANU.

Russell, B. (1903). *The Principles of Mathematics*. London: Allen & Unwin.

Simons, P. M. (1988). Über das, was es nicht gibt: Die Meinong–Russell Kontroverse. *Zeitschrift für Semiotik* **10** (1988), 399–426. English translation: On What There Isn't: The Meinong–Russell Dispute. In: P. M. Simons, *Philosophy and Logic in Central Europe from Bolzano to Tarski*. Dordrecht: Kluwer, 1992, 159–192. Reprinted in A. Irvine, ed., *Bertrand Russell: Critical Assessments. Vol. III, Language, Knowledge and the World*. London: Routledge, 1998, 69–100.

Simons, P. M. (2002). Negation, Duality and Opacity. *Logique et analyse* **177–178**, 101–117.

Simons, P. M. (2003). The Universe. *Ratio* n.s. **16**, 236–250.

Williamson, T. (2003). Everything. *Philosophical Perspectives* **17**, 415–465.

MEINONG ON MAGNITUDES AND MEASUREMENT

Ghislain Guigon

"The work of Herr Meinong on Weber's Law, is one from which I have learnt so much, and with which I so largely agree ..."

Bertrand Russell
The Principles of Mathematics

Summary

The paper comprises a presentation and defence of Meinong's discussion on magnitudes and measurement found in his *Über die Bedeutung des Weber'schen Gesetzes*. The first and longer part of the presentation examines Meinong's analysis of magnitudes. According to Meinong, we must distinguish between divisible magnitudes and indivisible ones. He argues that relations of distance, or dissimilarity, are indivisible magnitudes that coincide with divisible magnitudes called stretches. The second part of the presentation is concerned with Meinong's account of measurement as a comparison of parts. Meinong holds that measuring is comparing parts and, thus, only divisible magnitudes are directly measurable. When indivisible magnitudes like distances are indirectly measured, they are measured by means of divisible magnitudes like stretches. Meinong's account allows us to reject important objections against measurement of similarity and to reconsider the logical form of the sentences involving comparative similarity.

Few works of Meinong seem to be as neglected as his work on Weber's Law. It remains inaccessible to non-German speakers and except the noticeable book of E. Tegtmeier, *Komparative Begriffe*[1], no important work in philosophy discusses it. This lack of interest is all the more astounding when we consider that it is the only work of Meinong ever substantially endorsed by Russell. Part III and half of Part IV of *The Principles* are explicitly grounded on Meinong's work. If *The Principles* is an important work in the history of Analytic Philosophy, which of course it is, Meinong's work on Weber's Law is a non-negligible part of this history.

This paper is about the 'foundation of measurement' introduced by Meinong in his *Über die Bedeutung des Weber'schen Gesetzes*. Meinong's work on Weber's Law, as Russell calls it, is chiefly concerned with the analysis of the basic notions at work in the 'fundamental law' of psychophysics; an analysis that leads Meinong from the concept of magnitude (Grösse) to psychical measurement. Meinong's aim is to show that most of the mistakes and confusions that beset his contemporaries in their writings on psychical measurement are rooted in confusions about measurement. He achieves this aim by means of an impressive and meticulous study of the basic notions involved in our practice of measurement.

This paper is primarily about this account that first aroused Russell's admiration and that I shall call "the foundation of measurement". Therefore, the focus will be on sections one to four of Meinong's work; the fifth section, which is about measurement of psychical magnitudes, will not be discussed here. The aim of this study is to show the scientific interest of Meinong's analysis and foundation of measurement. To this end, I will first present and clarify Meinong's account of magnitudes and measurement; then Russell's reception of this account will be presented; finally, I will apply Meinong's discussion to the special topic of logic for comparative similarity.

1. The Foundation of Measurement

In more recent times[2], the work of a foundation of measurement has consisted in answering the question: how do we represent quantities numeri-

---

[1]   E. Tegtmeier (1981).

[2]   Especially the famous and wonderful book of David H. Krantz, & Duncan R.

cally? Numerical representation of quantities is only one feature of a foundation of measurement according to Meinong; and on this particular topic the questions he is interested in are rather (1) 'what is it that we represent numerically?' and (2) 'what do we really do when we represent numerically?'

A foundation of measurement according to Meinong is not a model-representation of magnitudes but rather a rigorous analysis of the concepts that ground our practice of measurement. These grounding concepts are primarily the concepts of *magnitude* (Grösse) and *comparison* (Vergleichung). Magnitudes ground measurement in the sense that what we intend to measure when we measure are magnitudes. A good understanding of measurement requires a good understanding of what we intend to measure. Comparison equally grounds measurement simply because, following Meinong, measurement is a kind of comparison, a comparison of parts.

Therefore, the foundation of measurement is achieved in the four steps that constitute sections one to four of Meinong's discussion: the first section[3] introduces a comprehensive definition of a magnitude and a distinction between the main kinds of magnitudes; the second section[4], accounts for comparison, in particular for comparison of magnitudes; the third section[5], discusses the relation between comparison of parts (Teilvergleichung) and measurement, and a distinction between general kinds of measurement; the fourth section[6], offers an account of the particular measurement of dissimilarities of magnitudes.

The foundation of measurement is introduced in order to advance what Russell calls the single thesis of Meinong's work, that is:

The true import of Weber's Law is that equal dissimilarities (Verschiedenheiten) in the stimuli correspond to equal dissimilarities in the corresponding sensations; while the dissimilarity of two measur-

---

Luce & Patrick Suppes & Amos Tversky (1971). The phrase "Foundation of Measurement" is the title of this book.
[3]   « Vom Grössengedanken und dessen Anwendungsgebiet »
[4]   « Über Vergleichung, insbesondere Grössenvergleichung »
[5]   « Über Teilvergleichung und Messung »
[6]   « Über Messung von Grössenverschiedenheiten »

able quantities [Grössen] of the same kind may be regarded as measured by the difference of the logarithms of these quantities. [7]

This thesis, in itself, is not what interests me here. My purpose is to examine the account of magnitudes and measurement that grounds it. Nevertheless, this thesis will constitute the starting point.

1.1 Meinong on Magnitudes

1.1.1 Defining Magnitudes.

First, in his review, Russell's translation of the German "Grösse" is the English "quantity". This translation, which already appears in his report of the main thesis of Meinong, will be rectified in Russell (1903). In the review, Russell never uses "magnitude". Considering that *Grössen* of a same kind could be dissimilar, i.e. they could be distinguishable by means of asymmetrical relations like greater and less, the concept of *Grösse* clearly corresponds to what Russell (1903) calls magnitudes[8]. I will use, then, the translation of (1903).[9] The point is purely terminological. What is a magnitude according to Meinong?

At the beginning of the first section on "the notion of magnitude and its area of application"[10], Meinong proposes to characterise the notion of magnitude. He aims to offer a non-circular characterisation. Meinong's starting point[11] is clearly Kant's definition of an intensive magnitude as that which

[...] nur als Einheit apprehendiert wird, und in welcher die Vielheit nur durch Annährung zur Negation = 0 vorgestellt werden kann[12].

---

[7]   Russell (1899) p. 251.
[8]   Russell (1903) chapter XIX, especially 151, p. 159.
[9]   See below, his translation of Meinong's characterisation of magnitudes.
[10]   Our Translation
[11]   See Meinong (1896) Erster Abschnitt §1 'Das Limitieren gegen die Null pp.218-219, footnote 7.
[12]   see I. Kant (1974) p. 208.

([...] is only apprehended as a unity, and in which the multiplicity can only be represented by approaching the negation = 0.)

What Meinong retains from Kant in his characterisation of magnitudes is this conception of zero as the negation, or contradictory opposite of a magnitude and this idea of a magnitude approaching (Annährung) zero.

He keeps the idea without keeping the relation of approaching. For this relation of approaching presupposes that, for a given magnitude A_n, there is another magnitude A_m such that A_m is closer to zero than A_n; i.e. such that A_m is less than A_n. Relations of order like less and greater, according to Meinong, presuppose the concept of magnitude. Therefore, keeping the relation of approaching would commit him to a vicious circle.

After some approximations, the following characterisation of a magnitude is adopted:

Grösse ist oder hat, was zwischen sich und sein kontradiktorisches Gegenteil Glieder zu interpolieren gestattet.[13]
(Magnitude is or is had by that which allows the interpolation of terms between itself and its contradictory opposite.)[14]

To avoid circularity, this interpolation of terms should not be thought of as saying that the interpolated term approaches zero but rather as saying that the interpolated term "falls in the same direction as non-x [i.e. zero]."[15] The concept of direction, says Meinong, does not presuppose the idea of magnitude.

This brief characterisation of magnitudes leads Meinong to introduce an important distinction concerning magnitudes, the distinction between divisible and indivisible magnitudes.

1.1.2 Divisible and Indivisible Magnitudes

The originality and theoretic value of Meinong's work appear with this distinction between divisible (teilbare) and indivisible (unteilbare) magni-

---

[13]   Meinong (1896) Erster Abschnitt §1, p. 219
[14]   Russell's translation ; cf. Russell (1903), note on chapter XIX pp. 168-169.
[15]   „fällt in die nämliche Richtung wie non-x"; Meinong (1896) p. 220.

tudes. Divisible magnitudes are those that can be partitioned into other magnitudes of the same nature. Integers, for instance, are such divisible magnitudes. Other magnitudes, psychical magnitudes for instance, are not divisible as such. Meinong's examples of psychical magnitudes are sound and heat. He claims:

> Es hätte keinen Sinn, von einem lauten Geräusch zu sagen, es enthalte ein leises von übrigens genau der nämlichen Qualität als Teil in sich.[16]
> (It would be nonsensical to say of a loud sound that it has as a part a low sound of exactly the same kind.)

Even if indivisible, sounds are nevertheless magnitudes, given that we agree that between any loud sound and silence, sounds that are less loud can be interpolated. The same holds for pleasure and heat: between an intense heat and the absence of heat, distinct heats can be interpolated that fall in the same direction as the zero heat.

The important contribution of Meinong is to have shown that some relations are indivisible magnitudes, and in particular that a certain kind of relation is. This kind of relation is the relation of dissimilarity (Verschiedenheit)[17] or distance (Distanz). According to Meinong, distance is a kind of dissimilarity. He asks:

---

[16] Meinong (1896), pp. 232-233.
[17] The translation of the German Verschiedenheit by the English dissimilarity was introduced in Russell (1899). The translation is not perfect. German vocabulary has another word corresponding to the English dissimilarity: Unähnlichkeit, which is clearly the contrary for the German Ähnlichkeit that is the correct translation for the English similarity. A simple example shows that the translation of Verschiedenheit by dissimilarity is not perfectly correct. In German, we could say that two twins are perfectly similar (ähnlich), but nevertheless verschieden. Thanks to Barbara Berger who gave me this example. In English, it is impossible for things that are exactly similar to be dissimilar. In the example of the twins, the German verschieden is closer to the English diverse. That is true, but this is not the meaning of the word 'Verschiedenheit' that Meinong is considering. We will see that, according to him, there are degrees of Verschiedenheit: two things could be more or less verschieden; but it is clearly false to claim that two things are more or less diverse. Diversity is supposed to be a sharp relation. However, things could be more or less dissimilar. The linguistic postulate of this paper is that the word 'Verschiedenheit' is ambiguous in ordinary Ger-

Ist die „Distanz", welche ich zwischen die Zirkelspitzen nehmen und
übertragen kann, zunächst und in erster Linie [...] wirklich eine Verschiedenheit und nicht vielmehr eine Strecke?[18]
(Is distance, which I can take and take back between the extremities
of the compasses, first and really a dissimilarity and not rather a
stretch?)

We will see in the following section that distances are not stretches and
that, therefore, they are dissimilarities. Distances are magnitudes, since
between any distance distinct from zero, and the zero distance, other distances, shorter than the former one, can be interpolated. However, distances are indivisible magnitudes because they are relations and relations
are not divisible. Meinong offers no real argument for the indivisibility of
relations, just a *prima facie* conviction that things could not be otherwise:

Vielmehr scheinen Relationen als solche einfach sein zu müssen. [...]
die Unteilbarkeit der Distanz verrät sich ohne weiteres von selbst.[19]
(It seems rather that relations as such must be simple. [...] The indivisibility of distance betrays itself without any ado.)

Let me propose an argument for the indivisibility of relations that are
magnitudes. To say that a magnitude of a kind is divisible entails that the
relations of greater and less between magnitudes of this kind depend on
the number of parts these magnitudes have. For instance, the divisibility
of integers entails that 6 is greater than 5 because 6 is divisible in a
greater number of unit parts than 5 is; take 1 as the unit part, 6 is divisible
in 6 parts when 5 is divisible in 5 parts.

Consider relations that are magnitudes now. If relations were divisible, then the relations of greater and less between distinct relations of the
same kind depend on the number of parts these relations have. Parts of a
magnitude of a certain kind are magnitudes of this kind too. Therefore, a
relation of a certain kind that is a magnitude, if divisible, must have for
parts relations of the same kind. Consider, for instance, two shades of red,

---

man. The disambiguated meaning that interests Meinong corresponds to the
English 'dissimilarity'.
[18]   Meinong (1896), Dritter Abschnitt, § 15 p. 278.
[19]   ibid.,§3 p. 234.

red_1 and red_{12}. First, it seems undeniable that two shades of red are less dissimilar to each other than either is to a shade of blue. This relation of order entails that dissimilarity between shades of colour is a kind of magnitude. Then, if the distance between red_1 and red_{12} were a divisible magnitude, the dissimilarity between red_1 and red_{12} would be partitioned in the following way:

$$Dis(red_1, red_{12}) = dis(red_1, red_2) + dis(red_2, red_3) + dis(red_3, red_4) \ldots + dis(red_{11}, red_{12}).$$

Of course, it is nonsensical to claim that the dissimilarity between red_2 and red_3 is a part of the dissimilarity between red_1 and red_{12} simply because the relations do not stand between the same entities. A part of an entity is supposed to be *in* this entity. No meaning of the little word '*in*' – which does not overlap the meaning of 'between'[20] – allows us to claim that the dissimilarity between red_2 and red_3 is in the dissimilarity between red_1 and red_{12}. Therefore, relations of dissimilarity or distance are indivisible magnitudes.

1.1.3 Distance and Stretch.

The indivisibility of relations and especially of distances leads Meinong to introduce the important distinction between distances and *stretches* (Strecke). Russell (1903) maintains this distinction and uses it. Meinong claims that

> [...] der Gedanke an die Verschiedenheit zweier Punkte im Raume etwas anderes ist, als der Gedanke an die zwischenliegende Strecke.[21]
> ([...] the idea of the dissimilarity between two points in space is something distinct from the idea of the stretch that lies between them.)

To any distance corresponds some stretch that is conjoined with it. However, distances are relations, stretches are not. That distance, or dissimilar-

---

[20]   'between' does not express parrthood relations, but order relations.
[21]   Ibid. § 3 p. 234

ity, is a relation is undeniable. A distance is necessarily a distance between something and something else; a distance cannot obtain without the existence of distant things. Contrary to distances, stretches can obtain without distant things:

> Die Strecke zwischen zwei Raum- oder Zeitpunkten besteht, mag sie übrigens existieren oder nicht.[22]
> (The stretch between two points of space or time obtains, do them, by the way, exist or not.)

Meinong adds about spatial and temporal stretches:

> Räumliche und zeitliche Strecken bieten die geläufigsten und zugleich durchaus einwurfsfreie Beispiele: jeder Raum „besteht" aus Räumen, jede Zeit aus Zeiten. [...] Jede Strecke hat Strecken zu Bestandstücken, und diese wieder Strecken usf. ins Unendliche;[23]
> (Spatial and temporal stretches offer the most common and at the same time completely uncontroversial examples: each space "consists" of spaces, each time of times. [...] Each stretch has stretches for constituents, and these stretches again and so on to infinity;)

The quotation gives us some information about the nature of stretches and their characteristic difference from relations of distance. Stretches, Meinong says, have stretches for components, so they are divisible magnitudes. Since relations are indivisible magnitudes, stretches are not relations. What are they? From Meinong's quotation, it is possible to infer that stretches of space and of time, are regions of space and time. The distance between two points in space is the relation between these points, but the stretch that lies between them is the region of space that separates the two points. Such regions of space or time are divisible into sub regions and so on. Regions of space and time are not abstract entities like relations, they are concrete and particular entities. Therefore, stretches are particulars.

---

[22]   Ibid. Vierter Abschnitt § 17 p. 288
[23]   Ibid. §3 p. 232.

Even if distance and stretch are different kinds of entity, and in particular different kinds of magnitude, it is also true that to any distance corresponds some particular stretch:

Und zwar ist nicht nur jeder Streckengrösse eine Distanzgrösse, sondern auch jeder Distanzgrösse eine Streckengrösse zugeordnet.[24]
(That is to say, not only is each magnitude of stretch a magnitude of distance, but each magnitude of distance is also conjoined with a magnitude of stretch.)

This point requires no demonstration. Consider any two points in an order, to their distance, there corresponds a proper part of this order.

The distinction between distance and stretch allows Meinong to introduce another important distinction for the analysis of Weber's Law, the distinction between dissimilarity and difference.

1.2 Dissimilarity and difference

At the heart of the fourth section of Meinong's discussion on Weber's Law[25] we find the distinction between dissimilarity and difference (Unterschied). To exemplify the distinction, Meinong says:

In diesem Sinne ist etwa der Unterschied zwischen zwei Linien wieder eine Linie, indes die Verschiedenheit zwischen zwei Linien so gut wie sonst irgendeine Verschiedenheit eine Relation nichts weniger als eine Strecke ist.[26]
(In this sense, the difference between two lines is a line, but the dissimilarity between two lines, like any other dissimilarity, is a relation and nothing like a stretch.)

Consider a line with three points A, B, and C. The difference between the two lines AB and AC, is the line BC. The dissimilarity between AB and AC is equivalent to the dissimilarity between B and C, but these dissimilarities are relations not lines. Stretches are differences. This reveals an

---

[24] Ibid. § 15 p. 278.
[25] Ibid. Vierter Abschnitt 'Über Messung Grössenverschiedenheit'.
[26] Ibid. § 21 p. 304

important distinction between dissimilarity and difference, namely, that the former is a type of indivisible magnitude while the second is a type of divisible one:

> Das ergibt sich einfach daraus, dass Verschiedenheit ihrem Wesen nach mit Teilung und Teilbarkeit nichts zu tun hat, die Differenz[27] aber, wie wir sahen, erst auf der Teilvergleichung hervorgeht;[28]
> (It follows simply from this that the nature of dissimilarity has nothing to do with partitioning and divisibility; difference, however, as we saw, first involves comparison of parts.)

Meinong offers another example of the distinction between dissimilarity and difference:

> 1 ist von 2, man kann dies auch ganz wohl von den Zahlengrössen aussagen, erheblich verschiedener als 6 von 7; dennoch ist der Unterschied oder die Differenz in beiden Fällen von gleicher Grösse.[29]
> (1 is from 2 – one can also very well state that they are magnitudes of number – much more dissimilar than 6 is from 7; nevertheless, the difference is in both cases of the same magnitude.)

The dissimilarity between 1 and 2 is greater than the dissimilarity between 6 and 7 simply because 2 is the double of 1 while the dissimilarity between 6 and 7 is obviously less. Their difference, however, is equal; it is of 1.

Like the difference between 1 and 2 and 6 and 7, the difference between 0 and 1 is of 1. What about the dissimilarity between 0 and 1? Meinong claims about this relation of dissimilarity that:

> Die Verschiedenheit zwischen 1 und 0 ist grösser, als irgendeine Verschiedenheit zwischen endlichen Grössen, oder auch: sie ist grösser, als irgendeine endlich grosse Verschiedenheit, sie ist unendlich gross;[30]

---

[27]   In Meinong's text, the words 'Unterschied' and 'Differenz' are clearly synonyms: „Differenzen oder Unterschiede aber können überhaupt nur zwischen Grössen vorkommen […]" § 21 p. 303.

[28]   Ibid. § 20 p. 300

[29]   Ibid. §19 p. 295.

[30]   Ibid. § 18 p. 293.

(The dissimilarity between 1 and 0 is greater than any dissimilarity between finite magnitudes, in other words: it is greater than any great finite dissimilarity, it is infinitely great;)

Russell agrees with Meinong on this distinction between the infinite dissimilarity between 1 and 0 and the finite difference between them. One of the main interests that Russell finds in Meinong's discussion is the great similarity between Meinong's conditions for having a function for measuring dissimilarity and the conditions for functions of distance in non-Euclidean Geometry. He emphasizes that the infinite dissimilarity between a finite magnitude like 1 and 0 is one of these conditions:

> In finding a function for measuring dissimilarity, certain requirements are laid down. (1) The dissimilarity must vanish when the quantities [Grössen] are equal; (2) It must be infinite when one quantity is finite and the other is zero or infinite; (3) The dissimilarity between A and B plus that between B and C must be equal to that between A and C. These conditions are essentially similar to those which, in non-Euclidean Geometry, regulate the expression of distance in terms of coordinates, and Herr Meinong might have simplified a needlessly complicated piece of mathematics by reference to this analogous case.[31]

The distinction between dissimilarity and difference is of central importance to the analysis of Weber's Law. Weber's Law is about the relative difference between magnitudes of stimuli and corresponding magnitudes of sensations. Magnitudes of sensations, however, are indivisible magnitudes. Therefore, difference of sensations (Unterschiedsempfindlichkeit) is first a kind of dissimilarity rather than a kind of difference:

> [...] Ausdrücke wie „Unterschiedsschwelle", „Unterschiedsempfind-
> lichkeit", bei denen es sich zweifellos nicht um Unterschied im eben
> angegeben Sinne, sondern um Verschiedenheit handelt, [...][32]
> ([...] phrases like "thresholds of discrimination"[33], "difference of
> sensations", which undoubtedly do not refer to difference in the given
> meaning, but rather to dissimilarity, [...])

---

[31]   Russell (1899) p. 254.
[32]   Meinong (1896) § 21 p. 305.

Not only does difference of sensations refer to a relation of dissimilarity, relative difference is, according to Meinong, a relation of dissimilarity. See below section 1.4.3., for Meinong's notation of relative difference.

1.3 Meinong on Comparison

1.3.1 Meinong's definition of Comparison

In the light of the preceding results, I return now to Meinong's main thesis about Weber's Law in order to understand his account of comparison. The second part of the main thesis talks of dissimilarities that are measured. Measurement, as it will appear later, is a special kind of comparison. The foundation of measurement, then, should first explain how it is possible to compare magnitudes that are, as we saw, indivisible.

Meinong characterises the action of comparing by its aim: an action of comparing has as its aim a judgement about likeness (Gleichheit) and dissimilarity (Verschiedenheit):

> Das Vergleichen ist ein Tun, das Ziel aber, auf das es gerichtet und durch das es völlig natürlich und ausreichend bestimmt wird, ist ein Urteil über Gleichheit und Verschiedenheit[34].
> (Comparing is an action, the end it is directed towards is a judgement about likeness and dissimilarity; this end determines this action in a natural and complete way.)

The notions of comparison and dissimilarity are thus tightly related according to Meinong. The end of an action of comparison is a judgement about likeness or dissimilarity. Judgements about likeness and dissimilarity are also called judgements of comparison by Meinong. Judging that A and B are alike or dissimilar is such an action of comparing. This tightly relation entails that the compared entities are alike or dissimilar. What are these compared entities?

---

33   See below, section 1.3.4., for a discussion of these thresholds and an explanation of this translation.

34   Meinong (1896) Zweiter Abschnitt, § 4 p. 236.

1.3.2 The compared entities

1.3.2.1   The grounds of comparison

Meinong's definition of an action of comparing is sufficiently broad to allow that not only magnitudes could be compared. Meinong will focus on comparing magnitudes in order to discuss Weber's Law but he recognises that other entities could be compared:

> Denn zwischen zwei gegebenen Grössen gibt es, wie auch zwischen zwei sonstigen Vergleichungsfundamenten, nur eine Verschiedenheit.[35]
> (For, between two given magnitudes, even between two other grounds of comparison, only one dissimilarity obtains.)

Meinong calls the terms of a comparison, its grounds. Meinong's student Konrad Zindler defines them as such:

> Fundamente einer Relation heissen die Dinge, die in Relation stehen, [...] bei Vergleichungsrelationen die Dinge (Vorstellungen etc.), die miteinander verglichen werden.[36]
> (The things that are called grounds of a relation are the things that stand in a relation [...]; concerning relations of comparison, the grounds are the things (presentations, etc.) that are compared to each other.)

According to the previous quotation from Meinong, entities that are not magnitudes could also be such grounds of comparison, and could also be the grounds of a dissimilarity. Therefore, it would be wrong to restrict Meinong's notion of dissimilarity (Verschiedenheit) to a relation between magnitudes. The relation is a very broad one indeed.

Nevertheless, comparison between magnitudes has a special feature, or a special end, that is not shared by other comparisons:

---

[35]   Ibid. Dritter Abschnitt, § 12 p. 268.
[36]   Konrad Zindler (1889), p. 5, footnote 1.

[...] dass, wenn man „Grössen vergleicht", man sein Absehen normalerweise nicht einfach auf das Urteil „verschieden" gerichtet hat, sondern auf ein Glied der Disjunktion „gleich gross, grösser oder weniger".[37]

([...] that, if one compares magnitudes, her focus is normally not simply directed on the judgement "dissimilar"; her focus is rather directed toward one member of the disjunction "equal, greater, or
less".)

Meinong adds:

Grössen vergleichen sich im allgemeinen nicht anders als andere Objekte; dagegen fällt in Betreff der Ergebnisse [...] der Grössenvergleichung eine zunächst terminologische Eigentümlichkeit ins Auge. Wer
die Grössen A und B miteinander vergleicht, wird, wenn er nicht
Gleichheit gefunden hat, das Resultat doch nicht leicht in der Form
ausdrücken: „A ist von B verschieden"; er wird vielmehr normalerweise etwa sagen: „A ist grösser" oder „B ist kleiner".[38]

(Comparing magnitudes is, in general, not distinct as comparing other
objects; but concerning the results of a comparison of magnitudes, we
first remark a terminological peculiarity. Who compares between
magnitudes A and B will not, if she has not found likeness, express
the result simply in the following form: "A is dissimilar from B"; she
will rather say something like "A is greater" or "B is less".)

Judgements of comparison of magnitudes involve more than these simple
judgements: "A and B are alike", or "A and B are dissimilar". Such
judgements involve that the compared magnitudes enter into some ordering. When magnitudes are compared, order relations such as "greater
than" or "less than" are introduced.

1.3.2.2   The nature of magnitudes

If it is obvious that the grounds of a comparison between magnitudes are
magnitudes, the real nature of these magnitudes is far from clear for the

---

[37]   Meinong (1896), Zweiter Abschnitt, § 7, p. 246.
[38]   ibid, § 7 p. 245.

moment. Let us examine if, for Meinong, magnitudes constitute a single kind of entity, and what should be this kind of entity. Consider the following examples:

> Sieht man in den Strassen der Stadt etwa Gasflammen, elektrisches Glühlicht und Petroleumflammen ausreichend nahe nebeneinander, so kann man sie „unmittelbar vergleichen"; nicht so die Länge des Rheins mit der der Donau.[39]
>
> (If one sees in the streets flames of gas, the light of an electric light bulb, and flames of paraffin that are sufficiently near to each other, she can "immediately compare" them; this is not the case when comparing the length of the Rhine with the length of the Danube.)

The light of an electric light bulb, the length of the Rhine, etc. are clear examples of a particular type of entity: individual properties (Eigenschaften). An individual property is a property had by an individual and only by it. These examples are also clear cases of magnitudes. Thus, if an act of comparison has for its end a judgement about likeness and dissimilarity, relations of dissimilarity could have for grounds such magnitudes as individual properties. Some magnitudes are individual properties, but is every magnitude such an individual property?

E. Tegtmeier answers affirmatively:

> Ich habe Größen definiert als Eigenschaften aus einem linear geordneten Eigenschaftsbereich.[40]
>
> (I defined magnitudes as individual properties from a linear ordered domain of individual properties.)

This, however, seems to be a counterintuitive restriction of the domain of magnitudes and something far from Meinong's advise. As I emphasised in section 1.2., integers like 1, 2, 6 etc., are, according to Meinong, dissimilar (verschieden). Their dissimilarity, moreover, is not reducible to their difference. Integers are magnitudes, they enter into the relevant order relations of greater and less. Are integers, and *a fortiori* numbers, individual properties? Of course not. It would thus be a mistake to reduce magni-

---

[39]   Ibid. § 5 p. 237.
[40]   Tegtmeier (1981) p. 43

tudes to individual properties and to think that, according to Meinong, there exists a unified ontological kind of magnitude. Magnitudes may be individual properties, but they may be something else; the important thing being that they enter into the relevant kind of order.[41, 42]

1.3.2.3   A note on dissimilarity, distance, and direction

As it was shown in section 1.1.1., Meinong uses the notion of direction (Richtung) to define the concept of magnitude. He first rejected a definition in terms of "approaching" because it presupposes order relations like greater than and less than that lead to a vicious circle. The reason why there is a vicious circle is obvious now: such order relations are peculiar to dissimilarity between magnitudes.

It could be claimed, as Höfler does, that the relation of dissimilarity presupposes the relation of direction too:

Abstand ist die umkehrbare Komponente –, Richtung ist die nicht umkehrbare Komponente der Verschiedenheitsrelation zweier Orte.[43] (Distance is the symmetrical component and direction the asymmetrical component of the relation of dissimilarity between two locations.)

According to Höfler, thus, a relation of dissimilarity has two components, distance, which is symmetrical, and direction, which is asymmetrical.

---

[41]   According to Höfler and Meinong (1890) p.54, individual properties have a peculiar place in the domain of grounds of comparison:
Alle Vergleichungsrelationen pflegen sowohl von Dingen, wie von Vorgängen und Eigenschaften ausgesagt zu werden; doch ist leicht zu erkennen, dass unmittelbar immer nur letztere […] verglichen werden können.
(Every relations of comparison would express comparing between things as well as between processes and individual properties; but it is easily recognisable that only the latter could always be immediately compared.)
If Meinong maintains this – what is doubtful given his example of the mediate comparison of the length of the Rhine with the length of the Danube – this gives to magnitudes that are individual properties a privileged place in our epistemic processes.

[42]   See also Meinong (1900) pp. 460-464 about actions of comparing simples for more informations on the comparison of individual properties.

[43]   Höfler (1896) p. 226.

Distance is, therefore, more a component of a relation of dissimilarity than a kind of dissimilarity. This might be accepted from a psychological point of view, which is, after all, Höfler's own; but he also recognises that:

> Schliesslich sind, was wir „Komponente" oder „Seiten" nannten, doch auch wieder species desselben genus „Ortsverschiedenheit", [...][44]
>
> (After all, what we called "components" or "sides" are, of course, also species of the same genus "dissimilarity between locations", [...])

This interpretation is closer to Meinong's account. Distance is *a* species of the kind of dissimilarity relations, direction being another species. Meinong defines magnitudes with one of these species, the asymmetrical one, and then focuses on the other species: distance. Distance is clearly the species of dissimilarity that interests Meinong in his discussion of Weber's Law.

What is important here is that distance, and thus the dissimilarity we are dealing with, is a symmetrical relation. Russell, in 1903, will define distance as an asymmetrical relation.[45] This point will be considered when Russell's reception of Meinong's account will be discussed.

---

[44] Ibid. p. 228

[45] Also in Höfler & Meinong (1890) p. 53:

Die umkehrbaren Relationen sind von den nicht umkehrbaren meist leicht schon dadurch zu unterscheiden, dass die Sprache bei ersteren für beide Glieder der Relation (Freund – Freund) oder für die Relation (Gleich – Gleich) Ein und dasselbe Wort gebraucht;

(The symmetrical relations could most easily be distinguished from the asymmetrical relations; for the first relations [the symmetrical ones], the language needs for both terms of the relation (friend – friend) or the relation (alike – alike) only one and the same word.)

As it was shown when Meinong's definition of the action of comparing was given, the relation of likeness is the contradictory of the relation of dissimilarity. Therefore, if the first is a symmetrical relation, so is the second relation.

1.3.3 Typical and atypical relations

If, as Meinong says, the action of comparing magnitudes is directed toward one member of the disjunction "equal, greater, or less", then comparing magnitudes entails an ordering between magnitudes. This involves a restriction of judgements of comparison to magnitudes of the same kind.

Comparisons of magnitudes of distinct kinds, which Meinong calls after von Kries "atypical relations" (atypische Beziehungen)[46], should be ruled out because of the incommensurability of magnitudes of distinct kinds. In order to make judgements of comparison involving expressions like "greater than, less ...", the possibility of a continuous line between the compared magnitudes and the zero magnitude is necessary. However, magnitudes of different kinds do not converge toward the same zero:

> Es ist ferner unmittelbar ersichtlich, dass die Wege, auf [...] denen Grössen verschiedener Klassen sich der Null nähern oder von ihr entfernen können, keineswegs zusammenfallen.[47]
> (It is further immediately evident that the lines, on which magnitudes of distinct classes can draw near to and move away from zero, do not converge at all.)

Therefore, atypical comparisons, i.e. comparisons between magnitudes of distinct kinds or classes, should be avoided. According to Meinong, however, atypical relations seem admissible in some contexts:

> Man wird sicher geneigt sein, Farben- und Tonhöhenverschiedenheiten für a priori „unvergleichbar" zu halten, und doch urteilt man mit vollster Evidenz, dass die Verschiedenheit zwischen zwei Farben oder die zwischen zwei Tönen kleiner ist als die zwischen Ton und Farbe.[48]
> (One will surely be inclined to regard dissimilarities of colour and pitch as *a priori* "incomparable"; nevertheless, one judges with certainty that two colours, or two pitches, are less dissimilar to each other than a pitch is to a colour.)

---

[46]   Meinong (1896) § 8, *Von Kries über „atypische Beziehungen".*
[47]   Ibid. § 7 p. 245.
[48]   Ibid, § 8 p. 254.

Colours and pitches seem *a priori* incomparable (Unvergleichbar[49]) for the lines of colour, on the one hand, and of pitches, on the other hand, do not converge toward the same zero. Nevertheless, Meinong knows that ordinary language allows atypical comparison between such magnitudes; and we are clearly justified to compare them as such. Avoiding atypical comparisons is not Meinong's aim, but he assumes that the magnitudes compared in an atypical relation must nevertheless be sufficiently close to each other:

> Während ferner nichts im allgemeinsten unvergleichbar heissen kann, ist die Grössenvergleichung, die Beurteilung auf Grösser [...] und Kleiner, an die Bedingung geknüpft, dass die auf ihre Grösse zu vergleichenden Objekte ihrer Qualität nach einander ausreichend nahe stehen.[50]
> (Furthermore, while nothing can be called incomparable in general, comparison of magnitudes, i.e. judgements of greater and less, are attached to the condition that the quality of the objects, i.e. the magnitudes which are to be compared, be sufficiently close to one another.)

The German 'Qualität' in this quotation can be understood as the *kind* to which a compared magnitude belongs. Meinong's thought is that, in cases of atypical relation, compared magnitudes must belong to kinds of magnitudes that are, in nature, sufficiently similar to support a comparison. This, thus, entitles the distinction between two kinds of dissimilarity: an objectual dissimilarity, which is the dissimilarity between the magnitudes or things that are compared; and a generic dissimilarity, which is the dissimilarity between the kinds to which the compared magnitudes or things belong. This distinction, which does not belong to Meinong's vocabulary, will not be further discussed in this paper.[51, 52]

---

[49]   Höfler und Meinong (1890) p. 55-56, use the German word 'disparat' as synonym to 'unvergleichbar'.

[50]   Meinong (1896) § 8 p. 255.

[51]   This idea of a generic dissimilarity is close to one of Meinong's student, Ernst Mally, who talks about *similarity* (Ähnlichkeit) *of types* in Mally (1922) p. 100:
Die ähnlichkeit dieser Typen besteht darin, dass die Bestimmung des Rot und des Gelb etwas gemeinsan haben.
(The similarity between the types of red and yellow is explained by the fact that the determination of red and of yellow have something in common.)

1.3.4 The thresholds of discriminability

One of Meinong's wonderful developments concerns the notions of "Unterschiedsschwelle" and "Ebenmerklichkeit", which can be translated respectively by the phrases "the threshold of discrimination" and "equal discriminability". The threshold of discrimination and cases of equal discriminability – that I will generically call the thresholds of discriminability[53] – are some of the important results of Fechner's experiments[54]. Meinong characterises these thresholds of discriminability in the following way:

> Es gibt Gebiete, auf denen sich Gleichheit streng genommen niemals mit Sicherheit erkennen lässt;[55]
> (There are some contexts in which likeness, in the strict sense, can never be recognised with certainty;)

Let me specify further the distinction between the two kinds of threshold. On the one hand, the result about the threshold of discrimination is that dissimilarities in the stimuli are discriminable only between an upper and a lower limit of light that are characterised as the thresholds of discrimination. Under a lower limit of light, dissimilarities cannot be discriminated; the same holds of an upper limit of light. On the other hand, cases of equal discriminability occur when the dissimilarity between two things is too small to be discriminated as such. In such cases, we perceive likeness where there is dissimilarity. [56]

The ideas of 'threshold' and of 'equal discriminability' entail that:

> Was verschieden erscheint, ist auch verschieden; was hingegen verschieden ist, erscheint als verschieden nur bis zu einer Grenze, jen-

---

[52] Unfortunately, Mally does not develop the idea.
See also Meinong (1900) pp. 457-458 for a brief discussion of atypical Relations.

[53] 'Thresholds of discriminability' is the name used in psychological literature to refer to these phenomenons. See, for instance, Hardin (1988) p. 214.

[54] G. T. Fechner, (1888)

[55] Meinong (1896) §9 p. 256.

[56] Meinong (1900) p. 486 concerns a case of equal discriminability.

seits welcher der Schein der Gleichheit eintritt.[57]
(What appears dissimilar is dissimilar; what, however, is dissimilar,
appears dissimilar only until a certain limit, beyond which the appearance of likeness arises.)[58]

What appears dissimilar is always dissimilar, but what is dissimilar cannot always appear as such. Not every dissimilarity can thus be discriminated. It also entails that, on the one hand, claims of dissimilarity, and
thus negation of likeness, when based on perception, are infallible. On the
other hand, claims of likeness and negation of dissimilarity can turn out
false if some threshold of discrimination does not allow us to perceive
dissimilarities.[59]

This discussion concerning the thresholds of discrimination is external to Meinong's account of magnitude and measurement. It is worth emphasising however that, according to Meinong, dissimilarity and likeness
are not cognitive relations; for, if they were, appearance of dissimilarity
would be dissimilarity and appearance of likeness would be likeness.

1.4 Meinong on Measurement

1.4.1 Definitions of Measurement

Measuring is, according to Meinong, an operation derived from comparison. It is an indirect method for comparing magnitudes. He says:

Die Messoperationen sind Verfahrungsweisen, eventuell auch ohne
ausdrückliche Vergleichung Gleichheiten mit grösserer Zuverlässig-

---

[57]   Meinong (1896) p. 256.
[58]   Compare with Williamson (1990) p. 7 :
       "Thus although discrimination between *a* and *b* entails knowledge that *a* and *b*
       are distinct, not all knowledge that *a* and *b* are distinct entails discrimination be-
       tween *a* and *b* [...]".
[59]   In fact, the idea of fixed, sharp thresholds of discriminability has been aban-
       doned in psychophysics for many years. See, for instance, Schrödinger (1926)
       and Hardin (1988) p. 215. Cases of thresholds of discriminability are typical
       cases of decision making under conditions of uncertainty. However, this does
       not affect the conclusions Meinong draws on these thresholds.

keit festzustellen, als der Unvollkommenheit unserer Vergleichungs-
fähigkeit nach durch direktes Vergleichen ohne solche Hilfsmittel zu
erzielen wäre.[60]
(Operations of measuring are, possibly without explicit action of
comparing, methods for stating likenesses with more reliability than
that which could be achieved by our imperfect capacity for direct
comparison without such aid.)

This characterisation of actions of measuring provides – as did the one
Meinong offered for actions of comparing – the end of measurement. It
could be said that measuring is an action, the end of which is a more precise method for stating likeness and dissimilarity than that delivered by
our direct capacity for comparing. If this characterisation gives the end of
measuring, it does not capture what is, according to Meinong, the real nature of measurement:

Alle Messen ist seiner Natur nach Teilvergleichung, aber es gehört
mit zu dieser Natur, nicht nur Teilvergleichung zu sein. [61]
(Every measure is, by nature, a comparison of parts; but it does not
belong to its nature to be solely a comparison of parts.)

How should we understand this apparently contradictory account?

1.4.2 Substitutive Measurement

Meinong recognises that numerical measurement proper depends on divisibility. Numbers, without which there could be no such measurement,
are divisible magnitudes. Therefore, to measure numerically some magnitudes, these magnitudes must be divisible as numbers are:

Ist alle Messung [...] Teilvergleichung, so können [...] selbstverständlich nur solche Grössen messbar sein, die in gleichbenannte Teile zerlegbar sind, also die bereits oben im besonderen so genannten teilba-
ren Grössen.[62]

---

[60]   Meinong (1896) § 13 pp. 272-273.
[61]   Ibid § 13 p. 271.
[62]   Ibid. § 15 p. 277.

(Since every measurement is a comparison of parts, it is obvious that
only magnitudes that are divisible in parts bearing the same name are
susceptible of measure; these magnitudes are the 'divisible magnitudes' already mentioned.)

This justifies the first part of Meinong's characterisation of measurement
and reinforces the impression that the characterisation is contradictory.

Some magnitudes, as we saw, are indivisible. For such magnitudes,
comparison of parts is not directly possible, given that they have no parts.
In such cases, how could we measure these magnitudes if measuring is a
comparison of parts?

The type of indivisible magnitude in which Meinong is interested is
the dissimilarity relations type. As we saw, to any distance, there corresponds a *stretch* that is a divisible magnitude. Then, following Meinong,
when we measure distances or dissimilarities, what we really do is measuring their corresponding stretches:

Es liegt unter solchen Umständen nahe genug [...] von Messung der
Distanzen zu reden, wo man zunächst nur von Messung der zugeord-
neten Strecken reden dürfte.[63]
(In such circumstances, it seems very likely sufficient to speak of
measure of distances where one may first just speak of measure of the
conjoined stretches.)

When we are measuring distances by means of their corresponding
stretches, says Meinong, we are measuring distances in an indirect (mittelbare) way; that is to say that a case of measurement of indivisible magnitudes by means of divisible magnitudes like stretches is one of *substitutive* (surrogative) measurement. It is called 'substitutive measurement'
because we measure some magnitude by means of another substitute
magnitude, namely, a stretch:

Vielmehr wird hier als Messung des A etwas bezeichnet, was eigentlich nur Messung eines B ist. Bei Messung der Distanz wird eigentlich nicht diese gemessen, sondern die zugeordnete Strecke [...]; ich
stelle daher Messungen dieser Art als surrogative Messungen den frü-

---

[63]   Ibid. § 15 p. 278.

her betrachteten als eigentlichen Messungen gegenüber.[64]
(What, in such a case, stands for a measure of A is rather properly just
a measure of some B. When measuring distance, it is rather the conjoined stretch that is properly measured and not the distance [...];
Measurements of this kind, being substitutive measurement, are contrasted with the above-mentioned proper measurement.)

Substitutive measurement shows that "it does not only belong to the nature of measurement to be a comparison of parts" and it teaches us how
the dissimilarities that are involved in Weber's Law are measured. They
are measured by means of their corresponding stretches. Therefore, having identified that relative difference between stimuli (*i.e.* the logarithm
of their ratios), on the one hand, and between sensations, on the other
hand, are magnitudes of dissimilarity and not of difference, we can measure these dissimilarities by means of their conjoined stretches.

1.4.3 Operations by means of substitutive measurement

Just as an illustration, let me mention some of the operations that are, according to Meinong, obtainable by means of substitutive measurement.

The dissimilarity between two magnitudes *a* and *b* is expressed by
Meinong using the following formula: $_aV_b$.

The geometrical difference between *a* and *b* is one of the following
ratios:

$$_aV_b = C \frac{a}{b} \text{ or } _aV_b = C \frac{b}{a} \text{ }^{65}$$

where *C* is:

wo *C* eine [...] durch geeignete Wahl der Einheit eventuell auch zu
beseitigende proportionalitätskonstante bedeutet.[66]

---

64   Ibid. § 15 pp. 281-282.
65   Ibid, § 22 p. 306.
66   Ibid, §18 p. 292.

(where C is a proportionality constant that could be removed by means of a suitable choice of unity.)

The crux of Weber's Law is precisely that the proportion between intensity of stimuli and intensity of sensations is not one of geometrical difference but one of relative difference. Relative difference between a and b is one of the following ratios:

$$_aV_b = C \, \frac{b-a}{a} \ \text{ or } \ _aV_b = C \, \frac{b-a}{b} \quad [67]$$

To conclude on these operations, note that, as there is substitutive measurement, there is substitutive addition too:

> Kann man also Distanzen surrogativ messen, so wird man sie auch [...] surrogativ addieren können.[68]
> (As one can measure distances by means of substitutes, one could add them by means of substitutes.)

The operation of addition between dissimilarities is formalised as follows:

$$_xV_z = {_x}V_y + {_y}V_z$$

The conjoined addition between stretches is expressed symbolically:

$$\overline{xz} = \overline{xy} + \overline{yz}$$

This ends the presentation of Meinong's account of measurement. Russell's reception of Meinong's work should now be discussed.

2. Russell and Meinong's work on Weber's Law

2.1 Russell's review

As a transition between the presentation of Meinong's work and that of its application to contemporary issues in philosophy, let me take a brief look

---

at the kind of reception Russell offered to Meinong's work, first in his critical review and then in *The Principles.*

Let me first examine the critical side of the critical review. Russell makes only one objection to Meinong. The objection is that dissimilarities are magnitudes, in the proper meaning of the word, only if we are talking about dissimilarity between magnitudes of the same kind. There is another type of dissimilarity, however, namely diversity of content, which is not strictly a magnitude:

> Had he applied his doctrine to the relations of other pairs of terms than quantities of the same kind, it would, I think, led him into serious troubles. If the relations in question are reducible to identity and diversity of content, they cease to be properly quantities.[69]

What Russell calls here diversity of content is, for instance, the dissimilarity between a colour and a pitch. A pitch is diverse in content with respect to a colour because they are object of distinct *quality* (Qualität) as Meinong says[70] or are magnitudes of distinct kinds.

If Russell's objection does raise trouble, the discussion of the so-called atypical relations[71] shows that Meinong was aware of it. Atypical relations are comparisons of magnitudes of distinct types. Such comparisons lead to judgements of dissimilarity between magnitudes of distinct kinds. Meinong was aware that in such cases, he could not apply properly his notion of dissimilarity. For the magnitudes that are dissimilar, according to his notion of dissimilarity, should converge toward the same zero. The critical side of Russell's review, thus, only reiterates the limitations of Meinong's theory that Meinong himself already noticed.

The positive side of Russell's critical review is full of compliments for Meinong's work:

---

[68]   Ibid § 24 p. 314.
[69]   Russell (1899) p. 252
[70]   See the discussion of atypical relations section 1.3.3.
[71]   See above, section 1.3.3

The thesis [of the work] is at once simple and ingenious, the argument at once lucid and subtle. [72]

Russell's interests in Meinong's discussion are the following: (i) the distinction between dissimilarity and stretch that Russell himself accepts; (ii) the theory of substitutive measurement; (iii) the similarity between conditions on functions for measuring dissimilarity and conditions on functions of distance in non-Euclidean geometries mentioned in section 1.2. ; (iv) the measure of psychical magnitudes that constitutes the fifth section of Meinong's work that was not discussed in this presentation.

If Russell is interested in those topics, he offers no indication as to how he intends to use Meinong's contribution in the area. Russell (1903) does not consider measurement of psychical magnitudes; hence, point (iv) will be left aside. Points (i)-(iii), however, will be of great importance in *The Principles*. Russell's use of Meinong's contribution on these points should be considered.

2.2 Meinong's contribution to The Principles

At the beginning of the third part of the book, which is devoted to quantities, Russell offers a clear and ambitious thesis. The thesis of this part of the book is that modern mathematics since Descartes had, as a postulate, that "numbers and quantity were *the* objects of mathematical investigation, and that the two were so similar as not to require separation"[73]. Weierstrass, Dedekind, and Cantor, however, have shown that some numbers, irrational numbers, "must be defined without reference to quantity"[74].

Given this thesis, Russell's aim is to distinguish conceptually and logically the concept of number from the concept of quantity. He will show that, on the one hand, the notion of quantity is not a necessary condition for numbers (what is proved by the example of irrational numbers), and that, on the other hand, numbers are not necessary for having quan-

---

[72]   Russell (1899) p. 251.
[73]   Russell (1903) p. 157.
[74]   Ibid, p. 157.

tity. This means that "some quantity could not be [numerically] measured, and some things which are not quantities (for example anharmonic ratios projectively defined) can be measured."[75]

The first step of the argument according to which some quantities cannot be measured is directly borrowed from Meinong's discussion.

A quantity is, following Russell (1903), something that has a magnitude. A weight for instance is a quantity that has a magnitude of 20 grams.[76] Russell first introduces the two traditional features of magnitudes:

> The usual meaning [of magnitude] appears to imply (1) a capacity for the relations of greater and less, (2) divisibility.[77]

Russell shows then that there are entities that have the capacity for the relations of greater and less but are not divisible. In so doing, Russell only reproduces Meinong's argument: some relations, for instance similarity, enter into relations of greater and less but are not divisible;[78] psychical magnitudes have the same features as these relations.[79]

Russell distinguishes between the relations of greater and less, which do not presuppose divisibility, and the relation of parthood, which does, arguing that, because of this distinction, Euclid's Axiom according to which the whole is greater than the parts "is not a mere tautology".[80] On this point Russell explicitly refers to Meinong.

When considering *The range of Quantity* in Chapter XX, Russell introduces the properties of order relations like greater and less. He defines

---

[75]   Ibid, p. 158.
[76]   It is remarkable that, even if the German 'Grösse' is best translated by 'magnitude', Meinong identifies what Russell will distinguish as quantity, on the one hand, and magnitude, on the other hand. Remember Meinong's characterisation of a magnitude: "Magnitude is or is had by that which allows the interpolation of terms between itself and its contradictory opposite". According to Russell, what allows etc. is a quantity, what is had by a quantity, is a magnitude. Following this distinction, individual properties (Eigenschaften) are not magnitudes at all, but quantities.
[77]   Russell (1903), p. 159.
[78]   Ibid, 153 (γ) pp. 159-160.
[79]   Ibid, 154 p. 160.
[80]   Ibid, 153 (δ) p. 160.

the relations into which the magnitudes of a same quantity enter as relations of *distance*.[81] If a magnitude A is greater than B, then A is at some distance from B. As already mentioned, Russell defines distance as an asymmetric relation:

> I shall mean by a kind of distance a set of quantitative asymmetrical relations of which one and only one holds between any pair of terms in a given class;[82]

The explanation for this is simply that he believes that it is easier to identify relations of distance with relations of greater and less which are obviously asymmetrical.

Russell shows then that distances are indivisible magnitudes[83]. Measurement of magnitudes is "a one-one correspondence between magnitudes of a kind and all or some of the numbers".[84] Measurement requires divisibility because:

> Measurement demands that [...] there should be an intrinsic meaning to the proposition "this magnitude is double of that." [...] Now so long as quantities are regarded as inherently divisible there is a perfectly obvious meaning to such a proposition: a magnitude A is double of B when it is the magnitude of two quantities together, each of these having the magnitude B.[85]

Measurement of divisible magnitudes suppose then a relation of part-whole, since, in Russell's example, A is the sum of two magnitudes B; A has for parts two quantities of magnitude B.

Distances and other indivisible magnitudes, thus, could not be measured as divisible magnitudes are. This leads Russell to introduce Meinong's distinction between distances and stretches in order to measure distances:

---

[81]   Ibid, 160 p. 171.
[82]   Ibid, p. 180
[83]   Ibid. p. 173
[84]   Ibid. p. 177
[85]   Ibid. p. 178

On the straight line, if, as is usually supposed, there is such a relation as distance, we have two philosophically distinct but practically conjoined magnitudes, namely the distance, and the divisibility of the stretch.[86]

How does Russell use these results of Meinong's discussion? The distinction between distance and stretch is used by Russell to define continuity, order, and finally, the distinction allows Russell to introduce the distinction between angles, on the one hand, and areas and volumes, on the other hand; a distinction of the greatest importance for Russell's account of geometry.

Russell, nevertheless, disagrees with Meinong on two points that will be briefly presented. The first disagreement concerns Meinong's characterisation of magnitudes in terms of limitation toward zero[87]. According to Russell, it is wrong or at least ambiguous to say that zero is the contradictory opposite of any magnitude of its kind. This is hardly deniable given the Kantian origin of this characterisation. Nevertheless, as Russell assumes[88], if a better characterisation of magnitude as the one he himself proposes in *The Principles* is given, then the rest of Meinong's discussion and results is not affected.

The second objection concerns the relation between distances and stretches. Meinong often suggests that distance, or dissimilarity, is a more important kind of magnitude than the kind to which stretches belong. Russell, however, doubts that distances really exist:

On the whole, then, it seems doubtful whether distances in general exist; and if they do, their existence seems unimportant and a source of very great complications.[89]

The question of the existence of distances is left open in the present paper. It is clear that rejecting the existence of distances is a mere counterintuitive position, and thus, I am inclined to think that Russell is wrong. Nevertheless, even if Russell's rejection of distance is correct, this does not

---

[86]   Ibid. p. 182
[87]   Ibid. pp. 168-169, and pp. 184-187.
[88]   Ibid. 177 pp. 186-187.
[89]   Ibid. p. 255.

affect the truth of Meinong's conditional thesis that if there are indivisible magnitudes like dissimilarities and distances, these magnitudes are measured by means of some substitutes, which are stretches. This thesis will be useful in the domain of a logic for comparative similarity that will be presented now.

3. Meinong and a Logic for Comparative Similarity

In the last decades, two distinguished contemporary philosophers, namely David Lewis[90] and Timothy Williamson[91], have each offered a system of logic for comparative similarity. Their systems are distinguishable from standard accounts of the logic of comparative terms. Standard accounts[92] of the logic for comparative terms account for comparatives by means of order relations between magnitudes. For instance

$$\exists x \exists x' \, (\text{Tall (Alfred, } x) \, \& \, \text{Tall (Paul, } x') \, \& \, x > x')$$

says that Alfred is taller than Paul is. At first sight, we might express comparative similarity in a similar way:

$$\exists x \exists x' \, (\text{D(Alfred, Paul, } x) \, \& \, \text{D(Alfred, Sam, } x') \, \& \, x > x')$$

(Read: the dissimilarity between Alfred and Paul is greater than the dissimilarity between Alfred and Sam.)

This last notation is called here the *standard* notation for comparative similarity because the notation is standard for any kind of comparative; is the same for any comparative.

However, the logics for comparative similarity of Lewis and Williamson treat the comparative as a predicate between things, not between magnitudes. For instance, the primitive in Lewis' logic is: $j \leq_i k$, which means that j is at least as similar to i as k is. The primitive in Williamson's logic is the expression $T(w,x,y,z)$, which means that w is at least as

---

[90]   See D. Lewis (1973) pp. 48 ff.
[91]   See T. Williamson (1988).
[92]   For instance, A. Morton (1984) and B. Katz (1995).

similar to x as y is to z. Notice also that in their systems dissimilarity is primitive on similarity.

In this section, the standard notation will be defended. There are distinct reasons why the standard notation must be preferred over a notation in the Lewisian or Williamsonian way.

3.1 Expressive Power

The first reason is that the expressive power of the standard notation is greater than the expressive power of the notations of Lewis and Williamson. Briefly, we can compare similarity with dissimilarity and express inferences of the following kinds:

$\exists x \exists x'$ (D(Alfred, Paul, x) & S(Alfred, Paul, x') & $x > x'$)

$\exists x \exists x'$ (D(Alfred, Paul, x) & D(Alfred, Sam, x') & $x < x'$)

then: $\exists x \exists x'$ (S(Alfred, Paul, x) & D(Alfred, Sam, x') & $x < x'$)

With this notation, dissimilarity and difference can also be compared. Remember that, following Meinong, the dissimilarity between 1 and 0 is infinite when the difference between them is finite. Therefore, the following sentence is meaningful:

$\exists x \exists x'$ (D(1, 0, x) & dif(1, 0, x') & $x > x'$)

Such comparisons and inferences are expressible in neither Lewis' nor in Williamson's notation because their special notation for similarity prevents us from comparing anything with (dis)similarity. The standard notation has thus a greater expressive power.

3.2 The grounds of comparative similarity

What are supposed to be the grounds for a relation of comparative similarity? At first sight, comparative similarity is supposed to compare similarities or dissimilarities. When one says that he is more similar to his

mother than he is to his father, the terms of the comparison are the similarity between the speaker and his mother and the similarity between the
speaker and his father. "The dissimilarity between red and orange is less
than the dissimilarity between red and blue" compares the dissimilarity
between red and orange and the dissimilarity between red and blue.

Therefore, the relation expressing comparative similarity in a notation
for comparative similarity should be, it seems, a relation between such
similarities.

Neither the notation of Lewis, nor that of Williamson, nor the one I
will favour construe comparative similarity as a relation between similarities. Nevertheless, this similarity between our two philosophers' account
and my favoured notation is a similarity in dissimilarity. It will be argued,
following Meinong, that the terms of the relation of comparative similarity are stretches and not directly (dis)similarities. However, as it was
shown, the terms of the relation are, according to Lewis and Williamson,
the things that are said to be similar, not their similarities.

Thus, while Lewis and Williamson offer to compare things, I will offer to compare magnitudes that are necessarily conjoined with
(dis)similaries. It is worth emphasising that, as Meinong, Lewis and Williamson agree that comparison introduces an order relation, in particular
an order relation that entails concepts of "greater, less, at least as, etc.".
Some order relations can put things, ordinary things, in order; for instance, genealogic order of precedence. Things are not the same, however,
for order relations entailing concepts of "greater, less, etc." as the order
relations that comparatives introduce. As far as the latter concepts are
concerned, following Meinong[93], we deal with magnitudes.

E. Tegtmeier[94] already defends, following Meinong and against Carnap and Hempel, that:

> Komparative Begriffe sind Größenvergleichsbegriffe, Begriffe, mit
> denen man Größen vergleicht.
> (Comparative concepts are concepts of compared magnitudes; with
> which one compares magnitudes.)

---

[93] See section 1.3.2. on grounds of comparison
[94] E. Tegtmeier (1981) pp. 42 ff.

New arguments will not be offered here for this account of comparatives as instances of comparison between magnitudes. The presentation of Meinong's discussion constitutes sufficient support for this account. Since the comparison in question introduces order relations of "greater than, etc.", and since such order relations are peculiar to comparing magnitudes, the favoured notation for comparative similarity will, then, account for comparative similarity as comparison between similarities; which are magnitudes.

3.3 Measurement and quantification

Intuitions clearly suggest that comparatives compare magnitudes. A comparison is something of the form "x is more something than y is", and the terms of the "more" in this sentence are the distinct values of the "something" that x and y share. My opinion is that Lewis and Williamson share this intuition on comparatives. So why do they prefer quantification and predication over things rather than the more intuitive quantification and predication over magnitudes concerning comparative similarity?

They reject the standard notation in terms of order relations between magnitudes for comparative similarity because they think it involves quantification over, and ontological commitment to, degrees of dissimilarity. Such quantification over degrees of dissimilarity implies a measurement of dissimilarity. They are very suspicious about measures of similarity, and thus they reject quantification over degrees of dissimilarity.

It can be shown that their qualms are unwarranted, and this can be done by means of Meinong's contribution to Weber's Law. I shall first address their worries individually, and then I shall give a general objection against their reservations based on Meinong's distinction between dissimilarity and stretch.

3.3.1 The assumption of symmetry

The first motivation is concerned with the fact that an important constraint on order could be invalid in an order of degrees of (dis)similarity. The constraint is: if x is at least as similar to y as z is and if z is at least as similar to x as y is, then x is at least as similar to z as y is. The constraint is not always satisfied because, says Lewis, similarity and dissimilarity are sometimes symmetrical, sometimes asymmetrical relations. While it cannot be demonstrated here, the point can be illustrated thus: while most people will assent to the judgement that "Korea is similar to China", few will assent to the judgement that "China is similar to Korea".

Lewis' explanation of such cases of asymmetrical similarity is that similarity is a vague relation which is context-dependent in the sense that the truth of "a is (dis)similar to b" depends on our interests, our culture, our point of view on the things under consideration.

Therefore, Lewis offers a purely cognitive account of similarity and dissimilarity, one which grounds his objection against a possible measure of objective degrees of similarity. Fechner's experiments and Meinong's discussion on the thresholds of discriminability show that some dissimilarities cannot be discriminated in particular circumstances. If one accepts the vagueness of (dis)similarity thesis, that is, the thesis according to which (dis)similarities depend on our point of view, then one accepts that every dissimilarity could be discriminated. A dissimilarity that could not be discriminated by a subject could not depend, in any sense of the phrase, on a point of view.

Therefore, if Meinong's discussion on equal discriminability is correct, which it undoubtedly is, (dis)similarity is not a cognitive relation. Discrimination, or awareness of dissimilarity, in contrast, is a cognitive relation. It really seems that Lewis confuses dissimilarity and discrimination[95]. Given that dissimilarity is not a cognitive relation, it is always symmetrical and the constraint on order mentioned above is always satisfied. Thus, the first motivation does not provide a conclusive objection

---

[95]   T. Williamson, who gives few importance to this motivation against measure of similarity, could not be accused to get them mixed up, at least when similarity is understood as identity of content. See T. Williamson (1990) pp.10-23.

against order-relations between degrees of similarity, and thus against measurement of, or quantification over, degrees of similarity.

3.3.2 The cardinality of similarity-order

The second motivation, mainly developed by Williamson (1988), concerns the cardinality of the order of degrees of similarity; more precisely, it concerns the possibility of mapping the order of degrees of similarity onto the order of real numbers. To measure degrees of similarity is to give a real-valued measure of similarity. This means that the order of degrees of similarity must be order-isomorphic to the order of real numbers. Moreover, to have such a measure of degrees of similarity, the domain of degrees of similarity cannot exceed the domain of real numbers.

Now it is possible to have a domain of degrees of similarity exceeding the domain of real numbers. Williamson offers the following illustration: someone might claim that, for any infinite cardinal c, c', c'', if $c <c' < c''$, then c' is more similar to c'' than c is. The claim entails that there are at least as many degrees of similarity as cardinals greater than c. However, since there are more cardinals greater than c than there are real numbers, there are more degrees of similarity than there are real numbers. Williamson agrees that such a claim may be false but that it does not seem contradictory.

It is hardly deniable that such a claim introduces a serious difficulty for a Meinongian theory of measurement for, according to Meinong, if an order relation like "greater than" is introduced, then a relation of similarity is introduced. If there is such an order between infinite cardinals, then there is a similarity-order between infinite cardinals; and so Williamson's objection entails that similarity is not measurable in such contexts.

It is obvious that Meinong is not aware of a difficulty like the one developed by Williamson and that he cannot avoid such a difficulty if he allows that any similarity-order is measurable. However, it seems that an adherent of a Meinongian theory of measurement can avoid the difficulty. For, an intuitive way to address Williamson's claim is to restrict the domain of measurable similarity-orders. Meinong's discussion allows this.

When considering atypical relations[96] we saw that some similarity relations are puzzling in the following way: there is no continuous line between the compared entities and the zero magnitudes; i.e. the compared
entities do not converge toward the same zero. As I noted, Meinong allows such atypical relations in some restricted contexts; but he, nevertheless, concedes that atypical relations are not strictly speaking comparisons, because they lack a continuous line between the compared entities
and zero.

What interests me now is the measurement of (dis)similarities introduced by atypical relations. Is it possible to measure such
(dis)similarities? To measure a dissimilarity, we need a substitute, a
stretch. Are there stretches between colours and pitches? Meinong does
not answer the question but it is difficult to see what such a stretch could
be. If there is no continuous line between the compared magnitudes and
zero, there is a fortiori no line, or no space that separates the compared
entities; and thus no stretch.

What is learnable from atypical relations is that some relations of
similarity are introduced that do not allow a measurement of them even if
they introduce order-relations as in our example: one judges with certainty that two colours, or two pitches, are less dissimilar to each other
than a pitch is to a colour. Therefore, we learn that measurement of similarity is restricted, which means that not every similarity-order is measurable: only similarity-orders that allow a substitution of similarity relations
by stretches are measurable.

A possible answer to Williamson's claim is thus the following: the
ordering of infinite cardinals introduces a similarity-order that does not
allow the required substitution by stretches because there is nothing like a
stretch between two infinite cardinals. Therefore, since a (dis)similarity is
measurable just when it is substitutable by a stretch, similarities between
infinite cardinals do not belong to the domain of measurable similarities.
Although there is no room here to fully demonstrate this answer to Williamson's claim, I can in any case say, as Williamson does for his claim,

---

[96] Section 1.3.3.

that this restriction of measurement of similarity may be false but that it does not seem contradictory.

3.3.3 Quantification over Stretches

Although I have addressed the particular concerns of Williamson and Lewis, it will be useful to have a more general response to worries concerning (1) measurement of (dis)similarity and, more particularly, (2) quantification over degrees of similarity based on Meinong's account of the substitutive measurement of dissimilarity.

Let me first introduce a distinction between magnitudes and degrees of (dis)similarity. Following Lewis and Williamson, quantification over degrees of dissimilarity implies measurement of dissimilarities. However, as Meinong claims, measurement of dissimilarities is a comparison between magnitudes of dissimilarity; it implies such magnitudes. Both claims appear consistent when degrees of dissimilarity are defined as numerical representations of magnitudes of dissimilarity. If degrees are such numerical representations, it is true that it implies measurement; and if Lewis and Williamson are suspicious about measurement of dissimilarity, they must suspect quantification over degrees.

Nevertheless, the standard notation for comparatives involves quantification over magnitudes, not over their numerical representation. Magnitudes ground measurement, and not *vice versa*.

Suppose Lewis and Williamson reject this distinction between magnitudes and degrees, Meinong's theory of substitutive measurement could still be helpful. If Meinong is right, then what we are really measuring when we measure dissimilarity is a substitute of it; namely a stretch. Any objection against measurement of dissimilarity misses the target where measurement of stretches is concerned. Stretches are not vague, context dependent, and there is no objection against a real-valued measure of stretches. If what we are really, directly, measuring when we measure (dis)similarities are stretches, then, what we are really, directly, quantifying over when quantifying over degrees of (dis)similarity are stretches.

In short, following Meinong, nothing forbids us from having a standard notation for a logic for comparative similarity; nothing prevents us from quantifying indirectly over degrees of similarity and nothing prevents us from having an indirect measurement of them.

A standard and developed notation for comparative similarity that assumes Meinong' theory of substitutive measurement must then have the following form:

$$\exists x \exists x' \exists y \exists y' (D(\text{Alfred, Paul}, x) \ \& \ D(\text{Alfred, Sam}, x') \ \& \ (x \approx y) \ \& \ (x' \approx y') \& \ y > y')^{[97, 98]}.$$

Where x and x' are magnitudes of dissimilarity, and y and y' are their coinciding stretches, and where the sign $\approx$ must be read 'is conjoined with'.

If I am on the right track and Russell is correct, then Meinong's contribution to Weber's Law is a wonderful piece of analysis. The manner in which indivisible magnitudes and their measurement is treated is very insightful and difficult to argue against. Moreover, it leads to fruitful and innovative applications in some areas of contemporary analytic philosophy. The hope in this study was to rehabilitate one of the most neglected and maybe one of the most important works of Meinong. We could wish for a more widespread recognition of its value.[99]

Ghislain Guigon
University of Geneva
guigong3@etu.unige.ch

---

[97] The developed notation is longer than the notations of Lewis and Williamson, but we can abbreviate it as Katz (1995) does for "taller" in the following way: D(Alfred, Paul) > D(Alfred, Sam).

[98] The notation quantifies over magnitudes of dissimilarity, which are relations. Does this quantification commit us to relations? I do not think so. This quantification is non-nominal, and thus, non-committal. See A. Rayo & S. Yablo (2001).

[99] I would like to thank Kevin Mulligan who proposed me to work on Meinong's discussion and to write this paper. His comments on previous drafts of the paper were very helpful for me. I also would like to thank Julien Deonna, Otto Bruun, and Barbara Berger for their very helpful linguistic comments.

References:

Fechner Gustav Theodor (1888), Über die psychophysischen Massprinzipien und das Webersche Gesetz, *Wundts Philosophische* Studien [vol. 4], 1888, p. 192.

Hardin Larry C. (1988), Phenomenal Colors and Sorites, *Noûs* [vol. 22], 1988, pp. 213–234.

Höfler Alois (1896), Zur Analyse der Vorstellungen von Abstand und Richtung, *Zeitschrift für Psychologie* [vol. 10], 1896, pp. 223–234.

Höfler Alois & Meinong Alexius (1890), *Logik*, Prag, Wien, Leipzig 1890.

Kant Immanuel (1974), *Kritik der reinen Vernunft*, Frankfurt am Main 1974.

Katz Bernard (1995), Making Comparisons, *Mind* [vol.104], 1995, pp. 369–392.

Krantz David H. & Luce Duncan R. & Suppes Patrick & Tversky Amos (1971), *Foundations of Measurement*, New York, London 1971.

Lewis David K. (1973), *Counterfactuals*, Oxford 1973.

Mally Ernst (1922), *Studien zur Theorie der Möglichkeit und Ähnlichkeit: Allgemeine Theorie der Verwandtschaft gegenständlicher Bestimmungen*, Vienna 1922.

Meinong Alexius (1896), *Über die Bedeutung des Weber'schen Gesetzes*, reprinted in *Meinong's Gesammelte Abhandlungen*, Vol. 2, Leipzig 1913.

Meinong Alexius (1900), Abstrahieren und Vergleichen, reprinted in *Meinong's Gesammelte Abhandlungen*, Vol. 2, Leipzig 1913.

Morton Adam (1984), Comparatives and Degrees, *Analysis* [vol.44], 1984, pp. 16–20.

Rayo Agustin & Yablo Stephen (2001), Nominalism Through Denominalisation, *Noûs* [vol.35:1], 2001, pp. 74–92.

Russell Bertrand (1899), Review of Meinong's *Ueber die Bedeutung des Weber'schen Gesetzes, Mind* [n.s.8], 1899, pp. 251–256.

Russell Bertrand (1903), *The Principles of Mathematics*, 2nd ed., London 1937.

Schrödinger Erwin (1926), *Thresholds of Color Differences*, in MacAdam D. L. (ed.), Sources of Color Science, Cambridge 1970, pp. 183–193.

Tegtmeier Erwin (1981), *Komparative Begriffe: eine Kritik der Lehre von Carnap und Hempel*, Berlin 1981.

Williamson Timothy (1988), First-Order logic for Comparative Similarity, *Notre Dame Journal of Formal Logic* [vol.29], 1988, pp. 457–481.

Williamson Timothy (1990), *Identity and Discrimination*, Oxford 1990.

Zindler Konrad (1889), *Beiträge zur der mathematischen Erkenntnis*, Wien 1889.

OBJECT-THEORETIC FOUNDATIONS OF LOGIC

Erwin Tegtmeier

Summary

Logical semantics is not ontology. Meinong's and Mally's application of their object theory to logic must not be understood as a contribution to logical semantics but as an ontological grounding of logic. The object-theoretical grounding relates logic to the world though it is accompanied by a rationalist interpretation of logical laws. Meinong's and Mally's realist analysis of logic has been revived and continued by Gustav Bergmann and Reinhardt Grossmann. Both adopt Meinong's category of objective in a more or less modified version. This category is pivotal for Meinong's view of logic.

1. A Missed Chance of Logical Semantics?

Logical Semantics which deals with the relation of symbols to the world is philosophically unsatisfactory because it is based on set theory. Set theory can hardly be advocated as an ontology. The extensionalist approach interpreting predicates by sets is patently inadequate. When we see that a hat is black, e.g., we are far from seeing the set of all hats and the set of all black things. An ontology which includes facts and grounds predication on facts would not require such an impossible feat and would be also adequate in other respects. A logical semantics referring to facts rather than merely to sets seems therefore preferable.

Now, during the first stage of the development of mathematical logic, just at its peak, namely the publication of *Principia Mathematica*, appeared a book by Ernst Mally, a disciple of Meinong, offering a fact-semantics[1]. Mally's term is, however, the Meinongian "objective", but it can for our purpose be taken as synonymous with "fact". This book exerted little influence and was soon pushed into the background along with the Meinong school by the robust views of the Vienna Circle and the mathematisation of the philosophy of logic. Was it a missed chance of logic? For some time I thought so. But then it occurred to me that one of the founders of mathematical logic and co-author of Principia had a very articulate fact ontology himself. Nevertheless, he did not introduce it into logic. At first glance it appears that Russell and Whitehead tended to the extentionalist approach because of difficulties with a certain axiom concerning properties. However, one has to find a deeper reason for the long-term predominance of this approach. I would suggest that it lies in the nature of logic. Logic is mainly a practical discipline[2]. It aims, first of all, at optimising our inferences, rather than at analysing the categorial structure of the world. The representation of the world used in logic has to be vivid and graphic to support easy and as far as possible mechanical inferences. The role of set theory in the semantics of modern logic is similar to that of Porphyrius trees or Venn diagrams in the old concept logic. It is a mere picture with some basis in reality. Set theory does not furnish an acceptable ontology, but it is obviously more graphic and perspicuous than Meinong's theory of objects or Russell's logical atomism. Thus, Mally's book was surely not a missed chance of logical semantics. The latter need not be related to an ontology. The contribution Meinong and Mally had to make was not a contribution to the methods and teaching of logic but to the philosophical analysis and founding of logic. They take a realist view which grounds logic in reality. Therefore, they have to offer a general ontology first of all.

---

[1] Mally (1912).

[2] Meinong refers logic to the aim of increasing the efficiency of our intellect and, therefore, objects to calling object theory "pure logic", s. A. Meinong: On the Theory of Objects, in R.Chisholm (ed): Realism and the Background of Phenomenology

2. Object Theory as a New Field of Philosophical Research

I classed the theory of objects as an ontology. But Meinong himself claims to have discovered a new philosophical discipline. He distinguishes object theory from ontology (or metaphysics) and takes the former to be more comprehensive. Ontology deals with all objects which are, object theory deals with those which are as well with those which are not.

Before arriving at object theory Meinong had already distinguished between existence and subsistence as two kinds of being. He did thus acknowledge "non-existent" (in the sense of the strong intuitionist negation) objects, namely subsisting objects such as similarities, also called "ideal objects" by Meinong. Now, he grants ontological status to non-existing objects which do not subsist either. Meinong gives the examples of the golden mountain which in fact is not anywhere on earth and the round square which is impossible because of the incompatibility of a round and a square shape. Mountains and squares are real, not ideal entities. Therefore, they cannot possibly subsist. Object theory does not have to reckon with non-subsisting ideal entities. They are unthinkable. Meinong takes ideal objects to be founded on other objects which means that they are necessarily connected with them. E.g., the nature of two colours being what it is they are necessarily similar, if they are similar. The two colours found the ideal object of their similarity which builds on them, as Meinong also says, and is therefore characterised by Meinong as an object of higher order.

Meinong assigns real objects which do not exist such as the golden mountain and the round square a certain ontological status which he baptises "extrabeing" (Außersein). More precisely, it is the nature of the object, also called "pure object" or later on "incomplete object" to which he grants that status. But apart from that, non-existent real objects are categorised and analysed by Meinong like existing ones. Thus, a new philosophical discipline does not seem to be required to master non-existent objects. Less so since ontology (Aristotle's first philosophy) was concerned with the non-existents or semi-existents from the start. Think of Aristotelian matter and potentiality. However, Meinong has an important reason to proclaim a new discipline of object theory dealing also with nonexistents. He wants to credit it with having rational and apriori knowledge defining such knowledge like Descartes as independent of existence.

3. Object Theory as Rational Knowledge

Similarly to Husserl's phenomenology, Meinong's object theory is an attempt to obtain for first philosophy in an anti-metaphysically and scientifically minded time the status of a strict science. Husserl provides for phenomenology a special method of research which, first of all, suspends ("brackets") the usual existence assumptions. Meinong is too deeply rooted in empirical science (particularly, psychology) to do so. He assimilates object theory methodologically to mathematics and even takes mathematics to be part of object theory. Pointing out the difficulty to place mathematics in the bipartition of moral and natural sciences Meinong claims that it is not essentially concerned with the real but rather with the ideal and that its objects need not exist, referring particularly to geometry whose objects mostly do not exist there being no exactly straight line and no exactly right angle etc.. Apparently, Meinong has a traditional rationalist view of mathematics. The same holds for his view of logic as a theoretical discipline, of logical truths. He includes these truths in object theory. Thus, object theory encompasses mathematics, logic and, presumably, ontology insofar as it has apriori knowledge.

The basic principle of object theory is that of the independence of so-being from being, a principle which Meinong attributes to Mally. If this principle did not hold there could be no meaningful and true statements about non-existent objects. Meinong distinguishes between being and so-being. The so-being of an object is its nature. The principle thus states the independence of the nature of an object from its being. Object theory has relations between natures as its subject. These relations are ideal objects, founded objects and thus known apriori. All apriori knowledge is knowledge of such relations and hence belongs to object theory. It even turns out in Meinong epistemology that all judgements of so-being are apriori and only judgements of being a posteriori. This means that object theory comprises all judgements of so-being leaving only judgements of being to the other sciences.

4. Content and Object of Mental Acts

More important than Meinong's rationalistic conception of an oversize theory of objects seems to me his adoption of Twardowski's distinction between the content and the object of a mental act (in Twardowski between act and object of a presentation) which actually gave rise to object theory. This distinction allowed him to overcome his early Kantianism and arrive at objectivity and epistemological realism. He now emphasises that knowledge is a double-fact comprising not only a mental act but also an object which is independent of the former. This independence, he notes, holds even and perhaps even more so if the object does not exist. The non-existence of colours (which Meinong like most modern philosophers takes for granted) e.g. is independent of acts of presentation. The non-existence of an object of a mental act must not be misunderstood as existence in the mind. That the blue colour of a shirt is perceived establishes only a "pseudo-existence" of it, as Meinong says. In order to exist actually it has to occur at the shirt. The content of the act of perception which is there when the blue shirt is perceived has to be distinguished from the object, the blue shirt itself. Content and object are closely related but, nevertheless, diverse and different. The content of an act is part of it, the object is not. The object of our example is blue (according to the independence principle even if it does not exist), but the content of the respective act cannot be blue. Nor can the content of hearing a loud noise itself be loud.

Before his object-theoretic turn, Meinong had referred to presentational contents, rather than to objects and conceived of his investigations as psychological. Now, he realises that what he had been doing was already, in a way, object theory and it turns out that his results can easily be translated into explicit object-theoretic ones, which was carried out by his disciples who re-edited earlier essays in footnotes.

5. The Term "Object"

The term "object" is ambiguous. On the one hand, it is synonymous with ordinary thing. In this sense an apple is an object, a chair, a flower, a horse, and also a man. On the other hand, an object is what "objects" to a mental act, what is apprehended by a mental act, that to which a content of a mental act stands in the intentional relation. Thus, in the second sense "object" is relational term. Meinong uses the term in both senses. In the epistemological sense where he applies Twardowski's distinction and in the ontological sense where he contrasts object and objective, since objectives are taken to be epistemological objects, too, namely, of mental acts which are either judgements or assumptions.

The question, then, arises what "object" in the designation "theory of objects" means. Meinong is quite explicit on this point. Object theory is meant to be about objects in the epistemological sense[3]. But, does it in fact deal with objects of mental acts as such? It is true that the principle of the independence of so-being from being as well as the acknowledgement of non-existent objects are due to the concern with the relation between act and object. Moreover, to pursue ontological investigations one has to presuppose the mind-independence of the object. Otherwise, these have to be understood as psychological or transcendental. But mostly, object-theoretical research consists in applying or developing ontological categories. This holds also of the object-theoretical founding of logic. There, Meinong's category of objective plays an important role.

6. Object and Objective

Meinong's ontological category of object ("object" in the non-relational sense) continues the traditional category of substance or thing. But his category of objective was new when he introduced it in 1905 in order to offer a satisfactory analysis of assumptions[4]. In connection and in dispute with Meinong, Russell developed his conception of facts as complexes of

---

3   s. A. Meinong: On the Theory of Objects §1
4   s. A. Meinong (1902)

things, including general facts. One advantage of the category of objective or fact is to have a reference for judgements and sentences. Concepts and words refer to objects or things, judgements and sentences to objectives or facts. Objectives are thus objects in the epistemological sense, namely objects of acts of judgement. Modern logicians who prefer to take into account also sentences, who even give priority to sentences in opposition to the traditional logic of terms or concepts, distinguish accordingly between terms and formulas. Nevertheless, its semantics is just like that of traditional term logic restricted to classes or sets. Relations between sets appear only in the rules of interpretation not as entities on a par with sets. This bears resemblance to the traditional attempt to assimilate semantically judgements to conceptions or presentations. But, as was pointed out already, logic is not epistemology or ontology.

In Russell's ontology the connection between facts and things is clear. Facts consist of things (more precisely, atomic facts, i.e., facts which do not have facts as constituents). Meinong, too, conceives of the relation between an objective and the objects which it concerns as a kind of part-whole relation[5]. In Russell the structure of facts is much clearer than that of objectives in Meinong and the structure is pivotal for the grounding of logic. Nevertheless, Meinong's ontology with the category of objective is rich enough to furnish a foundation for logic. Traditional substantialist metaphysics which survived in the age of epistemologism until the late 19th century could ground logic only in mind or god because it granted ontological status only to thing-like and not to fact-like entities.

7. Ontological Foundations of Logic

As was mentioned already, Meinong allots logical theorems to the theory of objects. But he does not justify this claim, nor does he offer a detailed analysis of logical formulas in object-theoretic terms. This is done by his disciple Ernst Mally. Mally points out that logical laws are neither laws of thought, nor rules, nor laws of nature, but rather objective conditions of the correctness of thinking, which thus ground in the nature of the objects

---

[5]   s. A. Meinong: On the Theory of Objects §4 (p. 492 of German edition)

of thought. Since it is not the character of a special domain of objects, Mally argues, but that of an object in general from which logical laws result, logic has to turn to the theory of objects for foundations. In conclusion, Mally declares symbolic logic to be essentially general object theory[6].

This would mean that symbolic logic offers a classification of objects (in the epistemological sense) and an inventory of the laws governing the domain all objects. Mally insists that logical laws concern objectives, not sentences or judgements and that these hold irrespective of whether objectives are linguistically or mentally represented or not[7]. Mally furnishes foundations for logic by sketching the categorial apparatus of the theory of objects and assaying ontologically the logical relations. He takes the view that all logical relations can be derived from implication (Folgerung) which is a relation between objectives and inclusion (Einordnung) which is a relation between objects (in the ontological sense) and classes or concepts[8]. The latter are considered by Mally as abstract representatives of classes playing the role with respect to objectives played on standard logic by quantification. Considering variables in quantified formulas, one can understand why concepts are called by Meinong and Mally incomplete objects. The fundamental logical connector is taken by Mally to be conjunction (Adjunktion)[9]

To found logic ontologically means to answer two questions: what is the foundation for the soundness of logical inferences? What is the foundation for the truth of logical theorems? Mally does not give explicit answers but his object-theoretic explications suggest two alternative ways of answering the questions. Either, that logical inferences ground on relational objectives with implication and the truth of logical theorems based on these and other objectives all of which have the character of laws by including incomplete objects. Or, the object-theoretic foundations of logical inference and logical truth consists in the modality of necessity which the implicational objective corresponding to a deduction or the objective

---

[6]   s. E. Mally (1912), p.51f.

[7]   s. E. Mally (1912), p.52f.

[8]   s. E. Mally (1912), p.49f.

[9]   s. E. Mally (1912), p.50

corresponding to a logically true sentence has. It is one important point of object theory that modalities like necessity and possibility belong to objectives and not to (ontological) objects.

8. Bergmann's and Grossmann's Ontological Founding of Logic

Both ways of grounding logic, the nomological and the modal, case by case way, are taken by two more recent ontologists, by Gustav Bergmann and by Reinhardt Grossmann, both scholars and admirers of Meinong. Their ontological grounding is much more explicit and detailed than Meinong's and Mally's. Grossmann went the first, Bergmann the second way. The modality Bergmann uses, though, is not necessity, but actuality. Bergmann holds that each fact is "permeated" by a mode, which means to say that the mode is not a constituent. Either by actuality or by potentiality. In the first case, one would usually say that the fact exists, in the second, that it does not. Whereas, according to the later Bergmann potential facts exist, too. The difficulty with modes as viewed by the phenomenologist Bergmann is that they seem never to be presented to us. If they always were there could be no error. Bergmann finally became convinced that modes are sometimes presented to us, namely when we know logical facts (analytic facts in a narrow sense). In the case of simple analytic facts immediately, in the case of the complicated ones, after a step by step reduction process. Logical facts can thus be characterised as those which show their modes. Actuality, in case the respective sentence is logically true -- potentiality, in case it is logically false[10].

In Grossmann's ontology facts do not wear their analyticity, so to speak, on their sleeves, rather this character is derived from the logical laws which are certain general facts. The fact that Schröder is chancellor or Schröder is not chancellor is analytic and the respective sentence logically true just because there is the logical law that for all facts p, p obtains or p does not obtain[11]. The logical falsehood of such sentence as "it rains

---

[10]   s. G. Bergmann: New Foundation of Ontology

[11]   s. R. Grossmann: The Logical Structure of the World §164-168

and does not rain" could be ontologically founded by there being no fact stated by this sentence because of the law of non-contradiction which is the general fact the for all facts p, $p \wedge \neg p$ does not obtain. In striking agreement with Mally's view of logic as object theory, Grossmann conceives of propositional logic as a theory of the obtaining of facts and of predicate logic as a theory of the exemplification of properties and of the holding of relations. Note, that for Grossmann logical laws are not analytic, rather they make analytic, namely their instances. The law of tertium non datur, e.g., makes the state of affairs that $Fa \vee \neg Fa$ analytic, i.e., logically necessary.

9. Necessity and Laws

Grossmann's ontological grounding of logic seems to me preferable since it clearly and explicitly follows the Humean view that necessity is lawfulness for which there are strong arguments while Bergmann's is to a certain extent essentialistic. A major disadvantage is also that Bergmann, as he is well aware, offers, strictly speaking, an anthropological foundation of analyticity. Those facts are analytic which present their modes to us. Each fact has a mode in Bergmann's ontology, the non-analytic as much as the analytic. Moreover, Grossmann's assay has the advantage of being in accordance with the circumstance that even in simple analytic facts analyticity is not always obvious. Logicians quarrel over some axioms and rules of inference. The tertium non datur is a case in point.

However, Grossmann's nomological grounding has grave difficulties. Firstly, it presupposes existence (obtaining) as an attribute which is highly debatable and rejected by Grossmann himself at another place of the same book[12]. This is presumably why he chooses the term "obtain" instead of "exist" in the formulation of the logical laws[13]. Secondly, the derivation of a fact from a general fact is logical itself and hence dependent on the conjunction of the derivation being in accordance with a logical law.

---

[12]   s. R. Grossmann op.cit. §§ 183, 186
[13]   Even though he calls the doctrine that there are different modes of being spurious, s. Grossmann op. cit. Part III Chap.1

Thus, an infinite regress or circularity seems to threaten. But it merely seems so. The logical law required is, of course, that of general instantiation. In Grossmann's terms: all relations r are such that: if all r holds between all entities $x_1, ..., x_n$, then it holds between entities $y_1, ..., y_n$, where the relation is the logical relation of conditionality. Now, a regress or circularity does not occur just because the law of general instantiation, like any logical law, is not analytic, as was noted already.[14]

Erwin Tegtmeier
Philosophisches Seminar
Universität Mannheim
tegtmei@rumms.uni-mannheim.de

---

[14]   I want to thank Herbert Hochberg for corrections.

References

Bergmann, New Foundation of Ontology

Chisholm, Roderick M. (ed.), Realism and the Background of Phenomenology, Atascadero, California: Ridgeview Publishing Company

Grossmann, The Logical Structure of the World

Mally, Ernst (1912), *Gegenstandstandstheoretische Grundlagen der Logik und Logistik*, Leipzig 1912

Meinong, Alexius (1902), *Über Annahmen*, 1st ed., Leipzig: Johann Ambrosius Barth 1902

MEINONGIAN SCOREKEEPING

Matjaž Potrč and Vojko Strahovnik

Summary

Some commitments at the interface of semantics and ontology, such as numbers, symphonies, incomplete objects, values, oughts or possibilities tend to appear problematic. The scorekeeping approach to semantics introduces contextually shifting parameters that allow for construal of truth as indirect correspondence. Meinong did recognize diversity and richness that is made possible by the non-reductionist engagement of the scorekeeping approach. Because of his commitment to the deep presupposition of direct correspondence construal of truth though, Meinong had to interpret richness of normative discursive scorekeeping commitments as richness of ontological strata, features and engagements. Once as Meinong's theory is adapted to the construal of truth as indirect correspondence, many problems related to his objects dissolve, naturally placing his scorekeeping discovery into discursive normative setting. A translation of Meinongian objects into discursive scores confirms that his discovery aims at these indeed, which is obscured by his sticking to the construal of truth as direct correspondence.

1. Preliminaries

For a long time, philosophers assumed that Meinong was up to something important with his discovery of various kinds and strata of entities proposed by his theory of objects. There are several introductions into the theory of objects and there are problems related to this theory that are discussed in the literature. Meinongian objects certainly present a challenging interpretative venue which stretches all from the joyous acceptance up till the deep skeptic challenges, as this may be illustrated by Russell's first embracing them and then in a later phase vigorously objecting to the soundness of the theory of objects.[1]

The present paper asks the fundamental question about the nature of famous and decried Meinongian objects: What are these objects indeed? This was the question that scholars many times forgot to ask, simply assuming the existence of some sort for these objects.

The answer is that Meinongian objects present the real Meinong's discovery: the rich and flexible parameters and features taking place in the normative scorekeeping *discourse*. Meinong however was forced to interpret this discovery of his as an *ontological* venue, because of his deep seated and never really questioned presupposition of truth construed as direct correspondence. This presupposition may be questioned though as soon as one accepts the scorekeeping discourse interpretation of Meinong, which in a natural manner goes along with the construal of truth as indirect correspondence.

The present paper paints a broad canvass that allows asking burning questions about the real nature of Meinongian objects. This is why it by and large relies on some interpretations of Meinong's work[2], opening thereby the wider prospect of the minute interpretation of Meinong's rich original texts that cannot be adequately pursued in an introductory paper. Meinong with whom we deal here is thus primarily Meinong of the theory of objects.[3] But this does seem to be a central issue.

---

[1]   Voltolini, 2001.

[2]   The interpretations of Meinong's work in question are these of Richard Routley-Sylvan, Dale Jacquette and Roberto Poli, among others.

[3]   There are of course several venues and tensions leading to Meinong's theory of objects. For the purposes of this paper, we abstract the interesting questions about the genesis that lead to the theory of objects. We acknowledge though that this is an important area of research that may be embarked upon once the general line defended in this paper is laid out. We presume that results of research dedicated to the genesis of theory of objects would be compatible with our interpretation of theory of objects.

2. Commitments at the interface of semantics and ontology

Philosophers have for a long time struggled with the problem of how to interpret such entities as numbers and symphonies. One classical place revealing the problem of status pertaining to abstract entities in their relation to empiricism is Carnap's paper "Empiricism, Semantics and Ontology", which starts in the following way:

> "Empiricists are in general rather suspicious with respect to any kind of abstract entities like properties, classes, relations, numbers, propositions, etc. They usually feel much more in sympathy with nominalists than with realists". (1950, p. 20)

These are also the kinds of problems with which Meinong was primarily concerned. Several interpretations stress, quite rightly, Meinong's adherence to empiricism. Meinong appeared to be constantly concerned with the empirical basis of his investigations, and this was also the approach proper to his pupils (Poli 2001). The interest in the empirical research concerned with psychology and psychophysics is a matter in point (Albertazzi 2001, Potrč and Vospernik 1996).

If Meinong would go the strict empiricist way, he would thus take nominalist approach and he would accordingly argue that numbers and relations do not really exist, i.e. that they take no special place in the furniture of the universe, besides to the denizens of the material world. But he seems to have taken just an opposite approach that placed him closer to realism.[4] For he is perhaps most known for his saying that there are such entities around that these entities do not exist. According to this view thus, some kind of existence is to be accorded to numbers[5] and presuma-

---

[4] If one takes a certain understanding of Sylvan's noneist interpretation, one may perhaps claim that Meinong really did not accept the existence of his objects. We will address this question later. Compare also David Lewis paper on noneism and allism (1990).

[5] It is actually Russell's and not Meinong's opinion that numbers might be accorded a kind of existence. In this paper we propose a rather general view of Meinongian objects and of any other ontologically problematic objects. We thus stay open for alternative interpretations.

bly even to symphonies. If you take an overall look at Meinong, there
seems to be a tension already. On the one hand there may be the expectation – due to his empiricist provenance – that he would dismiss any existence of entities such as numbers and symphonies. On the other hand,
there is also a tendency in Meinong that pushes him to accept some kind
of existence proper to the problematic entities. This puts Meinong closer
to the realist camp.[6]

Anyway, some features at the intersection between semantics and ontology appear problematic not just for philosophers in general. They also
present a genuine challenge for an interpretation of Meinong. Such features are symphonies, say. There are opposed tendencies in Meinong how
to interpret them. And such tensions certainly deserve to be interpreted
and to be made clearer. It is interesting though that they were not really
approached by Meinong scholars, who usually start with the simple pre-
sumption of the Meinongian objects' existence. The interpretation then
usually embarks upon internal tensions for Meinongian objects – once as
those are already accepted. But there is not much space dedicated to the
question how and why Meinongian objects were accepted in the first place.

The area between *ontology* and *semantic* is the one where there are
shifting tendencies in the interpretation of problematic features. There are
basically two shifts possible here: to tip the scale into the direction of ontology, or to shift it more towards genuine semantic issues. Meinong took
the first of these ways, the ontological one. We claim that Meinong really
discovered something in the realm of *semantics* and *normativity* as he
struggled with problematic features. We then try to explain why he was
forced to shift his discovery in the realm of semantic to the predominance
of ontological interpretation.

As we mention Meinongian objects, we think about such features as
symphonies, but also at such features as Santa Claus and round square,
i.e. denizens of fiction and impossibilities that we are able to think about.
These are really the features that present problem for interpretation at the
interface between semantics and ontology. The expression "Yesterday's

---

[6]   The realistic and Platonist interpretation of Meinong is stressed by Edward
        Zalta.

performance of Beethoven's fifth symphony was excellent" may be true, i.e. it may be semantically evaluated as true. Obviously, the ontological status of symphonies – whether they exist, and in which manner they exist – contributes to the semantical value of such statement.

3. The scorekeeping approach and truth as indirect correspondence

We will now present in outline a rather well known approach to semantics that also provides an answer to questions that emerge at the interface of semantics and ontology. This approach may be called *scorekeeping* approach. It was originally introduced by David Lewis. And it was later elaborated by Horgan, Horgan and Potrč and Horgan and Timmons. Semantic approach was not applied to the question about how to treat Meinongian objects. This is what we intend to do. We think that there are valuable lessons to be learned from viewing Meinongian objects through the eyes of scorekeeping. But what is scorekeeping in the first place?

David Lewis points out that there are rich parameters in the complex language game that he calls a conversational score. Despite the richness and dynamical nature of these parameters, people master them automatically and quite impeccably and one can set out some robust principles that guide them. Take the following adjustment to the referential shift, in the case a speaker is telling you:

"We are now in Europe after having spent a year in New Zealand. My wife is quite unhappy that we had to leave our cat Bruce with our hosts there. She is unhappy because Bruce the cat really became kind of a family member. But there were these unfortunate veterinary restrictions in power just as we departed. Watch out, the cat is going to jump at you!"

The bulk of the story reports the situation after having left Bruce the cat back in New Zealand. According to mechanisms of co-reference, it would be expected that the cat lastly mentioned in the narrative is Bruce. But you notice without any difficulty that this last is the cat that is close to you in this very room, here in Europe. What has happened? You have adjusted without much problem to the shift of reference from Bruce to another cat. One problem that you have circumvented quite effortlessly is that you made an automatic distinction between the absent cat and between the present cat that would tend to be merged by the mechanism of co-reference. Although the pull of the co-referential mechanism is quite heavy, the scores reporting contextual adjustment come with even more weight, so that they push the cognitive system's assessment automatically in the appropriate direction. The scorekeeping proceeds quite effortlessly, if one observes its effect.

We proceed now to make attentive at some of the points which Lewis dedicates to the characterization of scorekeeping. We just reproduce some quotations figuring these points here. But our main job is to keep in mind that these are also the points into which Meinong had insight, because Meinong's insight was – this is the thesis of this paper – into the normative dynamics of the scorekeeping semantic. But unfortunately he tipped the scale of this insight towards its ontological interpretation. Here is David Lewis's general scheme for rules of accommodation concerning a conversational score:

> If at time t something is said that requires component s_n of the conversational score to have a value in the range r if what is said is to be true, or otherwise acceptable; and if s_n does not have a value in the range r just before t; and if such-and-such further conditions hold; then at t the score-component s_n takes some value in range r." (Lewis 1983, p. 240)

First, Lewis mentions *presupposition* as component of the conversational score[7]. "At any stage in a well-run conversation, a certain amount is presupposed. The parties to the conversation take it for granted, or at least purport to, whether sincerely or just 'for the sake of the argument'. Pre-

---

[7]   "Like the components of a baseball score, the components of a conversational score at a given stage are abstract entities. They may not be numbers, but they are other set-theoretic constructs: sets of presupposed propositions, boundaries between permissible and impermissible courses of action, or the like." – "What play is correct depends on the score. Sentences depend for their truth value, or for their acceptability in other respects, on the components of the conversational score at the stage of conversation when they are uttered." (Lewis 1983, p. 238)

suppositions can be created or destroyed in the course of conversation." (p. 233) There is "kinematics of presupposition": "Say something that requires a missing presupposition, and straightway that presupposition springs into existence, making what you said acceptable after all." (p. 234)[8]

The second point in the kinematics of conversation is *permissibility*: there is a shifting boundary between the permissible and between what is not permissible in the conversation. The dynamics of boundary-shifting follows explicit permissions and disapprovals and also implicitly takes into account comparative nearby cases. (p. 234-236)

Definite descriptions *denote* what is "the most salient in the domain of discourse" (p. 241). Salience is one of the most important contextualist notions. Remember the shift from Bruce the cat to the actual cat. "Denotation of definite description is score-dependent." (p. 242). The *point of reference* is another component of conversational score. It can be more or less determined and can change with other adjustments in a language game.

Vagueness shows the dependence on "context. What is true enough on one occasion is not true enough on another." Take Austin's statement that France is hexagonal. "Under low standards of precision it is acceptable. Raise the standards and it loses its acceptability." This is "a rule of accommodation at work." One of the most important points in Lewis approach is the remark that "raising of standards goes more smoothly than lowering". (p. 245) This explains a large number of tensions, e.g. epistemic skepticism.

"The 'can' and 'must' of ordinary language do not often express absolute ('logical' or 'metaphysical') possibility. Usually they express various *relative modalities*. Not all possibilities there are enter into consideration. If we ignore those possibilities that violate laws of nature, we get physical modalities; if we ignore those that are known not to obtain, we get the epistemic modalities; if we ignore those that ought not to obtain – doubtless including actuality – we get deontic modalities." "The context must

---

[8]   Just for beginning, we may compare this to the Meinongian assumptions (*Annahmen*), without thereby wishing to exhaust the comparison.

be our guide. The boundary between the relevant possibilities and the ignored ones is a component of conversational score." (p. 246)

Performatives get "truth conditions", "if the circumstances are felicitous". (p. 248)

"The *plan* is a component of conversational score. The rules governing its evolution parallel the rules governing the kinematics of presupposition, and they include the rule of accommodation." (p. 249)

These quotes from David Lewis specifying conversational scores, their rules and presuppositions must ring a bell for Meinongian ears. Many times the situation seems close to the Meinongian discoveries, just that there are no objects mentioned. How comes? We will try to explain this.

The just stated scorekeeping observations in Lewis show discursive commitments. We claim that Meinong actually discovered these kinds of discursive commitments. This was his real discovery. But for reasons that we try to make transparent Meinong interpreted these normative features and commitments as ontological objects. There is not a complete match between Lewis scorekeeping and Meinongian objects but parallels are sufficient, we believe, so that they will support our thesis that Meinongian objects are really normative scorekeeping features, quite obscurely interpreted through the acceptance of ontological commitment.

Now we will try to shortly figure out what the shifting of the scorekeeping normative parameters has to do with truth as *indirect correspondence.*[9] How can truth be an indirect kind of correspondence relation? Here is a take on this:

"Truth is plausibly construed as *semantically correct assertability, under contextually operative semantic standards.* A statement's truth results from the interaction of two factors: the contextually operative semantic standards, and how things stand with the mind-independent world. When the semantic standards operate in such a way that a given statement can be correct semantically (i.e., true) even though the statement posits (i.e., quantifies over) certain items that are not there in reality, then truth (for discourse governed by such semantic

---

[9]   Truth as indirect correspondence is also tackled towards the end of Lewis scorekeeping paper.

standards) thereby becomes an indirect form of language/world corre-spondence." (Horgan and Potrč 2000, p. 253)

It may be that statements track real spatiotemporal variation in what cor-responds to their posits in the variable physical world. In the case where world does not contain any parts, truth construed for such statements would be correspondence, although of an indirect kind. A plausible case of truth as indirect correspondence figures metaphysically lightweight posits, such as symphonies and universities. Individual statements involv-ing these often count as semantically correct (i.e., true), under contextu-ally operative semantic standards, even though they employ posits (e.g., symphony, university) that do not designate genuine denizens of reality. It is not an easy question to answer what exactly corresponds to a symphony in the world, and also what exactly corresponds to a university. Are this students, the building or buildings, the administration, the university founding act? All of these? Other things? Yet both symphony and univer-sity are in the world. We may refer to them and we are justified to do so. Many times we also assert true statements about them, provided that our engagement is shaped along the correspondence with the world in an indi-rect manner. The normative component is crucial in this account of truth, substituting somehow for the directness of relation. Let us now turn back to posits in the scorekeeping approach.

First we have to notice that the referential shift encountered in Bruce the cat case is accommodated and made more flexible by scorekeeping approach that really centers at the dynamics of normativity. Starting with this insight we may then try to apply the same strategy to the cases figur-ing numbers and symphonies, so that the normative influence becomes more pronounced.

You have to realize that normative scorekeeping offers an appropri-ately sounding solution to the cases of semantic evaluation concerning statements involving symphonies and universities. In their case you can talk about *just ontic commitment*[10] and not about the ontological discur-sive commitment. This is despite that there is an illusion figuring auto-

---

[10]   Horgan T. and Potrč M., forthcoming.

matic tendency to engage oneself towards the higher score of ontological commitment.[11]

Some examples involving flexible evaluation depending on the context of normative engagement involve questions such as the following ones: "Is this table flat?" The answer is: Yes and no. Yes according to the everyday parameters. No according to the very strict parameters, where we use microscope in our evaluation of the statement.[12] Consider also the following question: "Does the table exist?" - "Yes and no." Yes according to the everyday parameters of folk-ontological evaluation. No according to the evaluation under ultimate ontological commitment attuned parameters.

The scorekeeping approach to semantics thus introduces contextually shifting parameters that allow for construal of truth as indirect correspondence.

Before proceeding, we sketch our argument concerning the nature of Meinongian objects in outline. Our argument for the evaluation of Meinongian objects proceeds at two stages. At the first stage, we claim that Meinong criticized the *referential semantics* approach. We have sympathy with this non-reductionist inspired criticism that provides a plethora of objects instead of the meager ontological support that is the only thing allowed for by the referential semantics. At the second stage we then claim in the next section that the deepest presupposition of Meinong (and, as a fact of the matter, of the entire Brentanian school) was the commitment to the *direct correspondence* theory of truth, and that this presupposition that tends not to be questioned forced him to conceive his objects as *ontological* items and not as scorekeeping normative engagement features, which they really are. Meinong thus discovered commitments of discursive engagement and so he did not really discover any objects. He was forced to construe the normative scorekeeping engagement that he really discovered as being of ontological nature because of his adoption of the direct reference presupposition.

---

[11]   Compare the earlier quoted Lewis remark that raising of standards goes more smoothly than lowering.

[12]   Look at the discussion concerning Unger's approach to flatness, by David Lewis in his paper.

4. Meinong's non-reductionist engagement

Here is the first statement about the features that Meinong discovered:

(1)   Meinong criticized the *referential semantics* approach, and against it he adopted a non-reductionist based richness of features that he discovered.

Referential semantics restricts itself to the extensional interpretations and tends to be skeptical to any kind of intensional creatures of darkness, as Quine has dubbed them. Referential semantics is skeptical in respect to the discursive presuppositions and to the related stuff. It stresses causal and historical chain links.[13]

The mentioned creatures of darkness are possible, necessary, obligatory and similar items. These are exactly what may be understood as examples of Meinongian objects. Little Red Riding Hood, golden mountain and square circle, the possible, necessary and obligatory states of affairs are the first that come to the mind as equivalents of Meinongian objects. None of them is strictly referential in an extensional sense.

One may be naturally tempted to express agreement with the non-reductionist attitude, i.e. with the rejection of referential semantics thesis that just extensional items in the world should count and that non-extensional intensional and other kind of stuff should be reduced to them. The intuition behind this is that the relevant features which we encounter in the world more times than not are not strictly referential and that they cannot be reduced to the realm of the referential. Take the mentioned symphonies, poems, our projection of future events and of possibilities that we plan, the realization of the necessary course of events. All of these are in the world, they matter to us and they are often the most relevant features in our engagements. It would be thus false to reduce them just to the features proper to the referential semantics.

Meinongian criticism of the referential reductive semantics, such as that of Russell or Kripke, is stressed by Richard Routley (1980). We can just be sympathetic to this criticism because it allows us to introduce an

---

[13]   Kripke, Donnelan, Field, Devitt.

immense richness of features. And as already told that comforts our intuition that it is better to have a rich and jungle like world, inhabited by possibilia, necessary objects and fictitious entities, rather than to meet the desert extensional referential landscapes.

To some extent, looking at the plethora of Meinongian objects, we can thus be satisfied with Meinong opposing referential semantic reductionism and with his introduction of non-reductionist richness proper to the features that he discovered.

Notice though that these features are not necessarily interpreted as objects, first of all not as ultimately ontologically existing objects. As Routley says, Meinongian discovery may be first interpreted as the discovery of richness of "objects of *discourse*". This at least follows from Routley's characterization of his approach which embraces criticism of the referential semantics and appropriates the richness of Meinong's jungle. Routley gives it the name of *noneism* (which includes Meinong without being restricted to him) and specifies it with the following theses:

> "None of space, time or location – nor, for that matter, other important universals such as numbers, sets or attributes – exist; no propositions or other abstract bearers of truth exist: but these items are not therefore nothing, they are each something, distinct somethings, with quite different properties, and, though they in no way exist, they are objects of discourse, of thought, and of quantification, in particular of particularization." (Routley 1980, p. 1).

What Routley claims here is that the extensional world is not the only one world that there is. There are entities for which we found that they present some problems at the intersection between semantics and ontology. The apparent problem with these is that they do not possess the kind of existence that would be in accordance with the referential reductionist semantics. They – numbers, attributes or propositions – exist as objects of discourse and thought, among other things.

But we must put Routley's characterization as noneist in a proper context. In his "Noneism or Allism?" Lewis argues quite convincingly that Routley should be interpreted as an allist[14] - as somebody that accepts the

---

[14] "[...] he quantifies just as we do; over everything; that is (as we would say) over

existence of controversial Meinongian entities. We will try to argue in direction of a non-ontologically committed "jungle" that operates at the level of discourse and that is free from the charges that Lewis aimed at Routley.

It follows that the important thing for (non-ontologically committed) noneism as the main Meinongian discovery – which is in accordance with the criticism of referential semantics – is the discovery of objects of *discourse* and thought. Just by this statement, nothing is claimed yet about the ontological nature of such objects. In fact, they may be interpreted as features of *discursive commitment*, without that they would be thereby or necessarily interpreted as ontological objects. Meinong's discovery, according to this interpretation, thus has to do with *features of discursive commitment*. This is what Meinong has discovered and what his jungle is all about.

But there is some pressure to interpret these commitments to discursive features as commitments to ontological objects. This pressure comes from the deep Meinongian presupposition that is rather unrelated to the Meinongian endorsement of the richness of discovered features. The discovered richness thus may be taken quite independently from the next point on our schedule.[15]

5. Direct correspondence leads to ontological engagement

Here is the second statement about Meinong's discovery:

---

everything that exists. [...] We may indeed look askance at the extent of his existential commitments - for, despite what he tells us, he is an allist. He affirms the existence of all the controversial entities (as we may call them). He does not join us when we dodge the question about some of these alleged entities by denying that they exist." (Lewis 1990, p. 29)

[15]   The main thesis that underlies our argument is the statement that referential semantics is quite different in its commitments to the direct correspondence construal of truth.

(2) Meinong was forced to ontologically interpret the features that he discovered, because of his deep commitment to the presupposition of direct correspondence construal of truth.

There is a deep presupposition not just of Meinong, but perhaps of the entire Brentanian school: the presupposition that truth should be construed as *direct correspondence*. It is interesting to realize that this presupposition was not really thematized, despite its grip on the theories in the rich and much discussed tradition in question. Here is a characterization of truth as correspondence by Meinong:

> "Whatever one asserts is true if it corresponds to what is, or to whatever is actually there; therewith a narrow relation to the evidence is pulled off."[16]

Brentano and Meinong are not just empiricists, they are Cartesians as well.[17] In the same vein, Chisholm took the approach of self-presentation as his departure. Instead of stating "The cat is on the mat", the self-presentationalist rather claims: "I am such that there is the cat on the mat". A reason that one may go this way is exactly in order to secure the relation of *direct correspondence*. The reference to the outside world may turn out to be insecure and it is often rather ridden with errors. I may almost always find out[18] that I am in the situation to be deceived by some

---

[16] "Was einer behauptet, ist wahr, wenn es mit dem übereinstimmt was ist, oder [...] mit dem was tatsächlich ist [...] dadurch jene enge Beziehung zur Evidenz abgestreift wird". (Meinong 1910, p. 94)
Zalta has underlined aiming at direct correspondence as the specificity of Meinong's approach. (We thank Danilo Šuster for this hint.) So direct correspondence is a real grounding presupposition for Meinong, that perhaps cannot be reduced just to truth conceived as direct correspondence. Adopting a direct correspondence account of truth allows Meinong to stay with a non-controversial two valued logic. But on the other hand the realm of Meinongian objects would also seem to go in the direction of many valued logics and in favor of such features as vagueness.

[17] This point is for example *not* heavily stressed by Albertazzi and Poli, which we think is indicative.

[18] Raising the contextual standards implied into my observation, that is.

skeptical arrangements. As against this threat, Descartes proposed the security of a direct evidential relation.[19]

Now try to figure out how to obtain a relation of *direct correspondence* that would achieve the desired evidence. Well, it seems to be an easy task once you introduce some *objects* to which your intentional act may be directly related. So in the case of thinking about the cat on the mat, I can easily establish the relation of direct correspondence once as the "cat-on-the-mat" is introduced as a special kind of ontological object. As this is a relation between my psychological act and the abstract[20] object "cat-on-the-mat", there does not seem to exist any threat to miss the directness of relation, a threat that is there once the relation is to the empirical stuff in the external world.

It may then be also easily seen that the specific Meinongian approach to the intentional relation first of all aimed to secure direct correspondence by the introduction of Meinongian objects. Thus Meinongian objects as ontological items are features that are introduced because the deep presupposition of direct correspondence may be secured in the case they are there in some manner. At least Meinongian objects present the way in which Meinong secured the relation of direct correspondence through the intentional relation.

If one takes a closer look however, one may realize without much difficulty that the presupposition of direct correspondence is a very dubious one. First, it is based upon introspective evidence, which is a rather questionable approach for most of current naturalistically minded philosophers.[21] Then, it reifies Meinong's discovery of normative features, which introduces a dubious plethora of ontological entities where actually one should recognize discursive normative scorekeeping features.

---

[19] That security was reached by clear and distinct perception for Descartes. According to Brentano, the physical stuff or sensations that are opposed to the clearly self-presented contents, fail the evidential requirements. (As stressed repeatedly by Wilhelm Baumgartner.) In his treatment of psychophysics, Meinong was up to extract features that may be interpreted as evidential though – diversities (*Verschiedenheit*), which were his first objects (Potrč and Vospernik, 1996).

[20] There is of course a question how to interpret the mode of existence proper to this object, if it happens to be a Meinongian object.

[21] Although philosophers such as Gene Mills and several others lately embraced a

As a proof that a dubious way to go takes place here, one may take a quick look at the question of the *Außersein* of the pure object. For the sake of staying with a simple case, take it that the situation of the cat sitting on the mat has just two properties, cat and mat: <C, M>. Now the *Außersein* of this object (as opposed to its existence or subsistence) happens *without any discursive commitment*, i.e. without any commitment to the existence whatsoever. Why is such a maneuver needed? The answer is that *Außersein* of the pure object is there because just in its case, again, *direct correspondence* relation may be achieved. Why? Because the pure object comes without any *normative* commitment. But this may happen again just in case when the object it is not appearing in any judgment.[22] Once that the mentioned object would appear in a judgment namely, it would be subjected to normative pressures, as this happens with judgments indeed. So pure object has direct correspondence as the rationale for its introduction.

Notice now that Meinong struggled with this type of entities. He introduced *assumptions (Annahmen)* that also do not come under the embedding of any straightforward judgment. But assumptions are nevertheless closer to the normative pressures. If children play cops and robbers, they are serious about their roles inside and during the game. But they of course just assume their roles. And this is clearly a *discursive commitment*. So the transition from the *Außersein* of the pure object towards the assumption marks a direct correspondence restriction shifting from the completely out of discourse (and judgment) situations towards approaching such normative pressure scorekeeping situations.

6. Meinongian objects meet discursive scores

Here is the third statement that brings to light the real nature of Meinongian discovery:

---

22   similar approach.
The specification of the *Außersein* of the pure object is exactly that it does not appear in any judgment, and even before this that it is not taking part in any form of existence.

(3)   Once Meinong abandons the direct correspondence construal of truth and appropriates indirect correspondence, his discovery reveals itself as that of normative discursive scorekeeping features and not that of ontological objects. Such an approach promises to solve several questions posed by the theory of objects.

Now let us ask ourselves what indeed are Meinongian objects. Objecta and objectiva, i.e. objects correlated to presentations and thoughts or judgments first come to the mind. Notice now that these, and also desiderativa and dignitativa, together with possibilities, necessities and obligations, may all be interpreted as *discursive features* to which one gets committed in a normatively supported scorekeeping situations. In discourse, all the time a plethora of things get presumed, and new features appear on a minute basis, as the kinematics of the discursive relations unfolds.

It is simply sufficient to dismiss the commitment to direct correspondence and to adopt *indirect correspondence* in order to see that this is what Meinong really discovered. Meinong just had to interpret his discovery of normative features and assumptions appearing in the rich scorekeeping discourse kinematics as ontological entities because of his sticking to the direct correspondence presupposition. Once this presupposition gets abandoned, one may see Meinong as a precursor of P.F. Strawson and Grice's type of communication-intention analysis, with rich discovery and regimentation of discursive presumptions, including the dynamics through which these assumptions emerge.

We believe that many problems that are there for Meinogian *Gegenstandstheorie* are easily solved once as one looks at what Meinong's discovery really aimed at.[23] Already our brief presentation has the merit of clearly putting pure objects and assumptions into their natural position and place.

Just take the distinction between exemplifying and encoding as it was introduced by the Slovene philosopher Mally[24]. The opposition obtains a

---

[23]   The demonstration of these cases is of course a matter that should await further occasions of research.

[24]   Mally was born in Kranj, Slovenia, where he also finished his elementary studies, before moving to Graz and to Meinong. (A couple of years ago, Potrč drove

completely new sense if we observe it as pertaining to the normative features in the dynamic dialectics of discourse and not anymore as related to the rigid ontological interpretation.

Keeping things about scorekeeping discursive features proposed by David Lewis in mind, we may try to see a systematic presentation of several dimensions pertaining to Meinongian objects as showing commitments to discursive scorekeeping features and not to any ontological matters.[25]

1.   Spheres of being (existence of reals, subsistence of ideals and *Außersein* of the pure object[26]) may be simply seen as several strengths of *discursive commitments* in respect to existence. I.e., the question whether they really exist and in what mode they really exist, loses its grip. The question how seriously we take our commitments persists.

2.   Modes of being (objecta, objectives, dignitatives, desideratives) then just show *discursive commitment* to features in various areas. Am I really committed to that state of affairs under kinematical pressures of this conversational score? So the state of affairs – whatever it may be – turns out to be quite unimportant in respect to my commitment to it.

3.   Moments of being (being properly said and so-being). Observe these again as conversational discursive commitments, and the heavy load of ontology evaporates.

4.   Dependences (first-order and higher-order objects; production and

---

Ed Zalta to Kranj for a visit.) Besides Mally, Meinong's pupil Schwartz (quoted by Chisholm) comes from Ljutomer in Slovenia. We presume that Martinak is of Slovene origin, but Franc Veber certainly was. Meinong's private library is nowadays at the University of Ljubljana.

[25]   We follow Poli (2001, p. 353) in his systematic presentation of the points related to the Meinongian objects' dimensions. Poli's presentation is useful for this short paper's need to stay with concise rendering. Somehow more extensive reconstruction of Meinong's ontology would need to "give more importance to incompletness, factuality, possibility, short to the modal moment" (as Venanzio Raspa writes to us).

[26]   In fact, *Außersein* of the pure object is not a mode of being, as may be understood from the accent in our interpretation (this is then opposed to the categorization by Poli). We wish to thank Venanzio Raspa for this and for other useful comments related to our paper that allowed us to make some improvements.

foundation; complete, incomplete and completed objects; precise and imprecise objects). Once as one adopts conversational score-keeping based approach, one has to get critical in respect to the at-omistic building-block approach[27] whose basis has to ultimately lie in what we believe is misguided sticking to the presupposition of direct correspondence. This would deserve a critical and detailed analysis. Again, the scorekeeping take on things will dismiss onto-logical seriousness so that the discursive changing commitments may be then discovered in the variability of the mentioned features.

5.   Modalities (factuality, possibility, necessity). Take away insensible insisting on the ontological objectuality, and you will discover vari-ous features that are assumed during the kinematics of discursive commitments.

A typical Meinongian object is not a cat-on-the-mat; it is an objectivum or a necessity. Strip these objects of their unnecessary and weirdly looking ultimate ontological commitment shell and you will discover the *assumptions* that appear at several stages of the conversational score engage-ments, along the lines presented by David Lewis. This may then turn out to be a lesson in evaporism: whatever seems to be initially firmly there in the Meinongian sky will show itself to have its identity shaped as a fea-ture that is assumed during the kinematics of a conversational or a widely discursive score.

Matjaž Potrč and Vojko Strahovnik
University of Ljubljana
matjaz.potrc@guest.arnes.si

---

[27]   Dependencies and inferiora-superiora distinctions in Meinong prove that he adopted a building-block attitude which seems to us rather incompatible with the dynamic phenomenon of scorekeeping features and with assumptions that he was out to characterize.

References

Albertazzi, L. (2001), "Presentation and Production", in Albertazzi and others, 2001, pp. 239-260.

Albertazzi, L., Jacquette D. and Poli, R. [eds.] (2001), *The School of Alexius Meinong*. Burlington: Ashgate.

Carnap, R. (1950), "Empiricism, Semantics and Ontology," *Revue Internationale de Philosophie* 11, pp. 20-40.

Chisholm, R. M. (1982), *Brentano and Meinong Studies*, Atlantic Highlands: Humanities Press.

Haller, R. [ed.] (1972), *Jenseits von Sein und Nichtsein: Beiträge zur Meinong-Forschung*, Graz: Akademische Druck- und Verlagsanstalt.

Horgan, T. (1986), "Psychologism, Semantics and Ontology", *Nous,* pp. 21-31.

Horgan, T. (2001), "Contextual Semantics and Metaphysical Realism: Truth as Indirect Correspondence", in Lynch, M., ed. *The Nature of Truth*. Cambridge: MIT, pp. 67-95.

Horgan, T. and Potrč, M. (2000), "Blobjectivism and Indirect Correspondence", *Facta philosophica* 2, pp. 249-270.

Horgan, T. and Potrč, M. Forthcoming, *Blobjectivism: an Ontological Manifesto.*

Horgan, T. and Timmons, M. (2000), "Nondescriptivist Cognitivism: Prolegomenon to a New Metaethic", *Philosophical Papers* 29, pp. 121-53.

Horgan, T., Tienson, J. and Graham, G. Forthcoming, "Internal World Skepticism and the Self-Presentational Nature of Phenomenal Consciousness".

Jacquette, D. (1996), "On Defoliating Meinong's Jungle", *Axiomathes* 1-2, pp. 17-42.

Jacquette, D. (1996), *Meinongian Logic. The Semantics of Existence and Non Existence,* Berlin: De Gruyter.

Jacquette, D. (2001), "*Außersein* of the Pure Object", in Albertazzi L. and others 2001, pp. 373-396.

Jacquette, D. (2001), "Nuclear and Extranuclear Properties", in Albertazzi L. and others 2001, pp. 397-425.

Lewis, D. (1983), "Scorekeeping in a Language Game", in *Philosophical Papers* Volume I, New York: Oxford University Press, pp. 233-249.

Lewis, D. (1990), "Noneism or Allism?", *Mind* 99, pp. 23-31.

Meinong, A. [1968-1978], *Alexius Meinong Gesamtausgabe*, Edited by Haller R., Kindinger R., Fabian R., Chisholm R. Graz: Akademische Druck- und Verlaganstalt.

Meinong, A. (1899) [1971], *Über Gegenstände höherer Ordnung und deren Verhältnis zur inneren Wahrnehmung*, Gesamtausgabe II, *Abhandlungen zur Erkenntnistheorie und Gegenstandstheorie*, pp. 377-480.

Meinong, A. [ed.] (1904), *Untersuchungen zur Gegenstandstheorie und Psychologie*, Leipzig: Verlag von Johann Ambrosius Barth.

Meinong, A. (1904), "Über Gegenstandstheorie", Gesamtausgabe II, pp. 481-530.

Meinong, A. (1910), [1977], *Über Annahmen*, Gesamtausgabe IV.

Poli, R. (2001), "General Theses of the Theory of Objects", in Albertazzi L. and others 2001, pp. 347-372.

Potrč, M. and Vospernik, M. (1996), "Meinong on Psychophysical Measurement", *Axiomathes* 1-2, pp. 187-202.

Potrč, M. and Strahovnik, V. (2004), *Practical Contexts*, Frankfurt: Ontos Verlag.

Routley, R. (Sylvan). (1980), *Exploring Meinong's Jungle and Beyond: An Investigation of Noneism and the Theory of Items*, Canberra: Australian National University.

Simons, P. and Morscher, E. (2001), "Meinong's Theory of Meaning", in Albertazzi L. and others 2001, pp. 427-456.

Strawson P.F. and Grice H.P. (1956), "In Defense of a Dogma", *Philosophical Review* 65, pp. 141-158.

Voltolini, A. (2001), "What is Alive and What is Dead in Russell's Critique of Meinong", in Albertazzi L. and others 2001, pp. 489-516.

Zalta, E. N. (1988), *Intensional Logic and the Metaphysics of Intentionality*, Cambridge: MIT Press.